Carlo Ross • Dunkle W

OMNIBUS

© privat

DER AUTOR

Carlo Ross wurde 1928 in Hagen geboren. Nur durch glückliche Zufälle überlebte er die Haft im Konzentrationslager Theresienstadt. Nach dem Krieg arbeitete er journalistisch, später auch als Sozialarbeiter in Berlin. Erst nach seiner Pensionierung begann er, schriftstellerisch tätig zu werden.
Für sein Gesamtwerk, zu dem auch zwei mehrfach preisgekrönte autobiographische Romane über eine jüdische Kindheit im Deutschland des Nationalsozialismus gehören, erhielt Carlo Ross 1994 den Alfred-Müller-Felsenburg-Preis für aufrechte Literatur.

Von Carlo Ross ist bei OMNIBUS erschienen:
Mordskameradschaft (20186)

Carlo Ross

Dunkle Wolken über Berlin

Wie Simon und Fritz anno 1848 auf die Barrikaden gingen

OMNIBUS

OMNIBUS

Band 20664

Der Taschenbuchverlag
für Kinder und Jugendliche
von Bertelsmann

Umwelthinweis:
Dieses Buch wurde auf chlorfrei gebleichtem Papier gedruckt.

Erstmals als OMNIBUS Taschenbuch April 2000
Gesetzt nach den Regeln der Rechtschreibreform

Lektorat: Frank Griesheimer
Umschlagbild: Stefan Oppermann
Umschlagkonzeption: Klaus Renner
Kn · Herstellung: Stefan Hansen
Satz: Uhl + Massopust, Aalen
Druck: Presse-Druck Augsburg
ISBN 3-570-20664-5
Printed in Germany

10 9 8 7 6 5 4 3 2 1

Erstes Kapitel

Die Stadt Bitsche lag im Bezirk Posen und in ihr lebten Polen, Deutsche und Juden nebeneinander.

Stattliche Häuser standen an den breiten Straßen des Zentrums, und die Plätze, auf denen Bäume und Büsche reichlich Schatten spendeten, luden zum Verweilen ein.

Doch schon nach einigen Straßen änderte sich das Bild. Immer grauer und unscheinbarer wurde die Umgebung, um schließlich dörflichen Charakter anzunehmen. Geduckte Häuser sah man, schon halb im lehmigen Boden versunken, ausgefahrene Feldwege mit unzähligen Wasserlachen, in denen sich Enten und Gänse laut schnatternd ihr Futter suchten. Dicht daneben zufrieden grunzendes, quiekendes Borstenvieh, das ausdauernd im Schlamm wühlte.

Und dazwischen Kinder jeden Alters, barfuß, in geflickten Lumpen steckend, die vor vielen Jahren einmal ansehnlich gewesen waren. Laut kreischend spielten sie ihre lebhaften Spiele und ließen sich auch durch die Ankunft des Händlers Aaron Seidenfad nicht stören, der auf dem Kutschbock seines wackligen Karrens saß und auf den mageren Gaul einschlug. Der schaffte es kaum, den Karren durch den lehmigen Morast zu ziehen. Nur gelegentlich schaute eines der Kinder auf, winkte Aaron zu, wie man einen alten Bekannten begrüßt, und hatte ihn über das Spiel dann gleich wieder vergessen.

»Brrr, Goliath«, befahl Aaron Seidenfad, zog die Zügel an, schlang sie um einen Knauf und kletterte stöhnend vom Bock. Als er dann aber in einer tiefen Wasserlache zu stehen kam, die ihm bis an die Stiefelschäfte reichte, fluchte er seinen gesamten Vorrat an Verwünschungen hinaus. Das dauerte und wollte kein Ende nehmen. So fluchte der Händler auch noch, als er durch den Matsch auf das einzige Haus zustapfte, das aus gebrannten Ziegeln gebaut war und sich auch von der Größe her von den anderen windschiefen Katen unterschied.

»Ein armseliges Nest ist dieses Bitsche«, brummte der Händler und spuckte aus. »Bis auf die wenigen Häuser, in denen die Herrschaften wohnen, ist alles verlaust und verkommen. Ich möcht nur wissen, was mich hierher führt, wo kaum ein Groschen zu verdienen ist, weil den meisten Gojim* wie auch den Jidden* der Hunger aus den Augen schreit. Die wohlhabenden Jidden aber lassen die Kutschen anspannen und fahren nach Ivanowo, um dort zu kaufen. Und die Kapzonim* unter den Jidden, die armen Teufel, haben nicht einmal genug Rubelchen, um die Kinder satt zu machen, und schon gar nicht, um beim Aaron Seidenfad einzukaufen!« Seidenfad schwieg eine Weile, schaute zu seinem Kramkarren hinüber und ärgerte sich, als er sah, dass er vergessen hatte, dem mageren Gaul den Futtersack umzuhängen.

Nun stieg Aaron die drei steineren Stufen zum Bethaus hinauf, berührte fromm wie jeder Jude die Mesusa, jene Kapsel, die am Türstock des Eingangs angenagelt ist und in der sich heilige Sprüche befinden, die böse Geister fern halten sollen.

Leise murmelte er den Segensspruch, der zu dieser Handlung zu sprechen war, öffnete die schwere Tür und machte schon den ersten Schritt ins Bethaus, als er sich plötzlich seiner lehmverschmutzten Stiefel erinnerte.

»Schem schamajim*«, flüsterte er erschrocken und

* Mit einem Sternchen gekennzeichnete Wörter sind am Ende des Buches kurz erklärt. Es handelt sich zumeist um Ausdrücke aus der jiddischen Sprache oder um deutsche Wörter, die heute nicht mehr gebräuchlich sind.

zog den Fuß zurück. Er streifte die Stiefel ab. Achtlos ließ er sie neben dem Eingang stehen. Auf den Fußlappen betrat er das Bethaus, nahm eines der bereitliegenden Gebetbücher und sprach seine Gebete. Das dauerte seine Zeit, doch es schien dem Beter, als würden es nur flüchtige Sekunden sein.

»Amen«, kam es stöhnend, fast gequält über die Lippen des Händlers und dann sprach Aaron noch einige persönliche Worte mit seinem Gott. Die sagte er ihm auf Jiddisch, ganz gewiss, dass auch diese Sprache vom Herren und Schöpfer der Welt verstanden wurde: »Du musst schon verstehen, dass ich gelegentlich fluche ... obwohl du es verboten hast. Aber das Leben ... es ist nun mal so, dass man nicht anders kann. Und auch, dass ich gelegentlich auf den Goliath einprügele wie auf ein Stück Eisen, solltest du mir vergeben. Wen sonst könnte ich schlagen? Es kommt halt der Zorn auf, wenn man Hunger in den Därmen hat und nichts zu beißen. Das wirst du doch verstehen, oder? Sieh mich an, wie ich vor dir stehe: Verwöhnt hast du deinen Knecht Aaron wahrlich nicht!« Seidenfad legte das Gebetbuch fort, sprach noch einmal ergeben das Glaubensbekenntnis und verließ das Bethaus.

Noch auf den Treppenstufen zog er die Stiefel an. Er sah, wie das magere Pferd ungeduldig im Schlamm der Dorfgasse stampfte, und watete durch den Morast, so schnell es ihm möglich war.

Goliath wieherte leise, als der Händler ihm den Futtersack umhing, und sogleich begann das Pferd unter dankbarem Schnauben zu fressen.

Am Ende der Welt befand sich dieses Bitsche. Nahe dem Flüsschen Obra im Großherzogtum Posen gelegen, war es gleichermaßen Heimat für Juden wie Christen. Und wie in vielen dieser Ackerstädte, von denen man nicht recht wusste, ob sie nun preußisch oder polnisch waren, stellten die Juden auch in Bitsche die Mehrheit.

Einhundertdreißig winzige Katen standen am Stadtrand entlang der ungepflasterten Straße. Das Holz, aus dem sie gebaut waren, faulte schon seit langen Jahren vor sich hin. Immer wieder fiel eine der Hütten über Nacht in sich zusammen und begrub Menschen und Tiere unter sich. Oft kamen sie zu Tode, doch die Gnade des Ewigen oder, wie die Christen sagten, das Erbarmen des Gekreuzigten ließ auch ebenso viele überleben. Und weil sie außerdem sehr fruchtbar waren und sich mehrten, wurden die Armen in Bitsche nicht weniger.

Zwölfhundert Seelen hausten in den Katen, obwohl die Christen behaupteten, die Juden besäßen keine Seele und erhielten sie erst dann, wenn das Taufwasser über ihre Stirn geflossen sei.

Zwölfhundert Seelen waren es, jeden einbezogen, auch den alten Jeremijah Schnabel, der sich gerade anschickte seine Seele auszuhauchen, um sie dem Herrn über Leben und Tod für alle Ewigkeit zurückzugeben.

Vor Jeremijahs Kate stand eine Gruppe Frauen. Es waren Nachbarinnen aus den umliegenden Katen. Sie weinten und klagten und zeigten durch ihr Mitleiden, wie sehr sie Anteil nahmen am Sterben des alten Mannes.

Zehn Männer umstanden das Lager des Sterbenden. Sie begleiteten ihn mit ihren Gebeten auf seinem letzten Weg.

Jeremijah Schnabel atmete schnell und röchelnd. Seine knochigen Greisenhände suchten etwas zu greifen, was nur er sah. Wenig später fielen sie kraftlos herab. Jeremijah bäumte sich noch einmal auf, dann fiel er in sich zusammen und hauchte mit einem dünnen Pfeifton den letzten Atem aus.

Die Männer beteten das Kadesch*.

Rifka Schnabel zerriss sich die Kleider, raufte sich so heftig die Haare, dass ganze Büschel davon auf die Dielenbretter fielen.

Schon wenige Stunden später trugen die Männer des Kádesch den Leib des Jeremijah Schnabel zu Grabe. Nach den Waschungen, die von ihrer Religion vorgeschrieben waren, hatten sie ihn in den Sterbemantel gekleidet und in den Gebetsschal gehüllt.

Klagend und laut weinend begleiteten die Nachbarn den roh gezimmerten Sarg zum Guten Ort, wie die Juden ihren Begräbnisplatz nennen.

Neugierig standen die Christen an der Dorfstraße, sahen den Trauerzug durch den kniehohen Morast waten, zeichneten aus Furcht vor dem eigenen Tod abergläubisch das Kreuz über ihren Körper und flüsterten: »Heilige Maria, Mutter Gottes, bitte für uns, jetzt und in der Stunde unseres Todes, Amen!«

*

Aaron Seidenfad fand gegen ein kleines Geschenk aus seinem Warenvorrat Unterkunft im Hause des Rabbis*. Mit vor Freude glänzenden Augen streichelte die Rebezn* immer wieder über den weichen Stoff des mit Rosen bedruckten Schultertuches. Wortreich bedankte sie sich und brachte zwischen ihren Dankesworten stets aufs Neue Segenssprüche für Aaron und alle seine Angehörigen unter.

Verlegen blickte der Händler zu Boden. Die überschwänglichen Worte behagten ihm nicht. Ein gemütliches Nachtquartier gefunden zu haben war ihm Dank genug.

Endlich erlöste ihn der Rabbi aus der Verlegenheit: »Kommt, Aaron, gehen wir in mein Zimmer, dort haben wir Ruhe vor dem Papperlapapp der Rebezn. Sie kann kein Ende finden, wenn sie erst einmal zu reden begonnen hat. Es plätschert dann dahin wie die Wasser des Jordan.«

Die Rebezn hatte die geflüsterten Worte ihres Mannes verstanden. In ihr rundliches Gesicht stieg eine anhaltende Röte, wohl zu gleichen Teilen aus Verlegenheit und Ärger.

Seidenfad erhob sich erleichtert und folgte dem Rabbi dicht auf dem Fuße.

»Vergesst nicht, dass in zwei Stunden das Nachtmahl bereitsteht«, rief ihnen die Rebezn nach.

Kaum standen die beiden Männer im Zimmer des Rabbis und die Tür war hinter ihnen zugefallen, da strich sich der Hausherr bedächtig den Bart, der ihm bis auf die Brust reichte, und er fragte den Gast: »Wollt Ihr mit mir ein Glas selbst gebrannten Wodka leeren, Aaron? Ich denke, wir könnten das Wässerchen gut vertragen.«

Bevor Aaron Seidenfad antworten konnte, hatte der Rabbi schon die Tür eines schön geschnitzten Eckschrankes aufgeschlossen, eine Flasche herausgenommen und auf den Tisch gestellt. Er zog den Korken heraus und ließ ihn am Flaschenhals laut und ausdauernd zwitschern. Genüsslich verdrehte er die Augen, schien auf keine Antwort zu warten, sondern goss den Wodka in die Gläser, bis sie überliefen.

»Lechaim*, Aaron!«

»Auf das Leben, Rabbi! Gesund sollt Ihr bleiben!«

»Schön, Euch nach so langen Wochen wieder einmal zu sehen! Sagt an, was gibt es Neues zu berichten aus der großen Welt?« Die beiden Männer tranken sich zu, wischten sich die Bärte und schwiegen eine Weile.

Ohne ein weiteres Wort füllte der Rabbi die Gläser aufs Neue. »Wisst Ihr, Aaron, in unser armseliges Schtetl* verirren sich nur wenig Neuigkeiten. Jeder ist froh, wenn er hört, wie es im Lande zugeht!« Ohne jeden Übergang hob er das Glas und trank Seidenfad zu: »Lechaim, Bruder!«

»Lechaim, Rabbi!«

»Setzen wir uns. Bald wird uns das Wässerchen in die Beine fahren und wir werden froh sein, wenn wir auf festem Fleisch sicher sitzen!«

»Es gibt landein, landaus kaum mehr einen Menschen, der wirklich sicher sitzt. Und keiner weiß, was die Zukunft bringen wird. Überall, wohin man kommt, hört man von Unzufriedenheit. Immer mehr Menschen darben oder leiden sogar Hunger. Immer mehr Kinder sterben in ihren Wiegen, weil die Brüste ihrer Mütter keinen Tropfen Milch mehr hergeben. Vergleicht man dies alles mit Bitsche, so scheint mir hier in Eurem Schtetl die Welt noch recht in Ordnung zu sein, Rabbi!«

»Was ist schon Schein, Aaron? Meist trügt er, so auch jetzt. Immer mehr meiner Jidden gehen einen Weg, den ich nicht gutheißen kann und will. Aber was soll ich tun ...? Die meisten von ihnen sind mit einer Schar Kinder gesegnet ... wenn man da noch von Segen sprechen darf ...«

Erschrocken unterbrach sich der Rabbi, verneigte sich nach Osten hin, dorthin, wo Jerusalem liegt, und flüsterte: »Verzeih mir, Ewiger, die Sünde meiner Worte ... aber schau auf dein Volk ... sieh, wie es leidet und Sorge trägt zu überleben!« Seidenfad leerte das Wodkaglas. Er tat dies aus Verlegenheit und ließ so dem Rabbi Zeit, das Gespräch mit dem Ewigen zu beenden.

Rabbi Efraim wendete sich wieder dem Gast zu: »Verzeiht, Aaron, aber es ist schon schwer, Rebe* einer

Kille* wie dieser zu sein!« Er schwieg, seufzte schwer und dann brach es aus ihm heraus: »Wisst Ihr, die guten Leut, die Frommen und Gottesfürchtigen, ziehen fort von hier. Und die Zuwanderer sind nicht gerade die Besten unter den Juden. Oft sind Beutelschneider, Schieber und Schmuggler unter ihnen und nun ist unser Bitsche schon weit über die Grenzen des Bezirks Posen hinaus als Diebesnest bekannt. Und Rebe zu sein in einer Stadt wie dieser gereicht mir nicht gerade zur Ehre!«

»Wohin ich mit meinem Wagen auch gefahren komme, überall wird über Eure Stadt gesprochen, Rabbi, und nicht gerade mit guten Worten. Man sagt, dass sich in und um Bitsche herum die mieseste Mischpoke* von allen versammelt. Nicht eines der sechshundertunddreizehn Mizweß* würden sie einhalten, sagt man ... und würde es sechshundertundvierzehn Gebote geben, möchten sie auch diese brechen!«

Rabbi Efraim seufzte: »Die Leut sprechen die Wahrheit, Aaron. Es ist eine schwere Last, die mir der Ewige, gelobt sei sein Name, auferlegt hat. Davonlaufen möcht ich oftmals, so weit mich die alten Füße tragen. Aber dem Ewigen kann man nicht aus der Schule laufen. Man muss sich stellen und seine Pflicht tun, so schwer es auch fällt! Und nun kommt, lieber Freund, die Stunde des Abendgebetes rückt heran!«

*

Die Elendsquartiere der Ärmsten der großen Stadt lagen vor den Toren der über vier Meter hohen Zollmauer, die Berlin vor unverzollter Ware und unerwünschten Elementen schützen sollte.

Sehr alt war diese Mauer und im Verlauf der Zeit stürzten die Ziegel immer mehr in sich zusammen und sie verfiel zusehends. Durch achtzehn Stadttore zwängte sich der stetig zunehmende Verkehr in die Stadt. Schon längst hingen in den Angeln dieser Tore keine Torflügel mehr. Die Berliner sahen es, grinsten breit und schmuggelten in dunklen Nächten Konterbande* in die Keller der Hehler.

Nur wer innerhalb der Stadtmauer lebte, besaß die Berliner Bürgerrechte. Außerhalb dieser Mauer gab es Wiesen und Gärten, Kornfelder und Brachland.

Und überall in dieser unwirtlichen Ebene sah man neue, viel geschossige Häuser aus dem sandigen Boden wachsen. Kaum waren sie gebaut, wirkten sie schon wieder verfallen. Immer näher schoben sich die Mietskasernen an den Stadtkern heran.

Zu jener Zeit waren Rixdorf, Schöneberg und Wilmersdorf, die weiter draußen in der Ebene lagen, noch Dorfgemeinden. Sie unterstanden mit Rechten und Pflichten den Landratsämtern. Aus diesen Dörfern kamen frühmorgens die Milchwagen der Bauern in die Stadt. Freundliche Milchmädchen, drall und strahlend vor Frische und Sauberkeit, schwenkten ausdauernd die blank geputzten Messingglocken. Und weil die Milch gut schmeckte, kauften die Berliner sie gerne.

Mit traurigen, neidischen Blicken sahen die Menschen aus den Elendsquartieren zu. Wie gerne hätten auch sie von der weißen Köstlichkeit getrunken, doch es gab ein unüberwindliches Hindernis: das fehlende Geld. So drückten sie, ihre Armut deutlicher als sonst erkennend, ihre Jüngsten noch fester an die schlaffen Brüste.

Nördlich der Stadtmauer, in einem Mietshaus in der Ackerstraße, das erst vor kurzer Zeit bezugsfertig geworden war, lebte Fritz Puvogel mit Vater und Mutter, Bruder und Schwester in zwei winzigen Räumen, an die sich eine Küche anschloss. Diese Räume waren nur mit dem

Allernotwendigsten möbliert. Auf den weiß gescheuerten Dielen der Küche standen eine Kommode, ein Tisch, vier Stühle, von denen einer bedenklich knarrte und wackelte, und ein alter Herd. An seiner Seite befand sich ein Kasten, in dem Feuerholz und Torf gestapelt war. Mit Kohlen wurden die Wohnungen der Armen nicht geheizt. Sie waren für diese Menschen zu teuer.

Ein zerbeulter Wassereimer stand auf einem Dreibeinschemel zwischen dem Herd und der Wohnungstür. Eine Schöpfkelle, von der die Emaille schon abplatzte, lag neben ihm. Nur vier Bettgestelle, mit Strohsäcken gestopft, standen in den winzigen Schlafräumen. Zwei Betten in der Elternkammer, zwei in der Kammer der Jungen. Unaufhörlich rann Dunstwasser die Wände hinab und die klamme Feuchtigkeit, die sich in allen Räumen breit machte, erinnerte daran, dass die Puvogels nur Mieter auf Zeit waren und für drei Taler im Monat die Wohnung für begüterte Mieter trockenwohnten*.

Ottilie, die jüngste der Geschwister, schlief im Bett der Mutter und fühlte sich neben ihr, auf deren Herzschlag sie vertrauensvoll lauschte, geschützt und geborgen.

Zwei zahlende Schlafburschen schliefen in der Kammer der Söhne. Sie hießen Karl und Johann, kamen aus der weiten Ebene Ostpreußens und waren etwa siebzehn Jahre jung. Die beiden mussten sich den Strohsack des einen Bettes teilen, während Fritz und Oskar sich in der Enge des zweiten Bettes drängten.

*

An jenem frühen Morgen im März des Jahres 1847 war es kalt und dunkel dazu. Die Uhr der neuen evangelischen Kirche schlug viermal, laut, aber wohltönend, und Rike Puvogel streckte sich unwillig auf ihrem Lager. Sie fuhr sich durch das blonde Haar, in dem sich schon erste graue Strähnen zeigten, und stieg mit einem leisen Seufzer aus ihrem Bett.

Fürsorglich deckte sie Ottilie zu, schlüpfte in die ausgetretenen Schuhe, die sie vor Jahren von einer Herrschaft geschenkt bekommen hatte, schüttelte den Unterrock aus und schlurfte zur Küche hinüber.

Ottilie räkelte sich ein wenig im Traum und drückte sich noch tiefer in das wärmende Stroh.

In der Küche nahm Rike Puvogel die Schöpfkelle aus dem Wassereimer. Sie zerbrach dabei das dünne Eis, das sich auf dem Wasser gebildet hatte. Eine halbe Kelle Wasser schöpfte sie und goss es in den winzigen Waschnapf. Hastig sprengte sie sich einige Spritzer ins Gesicht und trocknete es mit ihrem Unterrock.

Nun zündete Mutter Puvogel eine Unschlittkerze an. Sie achtete sehr darauf, dass das Zündholz nicht verlöschte, denn Zündhölzer waren recht teuer. Im schwachen Licht der Kerze suchte sie nach Rock und Bluse und zog sie an. Sie stellte sich vor den von Feuchtigkeit fast blinden Spiegel, kämmte sich die Haare, flocht sie mit geschickten Händen zu einem Zopf und steckte ihn zum Dutt zusammen.

Rike erschrak ein wenig, als Fritz, ihr Ältester, gerade erst siebzehn Jahre geworden, barfuß und bibbernd in die Küche kam. »Was willst du denn schon in aller Herrgottsfrühe? Im Bett ist es doch wenigstens warm!«

»Ick will sehen, ob ick irjendwo Arbeet finde, und da dachte ick mir, wir könnten zusammen jehen. Zu zweit kommt einem der Weg kürzer vor. Vater liegt wie tot auf seinem Bett. Der jeht heute bestimmt nicht auf'n Bau, der ist von gestern immer noch voll wie'n Fass!... Und einer von deinen Männern muss doch ein paar Silbergroschen heimbringen!... Wenigstens versuchen muss man's, was zu verdienen!«

Die Mutter knuffte ihn derb in den Rücken: »Schön, dass du so fleißig bist, Fritze. Und doch muss ich dich rügen: So redet man nicht von seinem Vater!«

Fritz Puvogel schüttelte unwillig den Kopf. »Wenn er ein richtiger Vater wäre, ein Vater, zu dem ich aufsehen kann, würde ich auch anders reden ... aber so?«

»Auch so, Fritze, denn schon in der Heiligen Schrift steht geschrieben, dass man Vater und Mutter ehren soll. Unser Herrgott weiß genau, warum er uns dies Gebot gegeben hat!«

Fritz ging nicht darauf ein. Nach einer Katzenwäsche fuhr er sich mit den nassen Fingern glättend durchs Haar und fragte: »Wäschst du heute wieder bei den Pfeifers, Mutter?« Fritz redete am liebsten, wie ihm der Schnabel gewachsen war, also Berlinerisch, aber seiner Mutter zuliebe, die gebürtig aus dem Hannoverschen kam, strengte er sich manchmal an, ohne Dialekt zu sprechen.

»Warum fragst du? Willst du mir vielleicht am Waschbrett helfen? Die dreckige Wäsche rubbeln, spülen und so?« Rike Puvogel lachte kurz auf, als sie das verblüffte Gesicht ihres Jungen sah. »Ja, ich mache heute bei Pfeifers die Wäsche und jetzt muss ich los. Übrigens hättest du dir ein paar Kupferlinge verdienen können, wenn du der Herrschaft das weiche Spreewasser hergekarrt hättest, das die Pfeifers haben wollen für 'ne weiße Wäsche!« Rike jammerte ein wenig. »Alles muss man euch unter die Nase halten. Von selbst kommt keiner auf die Idee, sich was auszudenken und mitzuhelfen in dieser schweren Zeit ... Wenn du ein Stück mit mir gehen willst, dann komm. Um sechse muss ich da sein und bis zum Haus der Herrschaft sind es gut zwei Stunden!«

Mutter und Sohn stiegen die knarrenden Treppenstufen hinab. Das Holz der Stiegen war nur wenig abgelagert und schon zeigten sich breite Risse in den Brettern.

Immer noch saß die Kälte des Winters beharrlich in den Mauern und überzog sie mit feinem, glitzerndem Reif.

Sie traten auf den Gehsteig, der mit kleinen Steinen aus Granit gepflastert war. Die Straße daneben war noch ein unbefestigter Sandweg.

Die beiden kamen schnell voran. Sie schwiegen und zogen die Köpfe ein, denn die Kälte des Märzmorgens ließ sie frieren.

Von Pankow her kamen Hökerweiber. Eingespannt in Ledergurte zogen sie keuchend die schwer beladenen Karren, auf denen sich Fische, Eier und Geflügel befanden. Sie keuchten so sehr, dass ihr Atem als weiße Wölkchen sichtbar wurde.

»Zum Markt müssten wir auch mal wieder!« Rike Puvogel sah ihrem Sohn auffordernd ins Gesicht. »Willst du nicht mal hingehen? Kartoffeln müssten wir haben und ein wenig Speck…«

»Und wer zahlt? Du weißt doch, wie teuer alles geworden ist! Kartoffeln können sich nur noch die feinen Leute kaufen und selbst Steckrüben gibt es kaum mehr für einen Preis, den unsereiner berappen kann!«

»Dann müssen wir abwarten, was die Gnädige heute für die Wäsche bezahlt!« Rikes Stimme klang resigniert. Sie blies sich die blauen Hände warm. Wieder gingen sie schweigend, dann sagte Rike Puvogel: »Man müsste mal was Gutes auf den Tisch bringen können. Sieh dir nur Ottilien an. Das Kind wird immer weniger. Und wenn ich die Traurigkeit in ihren hungrigen Augen sehe, dann möchte ich losheulen!«

»Der Vater sollte weniger saufen und jeden Tag auf

Arbeit gehen, dann wäre alles nur halb so schwer für dich, Mutter!« Rike schwieg und versuchte mit ihrem Sohn Schritt zu halten.

So kamen sie zur Schützenstraße.

Fritz sah das bunte Reklameschild der Likörfabrik *Gilka* und sagte sarkastisch: »Hier wäre die richtige Baustelle für den Ollen. Wenn sie noch lange neben der Kneipe *Zum Jroben Jottlieb* bauen, bringt er bald nich mal mehr 'nen Silberjroschen heim. Dann jagt er alles, wat er verdient, durch seine verdammte Gurgel!«

»Vater kann nichts dafür. Der Schnaps hat gewaltige Macht über ihn, ist viel stärker als sein Wollen!«

»Entschuldige ihn ooch noch, Mutter, und schinde dir an den verdammten Waschtrögen ab, bis du krumm und reißmatisch* bist. Er hat für dich kaum ein liebes Wort und verlässt sich voll und ganz auf die wenigen Groschen, die du heimbringst!«

»So ist das nun mal im Leben, Fritze. So hat Gott es eben eingerichtet!«

»Ach wat, Jott! Der schläft und ruht sich von seiner missjlückten Schöpfung aus! Die Reichen werden imma reicher und die Armen können sich nich mal mehr satt essen. Zweifeln möchte man an der jöttlichen Jerechtigkeit! Dein Jott ist een Jott der Reichen, Mutter! Wann wirst du det endlich einsehen?«

»Schweig, Fritze! Du versündigst dich!«

»Er hört nich zu, Mutter, wenn wir uns beklagen. Nur wenn die Reichen ihn anrufen, wacht er auf aus seinem Schlaf. Er ist alt und müde. Wir Menschen sollten unser Jeschick endlich in die eigenen Hände nehmen!«

»Das ist Gotteslästerung!« Rike Puvogel war stehen geblieben. Sie schrie es dem Sohn entgegen. Und ehe Fritz sich's versah, fühlte er den Schlag der Mutter auf seiner Wange brennen. »Ich kann dir nicht verbieten, deine eigenen Gedanken im Kopf zu haben, aber sprich sie nie wieder aus, wenn ich dabei bin. Nie wieder, verstehst du mich, Fritze – nie wieder!«

»Jut, Mutter! Ick wollte dir nich kränken. Und noch viel weniger dich in deinem Glauben unsicher machen!«

»Das gelingt keinem Menschen. Wenn ich meinen Glauben nicht hätte, wäre ich schon längst in die Spree gehüpft und würde meine Ruhe haben!«

Fritz schaute der Mutter in die traurigen Augen, sah Tränen in ihnen schimmern und bedauerte, der frommen Mutter seinen Unglauben entgegengeschleudert zu haben.

»Ick muss hier abbiejen, Mutter, am Mühlendamm soll eene neue Fabrik sein, die noch Arbeeter annimmt. Bis heute Abend also, und buckle dir nich krumm für die paar Jroschen!« Er streichelte die eisigen Hände der Mutter.

Rike Puvogel erwiderte so leise, dass Fritz es kaum verstand: »Schon gut, Fritze … ich weiß ja, wie du es meinst … und nun viel Glück!«

Zweites Kapitel

Vor dem Kontor der Firma *Schleswig & Söhne* am Mühlendamm standen die Arbeitssuchenden in einer langen Reihe. Viele von ihnen drängten sich in den Windschatten des Hauses, um dem scharfen Märzwind auszuweichen.

Herstellung ff. Lederwaren, las Fritz Puvogel und fragte den Arbeiter, der ihm am nächsten stand und wie alle anderen mit blau gefrorener Nase und klammen Händen darauf wartete, dass die Tür zum Einstellungsbüro geöffnet wurde: »Stimmt't det hier Arbeeter jenommen werden?«

Der andere grinste: »Wird schon so sein, oder denkste, wir stehen und warten hier, weil 't so scheen ist, sich früh um fünfe bei der Kälte Eisbeene zu holen?« Er schwieg, hustete eine Weile, bis sein Gesicht rot anlief, und fragte: »Warste schon bei Preußens?«

»Nee! Dazu bin ich noch zu jung. Det Militär will mir noch nich!«

»Denn brauchste jar nich zu warten. Die nehmen nur die Jedienten, die beim Barras ihre Zeit abjerissen haben!«

Ein blasser, magerer Bursche kam zögernd näher und stellte sich zu ihnen. Er fror in seinen dünnen, geflickten Lumpen so sehr, dass er zitterte und ihm die Zähne klapperten. Seine dunklen Haare waren an den Schläfen zu Locken gedreht und auf dem Kopf trug er eine runde Kappe, die er immer wieder zurechtrückte, weil der Wind sie unbedingt davonwehen wollte.

»Gibt es Arbeit?«, wollte er wissen und sah dabei Fritz Puvogel fest in die Augen.

Bevor Fritz etwas erwidern konnte, hatte der Arbeiter neben ihm schon die Antwort auf den Lippen: »Brauchst jar nich zu warten, Isidor, Abraham oder wie du dir sonst noch schimpfen tust. Judenbengel nehmen se hier nich. Und solche wie dir, mickerig und bestimmt mit Motten in der Lunge*, schon jar nich. Verzieh dir und lass die Arbeet for uns ehrliche Berliner, verstehste? Zisch ab, Jud. Jeh dahin, woher du kommst!«

Der zitternde Bursche schien immer winziger zu werden. Er ließ den Kopf hängen und schlurfte ohne jedes weitere Wort davon.

Fritz tippte mit drei Fingern an die Mütze und sagte zu dem Arbeiter, der neben ihm stand: »Na, denn will ick ooch mal weiter. Hat ja doch keenen Zweck, sich die Beene in den Bauch zu stehen. Adschö also!«

An der nächsten Straßenecke stieß er auf den blassen Burschen. Der stand an der Bordsteinkante, trat von einem Bein auf das andere und schlug wegen der Kälte die Arme um sich. Er hielt den Kopf gesenkt, aber aus den Augenwinkeln sah er Fritz abwartend an.

»Da haben wir beede keen Jlück jehabt mit Arbeet«, begann Fritz das Gespräch.

Der andere nickte nur, zitterte, suchte nach den richtigen Worten. Endlich sagte er: »Es ist kein Paradies hier... in Berlin. Man hat uns belogen in unserem Schtetl, als man erzählt hat die Geschichten von der großen Stadt Berlin, wo alle Menschen gut leben, gut zu essen und zu trinken haben, gut gekleidet gehen und in Botim towim, in guten Häusern, leben, wie die Vornehmen in meinem Land. Belogen und betrogen haben sie uns. Sie haben denen den letzten Groschen aus den Beuteln gezogen, die nach Berlin wollten und von hier aus weiter in das Land der unbegrenzten Möglichkeiten!«

Der blasse Judenbursche machte eine Pause, als er erkannte, dass Fritz ihn nicht verstand. »Nach Amerika meine ich, wenn sie das Geld für die Schiffspassage zusammengespart haben. Aber das Leben hier ist genauso schwer wie in den Schtetln im Osten und Geld liegt nirgendwo auf den Gassen. Und nun laufen diese Menschen durch die große Stadt, suchen nach Arbeit, verlieren immer mehr die Hoffnung auf ein gutes Leben. Sie betteln bei den Jidden, die es geschafft haben und nun schon reich und satt sind. Doch diese Herren sind hart wie Eisen, besitzen ein kaltes Herz und haben vergessen, was in der Mischna* geschrieben steht: Dass man Gutes tun soll den Armen. Sie lachen dir ins Gesicht und antworten: ›Was willst du? Arbeit? Auch wir haben gehungert, als wir nach Berlin kamen, haben gebettelt, aber wir haben es geschafft. Seht euch um, ihr, die ihr jetzt kommt und vor unseren Türen steht und Nahrung von uns verlangt, gekleidet werden wollt und meint, dass hier in der großen Stadt das Geld auf den Gassen liegt. Sehr her‹, so höhnen sie uns, ›wir haben etwas erreicht, obwohl Hunger unsere Leiber schwächte. Wir fanden uns nicht zurecht, wir rannten durch die Straßen auf der Suche nach Arbeit und traten unsere Schuhe durch. Schnee und Wasser drang durch die Löcher und machte uns krank. Und nun seht, was aus uns geworden ist. Nur der Starke kommt durch. Die Schwachen aber sind verurteilt, zufrieden zu sein und das anzunehmen, was von unseren Tischen fällt.‹ Ja, belogen und betrogen haben uns die eigenen Leute. Keiner hier will uns. Alle sehen nur die Fremden in uns und möchten uns fortjagen mit Gewalt!«

Fritz Puvogel hatte aufmerksam zugehört. Als der fremde Bursche endlich kurz schwieg, legte er ihm die Hand auf den Mund und sagte: »Nun mach endlich mal 'ne Pause. Du redest schneller, als ick denken kann!«

Der Schwarzgelockte schwieg und schaute wieder auf seine Schuhe, an denen sich das Oberleder von den Sohlen zu lösen begann. Verlegen rückte er seine schwarze Kappe zurecht.

»Wo ist deine Heimat? Und wie nennst du dich, damit ich dich anreden kann? Ich bin der Fritze, Fritz Puvogel!«

»Shimon Treidel nenne ich mich und ich komme aus Bitsche. Das ist eine kleine Stadt. Sie liegt bei Posen und wird in der polnischen Sprache Oszwo genannt!«

»Shimon klingt fremd für uns!«

»Die Deutschen sagen Simon. Nenne mich so, Fritze!«

Shimon Treidel reichte Fritz die Hand. Er zitterte immer noch vor Kälte und vielleicht auch aus Furcht, es könnte nicht mit rechten Dingen zugehen, dass Fritz so freundlich mit ihm sprach.

Fritz ergriff die schlanke Hand und drückte sie ausdauernd. »Du sprichst so jut Deutsch, als wärst du in Berlin uffjewachsen. Wie kommt det, Simon?«

»In meiner Heimat sprechen die meisten Menschen Polnisch und Deutsch. Und die Juden sprechen Jiddisch so gut wie die deutsche Sprache, besonders dann, wenn sie herauswollen aus dem Schtetl!«

»Ihr lebt also nicht gern in euren Städten?«

Simon Treidel zuckte nur die Schulter. Erst nach einer Weile antwortete er: »Wie kann man gerne in einem Land leben, wo im Sommer die Hitze glüht und die Winter so kalt sind, dass die Vögel im Flug erfrieren und herabstürzen? Im Frühjahr wie im Herbst macht der Regen die Wege unpassierbar und der Schlamm reicht bis über die Knie. Nur Dumme können sich in solcher Wildnis wohl fühlen. Kein Wunder, dass viele Familien ihre

Söhne in die Fremde schicken, damit es ihnen besser gehen soll. Jahrzehnte sparen sie Rubel auf Rubel, Groschen auf Groschen und Taler auf Taler, tragen die Kleider, bis sie ihnen vom Leibe fallen. Sie hungern und essen sich nur am Schabbes* satt, so lange, bis das Geld reicht für die Reise der Söhne in eine bessere Zukunft!«

»Und war das auch bei dir so, Simon? Haben dich deine Eltern nach Berlin geschickt?« Fritz Puvogel war neugierig geworden.

Simon schüttelte den Kopf. »Ich lebte im Waisenhaus von Bitsche... wenn man leben dazu sagen kann... Meine Eltern sind früh an der Auszehrung* gestorben, denn der Tate... ich meine, der Vater... verdiente als Flickschuster nicht einmal das Mehl für die tägliche Suppe. Und da mich niemand aus der Gemeinde aufnehmen wollte, weil dort jeder genug Sorgen mit seiner eigenen Familie hat, kam ich ins Waisenhaus. Da ging es hart zu. Es gab mehr Schläge als Brot, und die Tränen, die von den Kindern geweint werden, könnten einen Ozean füllen!«

»Dann haste böse Jahre hinter dir!«

»Das kannst du glauben, Fritz Puvogel!«

»Wie biste nach Berlin gekommen? Davonjelaufen aus dem Waisenhaus?«

»Nein! In jedem Jahr, immer nach dem Versöhnungsfest, das wir Jom-kiper* nennen, kam ein Mann, der weit und breit als Galgan, als Lump, bekannt ist. Er handelte mit dem Waisenhausaufseher, suchte unter den Kindern diejenigen aus, die ihm klug und gesund erschienen, feilschte um jeden Groschen mit dem Aufseher und kaufte eine Anzahl der Waisen, um sie auf seinem Wagen mit sich nach Berlin zu nehmen.«

»Und du...«

»Richtig geraten, Fritz Puvogel... unter diesen Waisen

war auch ich. Mehr als achtzig Stunden waren wir in den engen Wagen gesperrt, der über die ausgefahrenen Wege Preußens holperte, und doch schien es den meisten von uns, als ginge es dem Garten Eden entgegen. In einem heruntergekommenen Hinterhaus in der Großen Hamburger Straße wurden wir von dem Menschenhändler in einer Dachstube eingeschlossen. Sobald es dunkelte, stürzten sich die Wanzen wie wild von der Zimmerdecke auf uns und saugten unser Blut. Sie zerstachen uns so sehr, dass viele nicht mehr aus den Augen schauen konnten. Dort, in diesem Wanzennest, blieben wir mehrere Wochen. Dann ist es dem Galgan gelungen, einen Kommissar zu schmieren, und gemünztes Gold macht ja bekanntlich das härteste Herz weich. Von dem Kommissar bekam er Papiere für uns, in denen geschrieben stand, dass wir das Aufenthaltsrecht für Berlin besaßen. Von da an ging alles sehr schnell. Wir wurden in die verschiedensten Familien verkauft. Einige von uns wurden Maschinenarbeiter, die Mädchen bekamen Arbeit als Dienstmägde und wieder andere landeten in Diebesschulen, um dort in der Kunst des Stehlens ausgebildet zu werden. Und bei diesen war auch ich!«

»Eine Diebesschule«, sagte Fritz und staunte mit offenem Mund. »Ja, jibt 't denn so wat?«

Simon lachte, doch diesem Lachen war auch Traurigkeit beigemengt. »Was glaubst du denn, Fritze! In dieser großen Stadt gibt es alles, was Gott verboten hat. Nichts gibt's hier, was es nicht gibt!«

»Und wohin hat dir der … Galgan … verkooft, Simon?«

Simon Treidel zögerte, atmete tief aus und erklärte: »Ich weiß nicht, weshalb das so ist, aber ich vertraue dir. Darum will ich es dir sagen: Zehn von uns blieben in der Großen Hamburger bei einem der Unseren. Seit

Jahren hat der dort eine Diebesschule. Er bringt uns bei, wie man Geldbeutel und Wertsachen aus fremden Taschen stiehlt, ohne dass die Bestohlenen etwas davon bemerken. Wir erhalten dafür Unterkunft und Kleidung, werden ernährt und bekommen einmal im Monat drei Taler. Einige von uns, diejenigen, die noch Eltern haben, schicken jenen das Geld. Die anderen sparen, verstecken es in Mauerritzen, unter Fußbodendielen und Gott weiß, wo sonst noch. Sie sparen für eine Überfahrt in die Neue Welt und wollen das Geld schnell zusammenhaben!«

Fritz Puvogel staunte. Die Offenheit des jungen Juden, für den er doch ein Fremder war, verblüffte ihn. Wie leicht war es, Simon dem nächsten Gendarmen auszuliefern und vielleicht noch eine Belohnung dafür einzustecken.

»Freu dir, Simon, det du an mir jeraten bist und nich an eenen anderen. Du darfst dir hier nur den Menschen anvertrauen, die du wirklich kennst. Ick verrate dir nicht! Mir geht't so, als wären wir schon immer Freunde.«

»Ja, mir auch. So etwas ist selten im Leben. Nur manchmal, wenn sich zwei gleich gesinnte Seelen treffen, geben die Malachim, so sagen wir für die Engel, ihren Segen dazu und aus Fremden werden Brüder.«

»Eene schöne Jeschichte, Simon!« Fritz Puvogel lächelte und zog den blassen Juden mit sich. »Komm mit! Nich weit von hier ist eene Baustelle. Da brennen Feuer, damit der Mörtel jeschmeidig bleibt und zum Hausbau taugt. Da können wir uns uffwärmen.«

»Die werden uns davonjagen.«

»Ach wat! Solange wir uns still verhalten und der Polier uns nicht bemerkt, sind wir sicher. Die Maurer wissen selber jenau, wie sehr die Kälte in den Knochen beißt. Die verjagen uns nicht. Und wenn wir uns uffjewärmt haben, jeht's weiter. Ick will dir einladen, mit zu mir zu kommen. Mein Vater liegt und schläft seinen Rausch aus und die beiden jüngeren Jeschwister sitzen beim Magister ihre Schulstunden ab. So haben wir Zeit zu reden und een Kanten Brot wird wohl ooch noch zu finden sein. Den können wir uns dann ehrlich teilen.«

Die zwei kamen zur Baustelle. Hell loderte dort ein Feuer. Schwer beladen mit Ziegeln und Kalkkübeln kletterten die Maurer auf den glatten Brettern des Baugerüstes herum und schichteten Stein auf Stein.

Das Feuer wärmte Fritz und seinen neuen Freund. Simon schaute immer wieder ängstlich nach den Arbeitern, als fürchte er, mit Ziegeln beworfen und vertrieben zu werden. Aber die Arbeiter auf dem Gerüst schienen die Jungen nicht zu sehen. Und so konnten sich die beiden wärmen, bis die Kälte ein wenig aus ihren Körpern wich.

»So, Simon, lass't für jetzt jenug sein. Ick möchte schnell heim, denn mir knurrt jewaltig der Magen!«

Fritz hakte sich bei Simon unter und mit schnellen Schritten eilten die beiden ungleichen Jungen der Puvogelschen Behausung zu.

*

In der Diebesschule, die sich unter dem Dach eines Hinterhauses in der Großen Hamburger Straße befand, gab es lautes Geschrei. Bis auf den Hof war es zu hören. Doch niemand in diesem Elendsviertel achtete darauf.

Der Besitzer der Schule schlug mit einem Rohrstock auf den größten der Jungen ein, die hier zu Taschendieben erzogen wurden. Ohne Unterlass ging das nun schon einige Minuten. Der Geprügelte biss sich so sehr auf die Lippen, dass Blut aus ihnen quoll, aber kaum ein Schmerzensschrei kam aus seinem Mund.

Moses Loew, der hier im Scheunenviertel von allen nur der »Schwarze Moische« genannt wurde, ließ erschöpft die Hand mit dem Rohrstock sinken. Er wischte sich den Schweiß von der Stirn, griff sich den Geprügelten und schüttelte ihn gewaltig. »Willst du mir wohl endlich Antwort geben, Lasar? Wo hält sich Shimon versteckt?« Lasar wand sich so lange, bis er dem »Schwarzen Moische« entkommen war, und kroch unter die Dachpfannen, wohin man nur auf dem Bauch kriechend gelangen konnte.

Moses beugte sich vor und versuchte Lasar zu erreihen, drohte mit dem Stock und schrie mit heiserer Stimme: »So sprich endlich, wo Shimon ist! Es soll dir und keinem der Kinder ein Leid geschehen, wenn er zurückkommt. Ich werde euch allen Piroggen* kaufen und dazu wird es Honig geben. Nur sage mir endlich, wo ich Shimon finde!«

Lasar fühlte sich sicher in seiner Dachecke. Der Anflug eines Lächelns legte sich auf seine Lippen, von denen immer noch Blut tropfte. »Ich weiß es wirklich nicht. Er hat mir kein Wort gesagt. Einfach verschwunden war er am Morgen. Er muss sich fortgeschlichen haben, als es noch dunkel war!«

Die anderen Kinder, acht an der Zahl, die unter der Anleitung von Moses Loew zu Dieben herangezogen wurden und nun aus Angst vor ihrem prügelnden Lehrmeister eng aneinander gedrängt in einer Ecke des Bodenraumes standen, nickten zustimmend zu Lasars Worten.

Moses Loew, hochrot vor Wut und Ärger, rannte aufgeregt unter den Dachschindeln umher, so weit dies die Höhe des Dachfirstes zuließ. Endlich, es mochten mehrere Minuten vergangen sein, klatschte er in die Hände, rückte das Käppel auf seinem Kopf zurecht und befahl: »Stellt euch in einer Reihe auf, Kinder. Wir haben zu viel Zeit verloren mit dem Schlemihl*, dem unglücklichen Shimon. Er wird bald sehen, wie es zugeht in dieser Stadt, und schnell wird er angekrochen kommen, um Gnade winseln und mich bitten, wieder in unsere Gemeinschaft aufgenommen zu werden. Und nun, nicht länger gezögert, Kinder. Wir beginnen mit unserem Unterricht. Der Klingelmann wartet bereits auf eure geschickten Hände!«

Ein Schüler der Loew'schen Diebesschule nach dem anderen trat nun auf die Puppe zu, die elegant wie ein vornehmer Herr gekleidet in der Mitte des Dachraumes stand. Vorsichtig versuchten die Kinder dem Klingelmann die Börse oder Brieftasche abzunehmen, ohne dass die kleinen Glöckchen, die überall an der Kleidung der Puppe angebracht waren, mit feinem Klang anzeigten, dass der Diebstahlsversuch missglückt war.

An diesem Tag wollte einfach nichts gelingen. Selbst die besten Schüler schafften es nicht, dem Klingelmann die Wertsachen zu entwenden.

Schon wollte der »Schwarze Moische« mit einigen Schlägen nachhelfen, als er durch einen schrillen Pfiff, der vom Hof heraufdrang, daran gehindert wurde.

»Schnell zugefasst, Kinder, und den Klingelmann in sein Versteck gebracht. Die Gauser* kommen! Also, beeilt euch und seid still, stellt euch dumm und sprecht nur dann, wenn die Polizei euch fragt. Ihr wisst, was zu sagen ist?«

Wie aus einem Mund antworteten die Kinder: »Wir sind von der Familie, sind alle eines Blutes. Der Tate* hat uns auf Berlin geschickt, weil sich in unserem Dorf nicht einmal die Kinim* satt fressen können!«

Der »Schwarze Moische« streichelte zufrieden über die lockigen Haare eines Mädchens und ließ mit einer verlegenen Geste den Rohrstock hinter seinem breiten Rücken verschwinden. »So ist es gut. Und nun beeilt euch und verbergt den Klingelmann gut vor den Gojim. Zum Nachtmahl wird es süssen Lekach* geben. Für jeden ein großes Stück!«

Mit flinken Händen griffen die Kinder zu, lösten die Dielenbretter, betteten den Klingelmann in den Hohlraum darunter und passten die Dielenbretter wieder ein. Gleich darauf sprangen sie dem »Schwarzen Moische« über die wacklige Bodenstiege nach, streckten ihm hinter seinem breiten Rücken die Zungen heraus und freuten sich, ihrem Zuchtmeister einen Schabernack spielen zu können.

Erst als Ruhe auf dem Dachboden eingekehrt war, kroch Lasar aus seiner engen Höhle und schlich in seine Unterkunft, die er mit fünf anderen Jungen teilen musste. Hier warf er sich auf den Strohsack, der ihm als Lager diente, und ließ den Tränen ihren Lauf.

*

Am offenen Fenster einer winzigen Stube, gleich neben dem Eingang zur Diebesschule des Moses Loew, saß vermummt in einen verschmutzten Schafspelz, der an einigen Stellen schon die Wolle verlor, krumm und gebrechlich der taube Isaak Gans. Mit flinken und sehr wachen Augen beobachtete er alles, was sich um ihn herum tat. So beäugte er auch mit misstrauischen Blicken den Fremden, der den Hof betreten hatte und sich nun nach allen Seiten umschaute.

»He, Alter«, sprach der Fremde den tauben Alten an, »weißt du, wo ich Moses Loew finden kann? Er hat doch in diesem Haus seine Wohnung.«

Isaak streckte den Kopf aus dem Fenster, legte seine Hand ans Ohr und reckte den kurzen Hals weit vor. Dann gurgelte er mit heiserer Stimme: »Wie? Ihr müsst lauter reden. Ich kann euch nicht verstehen.« Er deutete auf seine Ohren. »Ich bin taub, bin ein alter, tauber Mann.«

Der Fremde beugte sich zum Ohr des Alten. »Ich will zum ›Schwarzen Moische‹ und bringe Grüße von der Mischpoke aus der alten Heimat!«

Isaak Gans wurde hellwach: »So seit Ihr kein Kommissar?«

Der Fremde lachte laut auf. »Gott soll schützen. Ich und ein Greifer? Nie und nimmer!«

Isaak erhob sich stöhnend, ließ keinen Blick von dem anderen und verlangte: »So zeigt mir Euer Gesicht, damit ich es sehe. Nehmt die Mütze ab und schlagt den Kragen nieder!«

Der Fremde tat, was der Alte verlangte.

Erleichtert lächelte der Greis. »Alles ist gut. Ihr habt a gutes jiddisch Gesicht. Sagt mir Euren Schem*, Fremder!«

»Ich nenne mich Abi Frankfurter. Meine Familie lebt in Bitsche. Doch nun sagt mir, wo ich den Moische finde!«

»So, so… einer von den Frankfurter aus Bitsche seid Ihr. Wie geht es denn der Familie? Sein sie alle gesund und leben? Möchten'se leben bis hundert! Was machen die Geschäfte?«

»Dank Euch für die Nachfrage. Allen geht es gut, sie sind gesund und lassen grüßen.«

»Wartet noch ein wenig, Moische wird bald zur Stelle sein!« Der Alte pfiff dreimal durchdringend auf seinen gichtigen Fingern, lächelte und sagte: »Kommt zu mir herein, Abi, hier ist es wärmer und der Wind kann Euch nicht so zausen. Moische wird gleich hier sein! Und ich sage Euch ein herzliches Baruch haba*!«

*

Auf dem Hackeschen Markt standen die Marktfrauen an ihren Ständen und boten mit lauten Stimmen alles das an, was in den Küchen der Bürger gebraucht wurde.

Die zwei Burschen, die der Zufall erst vor kurzer Zeit zusammengeführt hatte, gingen mit schnellen Schritten an den Buden der Marktfrauen vorüber.

Als Fritz den Geruch frischer Speckkuchen wahrnahm, floss ihm der Speichel im Mund zusammen und er musste schlucken. Ihm wurden die Knie schwach und er hielt sich an Simons Schulter fest. Kalter Schweiß stand ihm auf der Stirn.

Simon Treidel stützte den neuen Freund so gut er konnte. Die beiden standen vor dem Stand der Speckkuchenhökerin und sahen so erbärmlich aus, dass die mollige Marktfrau Mitleid mit ihnen empfand. Sie winkte die Burschen heran und schnitt mit einem scharfen Messer die Krusten von den Kuchenstücken ab.

Langsam näherten sich Simon und Fritz dem Marktstand.

Begehrlich saugte Fritz den Duft der Speckkuchen ein. Er wartete darauf, dass die Hökerin einmal unaufmerksam war und wegschaute. Dann wollte er zugreifen und fortlaufen, wollte rennen, immer nur rennen. Er schien vergessen zu haben, dass neben ihm der blasse Judenjunge stand, der nichts von seiner Absicht ahnte.

»Hier«, sagte da die Marktfrau und schob den Jungen die Kuchenränder zu, »hier, ihr zwei, nehmt und stillt euren Hunger. Man sieht deutlich, wie sehr er euch zu schaffen macht!« Fritz Puvogel griff zu. Er nahm die Kuchenkrusten ohne ein Wort des Dankes und kaute mit vollem Mund.

Mit hängenden Schultern stand Simon Treidel neben ihm. Man sah ihm an, dass auch er gerne gegessen hätte, doch das Verbot seiner Religion, nichts zu essen, was nicht koscher* war, ließ ihn mit knurrendem Magen verzichten.

Die Hökerin sah, wie ihm das Wasser im Mund zusammenlief. Freundlich forderte sie ihn auf zuzugreifen. »Nimm nur, es ist eine gute Ware und dir starrt der Hunger aus den Augen!«

Simon schüttelte energisch den Kopf. Er drehte sich zur Seite und sagte leise: »Ich danke Euch sehr für Euer gutes Herz, Madame, doch der Ewige, unser Gott und Herr, erlaubt es uns nicht, von unreinen Tieren zu essen ... und Schweine sind nach unserer Religion unrein.«

Ungläubig starrte die Marktfrau den Jungen an. Erst jetzt sah sie seine Schläfenlocken und die Kappe auf dem dunklen Haar. Sie nickte und sagte: »Wenn dein Gott es dir verbietet, dann musst du ihm gehorchen. Er wird dich schon nicht verhungern lassen ...«

Fritz Puvogel stieß dem Freund in die Seite. »Sei doch nicht so dumm, Simon! Du glaubst nicht, wie gut die Krusten schmecken, sie machen satt und warm und geben Kraft!« Simon aber schüttelte beharrlich den Kopf. »Mag alles sein, aber es ist uns nicht erlaubt.«

Die Marktfrau trat vor ihren Stand. Mütterlich sanft legte sie eine Hand auf die Schulter des Judenburschen. »Ich habe große Achtung vor einem festen Glauben. Und weil meine Ware fast ausverkauft ist, könnt ihr zwei den Stand zusammenlegen und ihn zu mir heimkarren. In meinem Alter ist man froh, wenn man eine Hilfe hat.« Sie wies auf einen altersschwachen Karren. »Bei mir daheim bekommt ihr eine gute Mahlzeit, und auch ein paar Pfennige sind euch beiden sicher. Und nun, ihr Burschen, zugefasst und aufgeladen. Und eilt euch, dass wir bald zu Hause sind!«

*

Moses Loew kam langsamen Schrittes über den Hof. Misstrauisch betrachtete er den Fremden, der einen guten Tuchmantel trug und eine Pelzmütze auf den kurz geschorenen Haaren. Ein Greifer war der Fremde gewiss nicht, das hätte ihm der alte Gans schon zu verstehen gegeben. Ein Goj konnte er auch nicht sein, denn einen solchen würde der Alte niemals in sein Zimmer gelassen haben. Dann war es wohl einer von den eigenen Leuten …

So streckte Moses Loew beide Hände zur Begrüßung vor und zog den Fremden an die Brust. »Schalom alejchem, chawer*«, grüßte er und küsste ihn auf beide Wangen.

»Alejchem schalom«, erwiderte Abi Frankfurter, doch sein Gruß fiel weit weniger herzlich aus. Jeder in Bitsche wusste, dass Moses Loew einen schlechten Ruf hatte und im Verdacht stand, ein übler Ganew* zu sein. Rabbi Efraim hatte ihn deutlich gewarnt, sich mit dem »Schwarzen Moische« zu verbrüdern. »In jeder Familie gibt es ein schwarzes Schaf, eines oder auch mehrere. Und in deiner Familie, Abi, ist der Moische Loew ein solches … ein schwarzer Bock, der nichts Gutes tut, es sei denn, es gereicht ihm zum Vorteil. Und gibst du ihm die Hand, so achte drauf, dass dir hernach nicht ein Finger fehlt!«

So stand Abi Frankfurter nun dem Verwandten gegenüber und betrachtete ihn argwöhnisch aus den Augenwinkeln.

»Ich komme aus Bitsche, Moische Loew. Ich bin Abi Frankfurter, ein entfernter Verwandter von Euch!«

»Ich weiß... ich weiß... so um sieben Ecken herum. Aber Mischpoke ist Mischpoke... Was hat Euch hergetrieben in die große Stadt Berlin? Wollt Ihr hier Euer Glück versuchen? Und kann ich Euch dabei helfen?«

Abi schüttelte den Kopf. »Der Bitscher Rebe hat mich zu Euch geschickt. Vor einiger Zeit ist bei ihm ein Brief angekommen aus Amerika. Der Rebe wurde gebeten, einen zweiten Brief, der dem ersten beilag, an Simon Treidel weiterzuleiten. Verwandte der Mutter wollen den Bocher* in Amerika haben, sie wollen ihn als ihren Sohn aufnehmen.«

»So, so... der Shimon hat Verwandtschaft in Amerika! Wer hätte das gedacht!«

»Nun meinte Rabbi Efraim, der Shimon gehe in eine Eurer Schulen, und weil er den wichtigen Brief nicht der Post anvertrauen wollte, gab er ihn mir zu treuen Händen. Jetzt bin ich da, um ihn dem Empfänger zu übergeben!«

Moses Loew lief mit kleinen Schritten aufgeregt umher. Nervös fuhr er sich durch den schwarzen Bart, dann streckte er beide Arme aus, hielt dabei die offenen Hände himmelwärts und schrie lauthals hinaus: »Der Ewige soll mich strafen, wenn ich weiß, wo sich der Schlemihl herumtreibt. Vor einigen Tagen ist er mir aus der Schul gelaufen und das, obwohl ich ihn wie alle meine Bocher gut gehalten und gespeist habe, ganz so wie die eigenen Kinder. Nur Kosten entstehen mir durch diese Schul. Zu faul und ungeschickt sind die Schüler. Sie denken nur ans Essen und ans Schlafen, aber von der Arbeit wollen sie nichts wissen!« Moses Loew sah Isaak Gans streng an: »Du kannst meine Worte doch bestätigen, es ist die reine Wahrheit, was ich sage, oder?«

Der Alte nickte. »Er ist in der Nacht auf und davon. Und keiner von den anderen weiß, wo er geblieben ist. Die Kinder denken, er sei zurück in die Heimat, weil ihn die Sehnsucht geplagt habe. Mehr weiß ich nicht, mehr kann ich nicht sagen.«

»Ihr hört die Worte, Abi! Nun gebt mir einen Rat, was wir unternehmen können, um ihn aufzufinden. Ich habe schon alles getan, was möglich war. Selbst eine Belohnung habe ich versprochen, wenn mir einer den Bocher zurückbringt. Aber alles war vergebens!«

Abi Frankfurter überlegte lange. Er zog einen Lederbeutel aus der Hosentasche, öffnete ihn und entnahm einige Goldstücke. Fünf davon zählte er auf den Tisch, dann verbarg er den Beutel wieder. »Diese fünfzehn Taler will ich denen ausloben, die den Shimon zurückbringen oder uns seinen Aufenthalt nennen können.«

Moses Loew sah mit begehrlichem Blick auf die glänzenden Münzen. »Das ist ein Betrag, der viele Augen öffnen wird«, sagte er hastig und wollte das Geld einstreichen. Abi Frankfurter aber verhinderte es. Er legte seine rechte Hand auf das Geld und winkte mit der linken ab: »Das Geld bleibt in meiner Tasche. Doch ich gebe mein Wort: Es wird dem gehören, der mir sagt, wo wir Shimon finden! Nehmt mich beim Wort, nehmt mich bei meiner Ehre. Für mich ist es eine Pflicht, dem elternlosen Bocher wieder eine Familie zu geben.«

Isaak Gans wischte sich einige Tränen aus den Augen. Er räusperte sich und murmelte leise, dass Abi ihn kaum verstand: »Der Ewige möge dich segnen … Jetzt und in alle Ewigkeit!«

*

Die Hökerin vom Hackeschen Markt erwies sich als herzensgute Frau. Kaum hatten die Freunde den Karren mit den Latten, Brettern und Planen in den Schuppen gefahren, da rief sie die zwei auch schon ins Haus.

»Kommt und wascht euch die Hände, dann setzt euch an den Tisch und lasst euch gut schmecken, was ich zubereitet habe!« Fritz und Simon ließen sich das nicht zweimal sagen, wuschen sich den Schmutz ab, fuhren sich mit den nassen Fingern durch die Haare und trockneten die Hände schließlich an den Hosen ab.

An der Tür zur Küche blieben sie stehen. Die Hökerin stand am Herd und backte in einer gusseisernen Pfanne Plinsen*. Der Duft, der aus der Pfanne stieg, bewirkte, dass den beiden Jungen wieder der Mund wässrig wurde.

»Diese Speise kennst du doch ... es sind Plinsen ... die werden von den Russen wie von den Juden gleichermaßen gern gegessen.«

Simon nickte begeistert. »So ist es, Madame. Solche Nahrung ist uns erlaubt.«

Die Hökerin lachte. »Ich hab's gewusst ... denn wisst ihr, ich stamme aus dem Masurischen, da lebten Deutsche und Polen, Russen, Litauer und Juden friedlich nebeneinander und jeder lernte ein wenig von den anderen. Übrigens ... ihr müsst mich nicht ›Madame‹ nennen. Ich bin Frau Karausch. Nun sagt mir aber auch eure Namen!«

Fritz war schneller als Simon: »Ich bin Fritz Puvogel und das ist mein Freund Simon.« Er stockte und sagte dann verlegen: »Wie er weiter heißt, habe ich vergessen ...«

»Ich bin Shimon Treidel«, stellte sich Simon vor.

Frau Karausch lachte. »Eure Freundschaft kann ja noch nicht lange bestehen, wenn du nicht mal den Familiennamen von Simon kennst. Nun aber kommt, setzt euch und lasst euch die Plinsen gut schmecken!«

Die Jungen griffen zu, sie kauten mit vollem Mund, so gierig, dass ihnen das Fett über das Kinn lief und Frau Karausch kaum mit dem Backen nachkommen konnte.

Als sich die Freunde verabschiedeten, drückte ihnen die gutmütige Frau einige Pfennige in die Hand und sagte: »Wenn ihr wieder mal Hunger habt, kommt zum Hackeschen Markt. Ich habe immer etwas mehr, als ich für mich selbst brauche!« Sie brachte die Jungen bis an den Zaun und winkte ihnen nach.

Als Fritz und Simon schon ein Stück weit gegangen waren, hörten sie Frau Karausch rufen: »Kommt doch noch einmal her!«

Erschrocken sahen sich die Burschen um, dann gingen sie nervös und verlegen zurück.

Frau Karausch wandte sich an Simon: »Für die nächste Zeit kannst du bei mir bleiben. In der Kammer unterm Dach ist noch Platz, und besser als auf der Straße zu liegen und sich einen bösen Husten zu holen, ist es dort allemal.«

Fritz Puvogel schlug seinem neuen Freund, dessen dunkle Augen feucht wurden, auf die Schulter: »Ick freue mir for dir wie 'n König! Da soll ja keener mehr sagen, det meine Mutta Unrecht hat, wenn'se sagt: ›Jott hilft, wenn sonst keener mehr helfen will.‹«

Sie saßen noch lange beisammen und berichteten einander von ihrem Leben. Und als Fritz dann ging, sagte Frau Karausch: »Immer wenn du willst, kannst du herkommen, auf den Markt oder ins Haus. Eine Freundschaft wie eure solltet ihr pflegen wie eine zarte Pflanze!«

Drittes Kapitel

»Ottilie!«, rief Otto Puvogel. »Wo bleibste denn? Sofort kommste zu mir ans Bette!«

Der Bauarbeiter hatte seinen Rausch ausgeschlafen, wischte sich die geschwollenen Augen und räkelte sich auf dem Strohsack, der den Armen die Matratze ersetzen musste.

»Ottilie!«, brüllte nun Vater Puvogel, und in seiner Stimme hatte sich so viel Wut über sich selbst und sein Versagen angesammelt, dass sie heiser und krächzend zu werden begann.

Ottilie schien den Vater nicht zu hören.

Inzwischen hatte sich Otto wieder unter dem Deckbett verkrochen. Er schloss die Augen und war schon auf dem Weg zurück ins Reich der Träume, als eine Hand, die das Zufassen gewöhnt war, ihm das Deckbett fortzog, so schnell und kräftig, dass es auf den Dielen landete.

Otto Puvogel zog sich schamhaft das kurze Hemd zwischen die Beine, öffnete erst das rechte, dann das linke Auge einen Spaltbreit und schloss sie sofort wieder, als er sah, dass Rike am Fußende des Bettes stand. Sie hielt beide Hände in die Seiten gestemmt und schien nicht gerade erfreut, ihren Mann noch auf dem Strohsack zu sehen.

»Du bist't, Rike? Haste de jroße Wäsche schon hinter dir?«

»Ja, ich bin es! Müde und abgekämpft, mit aufgesprungenen Händen vom Soda in der Waschlauge. Und was denkst du, Otto, wie sehr ich mich freue, dich gesund und ausgeschlafen im Bett zu sehen!«

Otto Puvogel schien nicht zuzuhören. Unter Stöhnen

und Husten richtete er sich auf und ließ die Beine herabhängen. »Denn haste bestimmt 'n jutes Geschäft jemacht, Rike? Wat ham se denn rausjerückt, die Pfeifers? Wat ham se dir denn for de Wäsche jezahlt?«

»Einen Taler haben sie gezahlt, Otto! Einen Taler für den ganzen, langen Tag!«

»Bessa wie nischt«, brummte der Bauarbeiter. »Davon wird ja woll een bisken for mir, for 'ne Molle und 'n Korn übrig sein, wa?«

Rike nickte nur kurz. Ihr war klar, dass eine Weigerung zu einem Riesenkrach führen würde, wie immer, wenn Otto Puvogels Leber nach neuem Alkohol schrie.

Er kann ja nichts dafür, dachte sie, er ist ja ein kranker Mann und ich habe vor Gott am Altar geschworen, ihm stets eine gute Frau zu sein. Also sagte sie beruhigend: »Fünfzig Pfennige werde ich wohl übrig machen können!«

»Na ja«, brummte Otto, »ville is't nich, aba eenem jeschonkenen Jaul kiekt man nich in de Kiemen!«

Rike wollte das Zimmer verlassen. Als sie schon an der Tür war, rief Otto ihr nach: »Und sorje dafor, det meine Kledage fertig ist. Ich will denn gleich los ... uff Arbeet!«

»Ich weiß, Otto, in die Kneipe. Ottilie hat deine Kleider schon ausgebürstet. Sie hängen über der Stuhllehne am Ofen.«

»Dann jeh nur, Olle! Ick komme gleich nach ... zu essen brauchste mir nischt hinzustellen, wenn ick jetzt wat runtawürgen soll, kiekt mir mein Magen von draußen an!«

Rike sparte sich eine Antwort. Leise schloss sie die Tür. Nur nicht aufregen, dachte sie, sonst zerschlägt er wieder alles, was ihm im Weg ist. Und Ottilie weint dann stundenlang und kann sich nicht beruhigen.

*

Nur wenige Minuten von der Puvogelschen Wohnung entfernt, befand sich in den Kellerräumen eines Hauses in der Grenadierstraße eine Destille, in der auch Speisen und »Gehobene Getränke« angeboten wurden. *Diamants Etablissement*, hatte jemand mehr schlecht als gekonnt auf ein Brett gepinselt, das über dem Eingang hing, und dazu eine dunkel gelockte Schöne gemalt, die den Gästen zu gefallen schien.

Gil Diamant, ein überaus kräftiger Mann, besonders um den Bauch herum, saß auf einem erhöhten Platz hinter der Registrierkasse, von wo aus er das ganze Lokal überblicken konnte, auch die geringste Kleinigkeit, die ihm nicht gefiel, und von hier aus gab er seine Befehle, laut und mit einer Klangfärbung in der Stimme, die immer noch daran erinnerte, dass er vor langen Jahren aus Preußisch Polen nach Berlin gekommen war.

Damals hatte er noch einen bis auf den Boden reichenden Kaftan getragen und die Kippa, das Käppel, bedeckte seinen Kopf zu allen Zeiten, und selbst in der Nacht – so sagte man – würde er es nicht abnehmen. Und wie es vielen zugereisten Juden in Berlin erging, so war es auch bei Gil Diamant. Bald war er Besitzer einer Destille und es kamen zwei weitere hinzu, dann noch ein Lokal, das dem Tanzvergnügen dienen sollte. Und weil bekanntlich die Augen des Herren die Kühe fett machen, so steht es ja schon im Buch der Bücher, wurde jede neue Kneipe eine Goldgrube für Gil Diamant.

Mit jeder Destille, die er dazukaufte, wurde der schmalbrüstige Besitzer runder um Bauch und Hüften, dann fielen die Schläfenlocken, von denen er sich nie hatte trennen wollen, den Geschäftsinteressen zum Opfer. Und bald schon erkannte man den Juden aus dem Schtetl nur noch an den schönen, glänzenden Mandelaugen.

Herrn Diamants Wohnung lag im Hochparterre über dem Lokal in der Grenadierstraße. Hier lebte mit ihm, zwischen schönen, alten Möbeln und Teppichen aus dem Orient, Rosa Wandeltal, ihres Zeichens Tänzerin von Gils Gnaden. Und weil er die kesse Rosa aus dem kleinen Städtchen Treuenbrietzen liebte wie kaum ein Mann vor ihm, tat Röschen alles, was Gil von ihr verlangte.

An diesem Tag lag sie auf den üppigen Kissen der Ottomane und träumte vor sich hin. Röschen sah sich bereits hinter der Registrierkasse sitzen und mit flinken Händen die Knöpfe drücken. Sie freute sich über die hellen Klingelgeräusche und wusste, dass mit jedem Klingeln die Brieftasche des Gil Diamant dicker und dicker wurde.

Und dieser Mann hatte sie um ihre Hand gebeten.

Röschen lächelte mit halb offenem Mund, fuhr sich mit der Zunge über die Lippen und sagte zu sich: »Een scheenet Leben wird det, als Madam hinta de Kasse. Ville bessa, wie uff de Bühne mit 'n Bauch wackeln und die Jrossjrundbesitzer vons Land im Séparée um den Bart zu jehen!«

Sie hatte sofort ja gesagt zu dem Antrag und war sogar bereit, zur anderen Religion, zur jüdischen, überzutreten, von der sie im Lauf der Zeit einiges mitbekommen und verstanden hatte, denn Gil Diamant lebte als frommer Jude ein frommes Leben.

Röschen hatte sich so sehr in ihre Träume hineingesponnen, dass sie aufschrak, als der Regulator mit seinen vielen gedrechselten Türmchen und dem aus weißem Glas geblasenen Hirsch unter dem Perpendikel mit wohl lautendem Klang die sechste Nachmittagsstunde verkündete.

»Oh Jotte nee«, quiekte sie aufgeregt und rappelte

ihren molligen Körper aus den Kissen, »in eene Stunde muss ick uff de Bühne stehen und for de dicken Maxen aus Hintapommern den Affen machen!«

*

Als Röschen »Gils Diamantmine« betrat, wie sie die Etablissements ihres Verlobten insgeheim nannte, war das Lokal bereits proppenvoll.

Ein junger Mensch, überschlank und mit weiß geschminktem Gesicht, Augenbrauen nachgezogen und die Lippen grell geschminkt, kam gerade mit der »Jräfin« die Treppe in das Etablissement hinabgestiegen. Sie war bestimmt doppelt so alt wie ihr Begleiter, aber ebenso grell geschminkt wie dieser. »Ist ja heute jar nischt los«, maulte der Jüngling und verzog blasiert den Mund.

Die »Jräfin« nickte zustimmend. »Diamants Etablissements sind in Verschiss*«, raunte sie ihrem Begleiter zu, »das hat mir neulich der Kommissar jesteckt. Der Diamant soll verdächtig sein, heiße Ware von den kessen Jungens* jekooft zu haben, und nun trauen sich die Schieber nicht mehr her!«

»Dem Gil kann det doch nur recht sein. Wenn die Ganoven nich mehr kommen, ist er doch aus 'm Schneider und keena kann ihm an die Wäsche.« Die »Jräfin« wollte gerade antworten, als sie durch einen Invaliden gehindert wurde, der auf zwei Holzbeinen durch das Lokal stakste.

Vor der Frau im körperengen Abendkleid blieb der Mann stehen, legte soldatisch stramm die rechte Hand an die Uniformmütze und sagte: »Erfreut, dir wieder mal zu sehen, Jräfin!«

Die »Jräfin«, die selbst zu den Langfingern gehörte und den Landjunkern die Brieftaschen zog, wenn diese schnaps- und liebestrunken waren, lachte grell: »Na Paule, sieht man dir ooch mal wieda? Ick war eene Zeit vaschüttet! Scheen, det du noch lebst, olla Kriejer! Wat hat dir denn in det teure Etablissement vaschlagen?«

»Durst hatte ick und kalt war mir ooch! Wie is't? Jibste mir 'n Schnäpperken aus?«

Die »Jräfin« nickte und rief laut durch das Stimmengewirr des Lokals: »Gil, einen großen Persiko für meinen ollen Freund Paul!«

»Kommt sofort«, antwortete Gil Diamant und drückte die Knöpfe seiner Kasse.

»Scheenen Dank ooch, Jräfin.«

»Nischt zu danken, Paule, aber dein Lied musste für mich singen!«

»Jebongt, jnädije Frau. For een Schnäpperken tue ick beinahe allet!« Er stakte mit seinen Holzbeinen zur Theke, holte eine Drehorgel hervor, die er dort abgestellt hatte, und schob sie vor sich her bis in die Mitte des Lokals. Dort warf er den Riemen an. Quäkend und stöhnend kam die Melodie aus dem Kasten und dann sang Paul sein Lied:

»Als mir wurden in dem Kriege
beede Beene abrasiert,
hat meen Keenich zur Belohnung
mir de Heldenbrust jarniert.
Und jesagt: Mein lieba Paule,
det dirs möje wohl erjehn,
derfste ferner, als Belohnung,
eenen Leiakasten drehn.
So vadien durch Keenichs Jnaden
ick mir eenen Pappenstiel.
Ach, for't Leben is't zu wenig
und for't Sterben is't zu viel.

Dennoch, olla Freiheitskrieja,
lebste heute immer noch,
stehst noch stramm und rufst bejeistert:
Unser Keenich lebe hoch!«

Nun begann der Invalide auf seinen hölzernen Ersatzbeinen zu tanzen. In den Freiheitskriegen gegen Napoleon hatte er die eigenen Beine durch eine Granate verloren, sich im Laufe der Jahre an die Holzbeine gewöhnt und mit ihnen zu gehen gelernt.

Dumpf knallten die Holzstecken auf den Dielen. Die Orden an Paules fadenscheinigem Mantel klimperten blechern.

»Noch einen doppelten Persiko für unser jeliebtet Holzbeen«, rief die »Jräfin« und klatschte Beifall, wie die anderen Gäste, die ebenfalls vom »Invalidenpaule« begeistert waren.

Dann öffnete sich der Bühnenvorhang. Ein Trio, als Orientalen kostümiert, begann eine Musik zu spielen, zu der Röschen aus Treuenbrietzen ihren beachtlichen Bauch in rhythmische Bewegungen versetzte. Doch wer genau hinhörte, vernahm die Melodie, die seit einiger Zeit überall in Berlin gesungen und gepfiffen wurde: »Wir binden dir den Jungfernkranz aus veilchenblauer Seide.«

Als die Gäste in Stimmung kamen und mitsangen, kam Otto Puvogel die Treppe zum Etablissement herabgestolpert. Er hatte seiner Rike so lange in den Ohren gelegen, bis sie auf die zugestandenen fünfzig Pfennige noch einen ganzen Groschen draufgelegt hatte. Otto war frohen Herzens abgezogen, und obwohl er noch einen schlechten Magen hatte, pfiff er schon auf der Treppe zu *Diamants Etablissement* die Melodie mit.

*

Mit heißen Wangen saßen drei junge Burschen in einem der zehn Separees, die zu *Diamants Etablissement* gehörten, und steckten flüsternd die Köpfe zusammen. Zu dem Weißbier mit Waldmeister, das jeder vor sich stehen hatte, rauchten sie ihre Tonpfeifen, in denen billiger Tabak glimmte.

Es waren Oskar Puvogel, der Zweite aus der Ehe zwischen Otto und Rike, und die beiden Schlafburschen Karl und Johann, die mit ihren Pfennigen dazu beitrugen, dass Puvogels mit Ach und Krach von einer Woche zur anderen kamen.

Johann flüsterte ein wenig heiser im breiten Deutsch der Ostpreußen: »Ich weiß es ganz genau von der Arbeit. Ich habe es gehört, Mannchen, als der Patron davon gesprochen hat! Sein Bruder, wisst ihr, derjenige, der draußen in Tegel wohnt, hat vor ein paar Tagen ein Häuschen verkauft und dreitausend Talerchen dafür bekommen. Das Geld liegt in einem Versteck im Kachelofen. Nu habe ich mir gedacht, dass es nicht schwer wäre, an die Kassette mit dem Geld zu kommen.«

»Und wie … haste dir det vorjestellt«, stotterte Oskar Puvogel mit vor Aufregung kieksender Stimme.

»Nu, ganz einfach: Wir schicken Oskarchen vor. Der geht ganz bescheiden an die Vordertüre und streckt die Hand aus, nach einem Stückchen Brot. Und er macht dabei so ein erbarmungswürdiges Gesicht, dass der reiche Lorbass* ein weiches Herz bekommt und Oskarchen ausfragt, wie es gekommen ist, dass er betteln gehn muss.«

»Na, und während du ihn bequatschst, Oskar, steigen wir beide ins Wohnzimmer ein und suchen die Kassette«, führte Karl den Gedanken des Freundes weiter.

Sie schwiegen eine Weile, rauchten hastig ihren Tabak und rückten noch enger zusammen.

»Und wer jarantiert mir, det ihr nich vaduftet, während ick dem Ollen meine Jeschichte ufftische? Wer jarantiert mir, det da nich noch eene Frau oda sojar eene janze Familie is?«

»Nu, ich, Oskarchen! Da gibt es nur den alten Mann, den Bruder von mein Meister. Die Frau von dem ist schon längst in der Grube!«, sagte Johann beruhigend. »Wir kennen uns doch schon eine halbe Ewigkeit. Wir teilen das scheene Geld unter uns. Jeder bekommt seinen brüderlichen Anteil. Das sind tausend Taler für jeden von uns!«

»Tausend Taler«, staunte Oskar mit offenem Mund. »Stellt euch vor, wat man mit de Kohle nich alles machen könnte. De Mutta müsste nich mehr for andere Leute waschen und ...«

»Hast du kein Hirn, du Pomuchelskopp? Niemand darf etwas davon wissen«, fuhr Johann dazwischen. »Am wenigsten deine Mutter. Die ist eine so ehrliche Haut, dass sie uns gleich die Polizei auf'n Hals schickt. Mindestens ein Jahr müssen wir das Geld verstecken, bis Gras drüber gewachsen ist!«

»Ich mache mit«, sagte Oskar heiser und streckte den beiden anderen seine Hände entgegen. Bevor diese aber zugreifen konnten, ließ sich Oskar plötzlich zu Boden gleiten, als ob er unter dem Tisch verschwinden wollte. »Los, Männer, schnell die Flieje machen. Mein Olla kommt in diesem Momang de Treppe runta! Wenn der mir sieht, schlächt er mir dot!«

*

Am frühen Morgen des nächsten Tages gab Rike nicht eher Ruhe, bis Otto Puvogel unter Knurren und Schimpfen aus dem Bett stieg und den Maureranzug anlegte. Mit bösen Worten brabbelte er vor sich hin und an seinem ganzen Gehabe erkannte Rike, dass Otto immer noch nicht nüchtern war.

So stellte sie ihm eine Kanne Malzkaffee auf den Tisch und zwei Scheiben Brot, die sie mit Rübenkraut dünn bestrichen hatte. Otto trank einen Schluck, spie die lauwarme Brühe wieder aus und warf den Blechbecher an die Wand. Rike kannte ihren Mann, sie stellte sich taub und blind und zog aus dem Stroh des Ehebettes die Flasche mit dem braunen Getränk, die sie am Abend zuvor hier warm gestellt hatte.

»Hier hast du Kaffee und zwei Schnitten. Vergiss nicht, es mitzunehmen. Es ist kalt heute Morgen und du wirst froh sein, wenn du was Warmes in deinen Bauch kriegst.«

»Ist schon jut, Mutta. Lech dir wieda hin. Oda musste heute schon wieder uff Wäsche?« Rike hörte den versöhnlichen Unterton und strich ihrem Mann über das ungekämmte Haar. »Nein, heute nicht, Otto.«

»Dann lech dir wieda! Und adschöh bis uff'n Abend!« Otto Puvogel griff nach der Flasche und den Broten, die Rike ihm in saubere Leinentücher verpackt hatte, und ging ohne ein weiteres Wort.

Schon gegen Mittag brachten die Kollegen vom Bau ihn auf einem Flachkarren heim. Sie wuchteten ihn die vier Treppen hinauf und legten ihn, verdreckt von Kalkstaub und Erde, auf das Ehebett.

Schnell waren sie wieder aus der Wohnung, denn sie spürten, dass es mit Otto zu Ende ging.

Puvogel atmete schwer und unter großen Schmerzen. Rike machte sich daran, ihren Mann zu waschen. Stöhnend ließ er es zu. Vergeblich versuchte sie, den schweren Mann aufzurichten, aber das war unmöglich. Steif wie ein Brett lag er auf dem Stroh. Er schien gelähmt zu sein. Seine Augen suchten Kontakt mit ihren. »So hat't kommen müssen. Dieser verfluchte Schnaps, Rike... Aba der hat mir nich abstürzen lassen. Se ham an de Rüstung jespart und nun werden sie sagen, ick sei im Suff fehljetreten ...Aba unsere Jerüste waren zu wacklig... det hat mir abstürzen lassen, nicht der Schnaps!«

»Red nicht so viel, Otto. Es schadet dir nur. Gleich werde ich Doktor Kalinke herholen... Vielleicht kann er dir helfen...« Rike wusch ihren Mann so gut es möglich war.

»Der Armenarzt«, stöhnte Puvogel, »womit soll der mir schon helfen? De letzten Silbajroschen zieht er dir noch aus de Tasche. Lass ihn, wo er is. Er kann doch nischt mehr for mir tun!« Otto schloss die Augen und stöhnte nur noch vor sich hin.

Als Rike mit der Körperwäsche fertig war, hörte sie, wie Otto flüsterte: »Ick sehe fast jar nischt mehr. Es wird alles janz dunkel um mir!«

Rike streichelte über Puvogels Arm. Der fühlte nichts davon. Entschlossen erhob sie sich und sagte mit fester Stimme, als gäbe sie sich selbst einen Befehl: »Ich hole den Doktor! Was sein muss, das muss sein!« Sie warf sich das Schultertuch um und rannte die Treppen hinunter.

Unten kam ihr Fritz entgegen. Er atmete schnell. »Ick bin die janze Strecke jeloofen, Mutta. Hab schon jehört, wat jeschehen is!«

»Ja, Fritze, geh nur schnell rauf und setze dich zu Vater. Vielleicht braucht er was. Ich hole den Doktor!« Schnell ging Rike weiter.

Immer zwei, drei Stufen auf einmal nehmend, rannte Fritz nach oben. Er tat, wie die Mutter ihm geheißen hatte, blieb eine Zeit lang am Fußende des Bettes stehen. Aufmerksam schaute er in das Gesicht des Vaters. Puvogel schien zu spüren, dass noch jemand im Raum war, und fragte, angestrengt lauschend: »Is da jemand?«

»Ich bin't, Vata. Siehste mir denn nicht?«

»Nee, Fritze, ick sehe dir nich. Allet is duster um mir herum. Ick jloobe, ick bin blind.« Otto begann zu schluchzen und Tränen rannen ihm über die stoppeligen Wangen in den Schnauzbart.

»Die Mutta is schon uff'm Weg zum Doktor«, versuchte Fritz den Vater zu beruhigen, doch Otto Puvogel hörte nicht zu. Leise weinte er vor sich hin und Fritz, der sich darüber wunderte, schämte sich ein wenig für den Vater, den er nur als strengen, trinkfesten Mann kannte.

Nach einer Weile fragte Otto in den Raum: »Biste noch da, Fritze?«

»Ja, Vata, kann ick wat for dir tun?«

»In de Küche steht im Kasten eene Flasche Kümmel! Bring se mir. Vielleicht hilft mir een Schluck aus de Pulle!«

Fritz beeilte sich, holte die Flasche und hielt sie dem Vater an die Lippen. Puvogel trank mit großen Schlucken und schien nicht einmal zu bemerken, dass ihm der Schnaps in der Kehle brannte.

Nach einer Weile sah es aus, als würde er sich wohler fühlen. »Jib mir noch mal eenen kräftijen Schluck, Fritz!«

Fritz nickte, hob den Kopf seines Vaters an und flößte ihm vom Kümmelschnaps ein.

In der Küche regte sich etwas. Die Mutter war zurückgekommen. Hastig versteckte Fritz die Schnapsflasche unter dem Deckbett.

Rike Puvogel öffnete die Tür, trat zur Seite und sagte zum Armenarzt Kalinke, der wie ein vornehmer Herr gekleidet war und durch sein Aussehen bewies, wie gut es sich von den Pfennigen der Armen leben ließ: »Gehen Sie nur voran, Herr Doktor. Hier sind Sie wichtiger als ich.« Sie nahm dem Arzt Hut und Stock ab, während sich Doktor Kalinke auf dem Bettrand niederließ.

»Haste den Doktor mitjebracht?«, fragte Puvogel unsicher.

»Ja, Otto. Er sitzt neben dir und wird dir helfen ...«

Der Arzt schwieg und begann den Kranken zu untersuchen.

»Fühlen Sie, dass ich etwas mit Ihren Beinen mache, Puvogel?« Er zog eine goldene Krawattennadel aus der Halsbinde und stach Otto damit einige Male in Waden und Fersen.

»Nee, Doktor, ick spüre nischt!« Angst klang aus der Stimme des gewichtigen Mannes.

Doktor Kalinke untersuchte nun Puvogels Augen. Nach einer Weile sagte er beruhigend: »Das wird nur zeitweilig sein, guter Mann. Vielleicht eine *commotio cerebri*! In der Folge eines solchen Sturzes kann eine zeitweilige Blindheit schon mal auftreten. Das wird sich aber wieder geben.« Als Doktor Kalinke sich auf dem Bett abstützte, um sich zu erheben, spürte er die Kümmelflasche unter der Decke und zog sie hervor. Ironisch sagte er: »Na, Puvogel, der Schnaps scheint Ihnen aber noch zu schmecken, wie?« Er stand auf und wandte sich an Rike: »Machen Sie sich keine allzu großen Sorgen. In ein paar Tagen sehen wir weiter.« Er reichte Rike die Schnapsflasche: »Solange ihm noch der Kümmel schmeckt, ist Freund Hein noch nicht an seinem Bett! Viel schlafen und ruhen sollte er aber. Sorgen Sie dafür!«

Verlegen barg Rike den Kümmel unter ihrer Schürze, ging dem Arzt voran, öffnete die Tür und fragte, auf die Waschschüssel weisend: »Wenn Sie sich die Hände waschen möchten, Herr Doktor?«

Doktor Kalinke tauchte seine Hände nur kurz in das Wasser. Dabei sagte er leise: »Machen Sie sich keine Hoffnungen, Frau. Ihr Mann wird wohl nie wieder gehen können.«

Rike stand wie vom Donner gerührt. Mechanisch reichte sie dem Arzt Stock und Zylinder.

»Und ich bekomme von Ihnen fünfzehn Silbergroschen für meine Bemühungen«, sagte der Doktor geschäftsmäßig kühl.

Rike zählte ihm die kleinen Münzen, eine nach der anderen, auf den weiß gescheuerten Küchentisch. Mit einer Handbewegung strich der Armenarzt das Geld ein, lüftete seinen hohen Hut zum Abschied und ging.

Rike Puvogel stützte sich auf dem Tisch ab. Sie starrte auf die Tür zum Schlafzimmer und stammelte immer wieder: »Herr Jesus, erbarme dich!«

*

Kurz vor Morgengrauen begann Otto Puvogel zu schreien. So laut und gellend schrie er, dass alle Bewohner des Hauses wach wurden und ärgerlich auf den »ollen Suffkopp« schimpften.

Mehrere Stunden schrie Puvogel seine Schmerzen heraus. Als die nahe Kirchenuhr die neunte Morgenstunde schlug, lag er leblos neben Rike. Glanzlos starrten seine Augen ins Leere.

Rike stand auf. Sie war gefasst und ruhig. Es war ihr, als würde ihr Blut kalt durch die Adern fließen. Immer wieder jagten ihr eisige Schauer über die Haut. Sie kniete neben Puvogels Bett und betete leise das Vaterunser.

Als Erste kam Ottilie. Sie kniete sich neben die Mutter und flüsterte wie diese das Gebet. Im verwaschenen Grau des Morgens sah sie das blasse Gesicht des Vaters. Fremd und wie versteinert schien es ihr. Furcht stieg in ihr hoch.

Fritz trat in die Schlafstube, blieb an der Tür stehen, sah Mutter und Schwester am Boden knien und fragte: »Ist er …«

»Ja, Fritze, er ist heimgegangen«, sagte Rike. »Hol mir eine Kerze aus der Küche, stell sie auf den Nachtkasten und zünde sie an!«

Als Fritz zurückkam, fragte er: »Kann ich sonst noch irjendwat for Vatan tun?«

»Nein, Fritze, nichts! Nimm Ottilien mit und koch Kaffee für sie und die Jungen. Und spar heute mal nicht mit dem Brot. Und auch vom Rübenkraut schmiere ordentlich was drauf. Was hier zu tun ist, das muss ich allein tun.«

In der Küche saßen die Geschwister und die Schlafburschen. Oskar und Ottilie teilten sich einen Stuhl und die Schlafgänger den anderen. Für Fritz gab es keinen Stuhl mehr und so setzte er sich auf die Kiste, auf der meistens der Wassereimer seinen Platz hatte.

Mit Tränen in der Kehle fragte Ottilie: »Wollen wir für Vatan nicht noch mehr beten?« Bevor einer der Brüder antworten konnte, erwiderte der Schlafbursche Karl im breiten Ostpreußisch: »Nein, Marjell, wir jeheeren nich zur Familje, da missen wir auch nich beten!«

Fritz streichelte der Schwester über das Haar. »Geh, Ottilie, leg dir in mein Bett. Schlaf noch een bisken, denn is't nich mehr janz so traurich, wenn de wieda wach wirst.«

»Ick jraule mir, Fritze!«

»Brauchste nich, Ottileken. Keena is so friedlich wie 'n Toter, die tun keenem mehr wat! Aba wenn du dir fürchten tust, komme ich mit dir und bleibe bei dir, bis du injeschlafen bist.«

»Det is lieb von dir, Fritze. Bist een dufter Bruder.«

Die Geschwister verließen die Küche. Kaum waren sie fort, als Oskar und die Schlafburschen die Köpfe zusammensteckten. »Also is't jetzt abgemacht? Fahren wa raus in die Villa von dem Rentner oder nich?«, fragte Johann und wartete auf Antwort.

Eine Zeit waren die Burschen still, dann sagte Oskar: »Erst muss Vata unta de Erde sein, dann reden wir weita, aba solange der Olle noch über de Erde ist, so lange jeht jar nischt!«

»Klare Sache«, antwortete Karl. »Das verlangt man schon der Anstand!«

*

Die nächsten Tage wurden mühsam für Rike und ihre Kinder. Mühsam und kostspielig. Da musste der Armenarzt den Totenschein ausstellen... Es musste der Leihsarg gemietet werden, der Sarg, in dem die Armen aufgebahrt lagen, bis ein einfacher Mechanismus die Leichen über der Gruft freigab und in die Erde fallen ließ... Pastor Brosam musste bestellt und mit ihm der Text seiner Predigt besprochen werden... Es war dieses und jenes zu besorgen, zu regeln und zu stempeln... und für alles musste bezahlt werden.

Nun stand die kleine Gruppe der Trauernden am offenen Grab auf dem weiträumigen Friedhof der evangelischen Kirche, fror in den kühlen Aprilmorgen und zitterte vor Kälte und Aufregung.

»Jesus meine Zuversicht und mein Heiland ist im Leben«, sangen sie mehr falsch als recht. Pastor Brosam hatte bereits seine wenigen Worte gesprochen. Von Auferstehung und ewigem Leben war da die Rede. Und dann zog einer der Leichenträger den Hebel am Leihsarg und das, was einmal Otto Puvogel gewesen war, stürzte mit dumpfem Gepolter in die Grube.

Mitten im Vaterunser des Pastors steckten Oskar und die beiden Schlafburschen die Köpfe zusammen.

»Also, was ist?«

»... der du bist im Himmel...«

»Wie abgemacht!«

»... geheiliget werde dein Name ...«

»Gut, noch heute fahren wir raus nach Tegel!«

»... die Kraft und die Herrlichkeit, in Ewigkeit ...«

Pastor Brosam zeichnete mit blau gefrorener Hand das Zeichen des Kreuzes über dem leeren Sarg und dem darunter liegenden Toten.

»Amen!«

Langsamen Schrittes kam Brosam auf Rike zu und drückte ihr noch einmal Anteil nehmend die Hand.

»Und denken Sie immer daran, Witwe Puvogel, unser Herr und Gott weiß, was er tut, auch wenn uns seine Wege noch so unerforschlich scheinen.«

»Wie würde ich weiterleben können, wenn ich nicht diese Gewissheit in mir hätte, Herr Pastor ...«

Pastor Brosam war schon bei den Kindern angekommen. Er reichte Fritz die Hand und sagte: »Vergiss nicht, mein Sohn, der himmlische Vater wacht über dir!«

Fritz war drauf und dran, eine freche, gottlose Antwort zu geben, schluckte sie aber herunter. Er wollte die Mutter vor dem Vertreter der göttlichen Allgewalt nicht beschämen.

Als Ottilie an der Reihe war, küsste sie ehrfurchtsvoll die kalten Hände des Pastors und der ließ es geschehen, als stünde ihm die Ehrung zu. Dann zog er in Begleitung der vier Leichenträger ab. Die wussten bereits, dass sie aus der kirchlichen Armenkasse bezahlt wurden, und hielten sich nicht erst lange bei den Trauernden auf.

»Da zieht er ab, der Schwarzkittel«, lästerte Karl. »So einer wie der kann gut predigen, der hat eine warme Stube, täglich seine vier Mahlzeiten, und alles, was er sonst noch will, kann er sich kaufen!«

»Lass uns verschwinden«, forderte Johann. »Ich mag nicht sehen, wie sich die arme Mutter Puvogel quält.«

Die drei setzten mit einem Sprung über das nächste

Grab, zertraten dabei einige Krokusse und waren schon fast außer Hörweite, als Rike Oskar nachrief: »Bleib nicht so lange, Oskar. Heute Abend wollen wir uns zusammensetzen und für Vaters Seelenheil beten!« Oskar aber wandte nicht einmal den Kopf. Er tat so, als habe er die Bitte der Mutter nicht gehört.

Rike schaute den drei Burschen nach, bis sie nicht mehr zu sehen waren, dann sagte sie leise zu Fritz: »Ich weiß nicht, aber die beiden Schlafburschen haben keinen guten Einfluss auf unseren Oskar ...«

Bevor Fritz antworten konnte, trat unter einer Ligusterhecke Simon Treidel hervor. Blass und nervös war er, hatte er sich doch auf verbotenes Gebiet, auf einen christlichen Begräbnisplatz vorgewagt. Seine religiöse Kopfbedeckung in der Hand haltend, verneigte er sich vor Rike und den anderen Trauernden und ein Lächeln huschte über sein Gesicht, als er Fritz auf sich zukommen sah.

Fritz stellte ihn der Mutter vor. »Das ist der Simon, von dem ich dir schon erzählt habe. Wir sind dicke Freunde geworden!«

Rike nickte, betrachtete den jungen Juden von oben bis unten, sah dessen schäbige, geflickte Kleidung und die aus dem Leim gehenden Schuhe. Sie sah die Schläfenlocken und seine traurigen Augen, und sie bemerkte in diesen Augen etwas, das sie nicht bei jedem gesehen hatte, der ihr in den letzten Tagen sein Beileid ausgesprochen hatte: aufrichtige Anteilnahme.

Simon reichte ihr die Hand und sagte: »Der Herr führe Sie mit seinen helfenden Händen durch das Tal der Tränen und gebe dem Verstorbenen Frieden!«

»Amen«, sagte Rike Puvogel. Und sie dachte: Ein guter Mensch scheint das zu sein. Von ihm wird Fritz nichts Schlechtes lernen.

»Du kommst doch mit uns heim, Simon?«, fragte Fritz. »Wir wollen eenen Leichenschmaus halten, wie det bei uns üblich is, und dabei an den Toten denken!«

»Das kennen wir Juden auch. Gleich nach der Beisetzung treffen sich Angehörige und Freunde, natürlich auch der Rabbi, essen und trinken, singen jiddische Lieder und erzählen sich jiddische Geschichten bis weit in die Nacht.«

»Dann ist dir unser Brauch ja nicht fremd, Simon. Ick freue mir, det du dabei sein wirst. Auch meiner Mutter wird't leichter werden, wenn se sieht, wat du für een anständiger Kerl bist ...«

Simon lächelte mit schmalen Lippen. »Auch ich war schon nahe daran, in dieser reichen Stadt aus übergroßem Hunger zu stehlen, was sich bot, bisher hat sich aber noch immer ein Helfer gefunden ... Und einen Freund würde ich niemals zum Stehlen verführen, das ist nicht meine Art.«

Rike machte keine großen Worte, das lag ihr nicht. Sie sagte nur: »So, Kinder, dann gehen wir jetzt heim. Und du, Simon, kommst mit.«

*

Auf dem Weg vom Friedhof zur Wohnung trafen sie auf Rosa Wandeltal, Gil Diamants künstlerisches Zugpferd und Braut. Rosa kannte Rike Puvogel vom Sehen, und weil sie wusste, dass Otto fast seinen ganzen Lohn Woche für Woche bei Gil und in anderen Kneipen ließ, während seine Familie mit den Pfennigen auskommen musste, die er ihr gnädig gewährte, hatte sie immer Mitleid mit Rike empfunden. So auch jetzt, als sie die Witwe in ihren selbst gefärbten Trauerkleidern sah. Rosa blieb stehen und streckte der Frau Puvogel die Hand entgegen.

Rike war verblüfft. Sie kannte die vornehme junge Frau nicht, die ihr da mit einer Stola aus Silberfüchsen und blitzenden Brillanten an den Fingern gegenüberstand.

»Ick weeß, ick weeß«, half ihr Rosa aus Treuenbrietzen, »Se kennen mir nich, ooch nich jesichtsweise. Ick bin de Attraktion von *Diamants Etablissement* und de Braut von Herrn Diamant!«

»Ach so«, erwiderte Rike, »Sie kannten meinen Otto von seinen Sufftouren...«

»Jenau, Frau Puvogel. Und nun will ich nich anstehen und Ihnen mein herzlichet Beileid aussprechen! Jott möje jnädich sein und ihren Ollen in sein Reich uffnehmen!«

Rike schnäuzte sich kräftig. Dann schluckte sie die Tränen hinunter und dankte der zukünftigen Frau Diamant.

»Is nich der Rede wert, Frau! Wenn ick Ihnen aba mal helfen kann, dann kommen Se ruhig zu mir und sagen, wat ick tun kann... und wenn't mir möchlich is, will ick't jerne for Se tun!« Rosa drückte Rike ein Goldstück in die Hand und sagte, schon im Gehen begriffen: »Also, wenn Se Arbeet brauchen, kommen Se ruhig zu mir... Bei die villen Kneipen und Destillen, die mein Valobta hat, jibt's bestimmt imma wieda wat for Ihnen zu tun.«

»Danke sehr, ich werde Ihr Angebot nicht vergessen«, antwortete Rike. Dann folgte sie Ottilie, Fritz und Simon, die schon ein Stück vorausgegangen waren.

*

Später am Abend saßen die Trauernden um den Küchentisch herum. In der Mitte des Tisches, der aus Anlass der Feierlichkeit mit einem weißen Tuch gedeckt war, lag im Licht von zwei Kerzen der golden glänzende Zehner, den Rosa der Witwe gegeben hatte.

»Ottileken, Kind, geh und lösch die Petroleumfunzel. Doppeltes Licht muss nicht sein. Wir müssen jetzt auf jeden Groschen zweimal schauen, wenn wir das Leben meistern wollen«, hatte Rike zuletzt gesagt.

Gehorsam war Ottilie aufgestanden, hatte die Petroleumlampe vom Haken genommen und das Licht ausgeblasen.

Still und nachdenklich saßen jetzt alle um den Tisch herum, auf dem die Bibel und das Gesangbuch lagen. Rike schlug das Gesangbuch auf, reichte es herum und fragte: »Wollen wir dieses Lied singen? Ich glaube, Vater hat es gerne gehört.« Fritz und Ottilie nickten stumm. Rike stimmte an und sie traf den Ton genau. »Jesus, meine Zuversicht und mein Heiland, ist im Leben. Dieses weiß ich; soll ich nicht davon mich zufrieden geben«, klang es durch die Küche bis hinab auf die Straße.

Mit zwei Fingern, so als habe er Angst, das Buch würde nach ihm schnappen, griff Simon sich die in Leder gebundene Bibel, schlug sie auf und las halblaut: »Die Heilige Schrift, Altes und Neues Testament in der Übersetzung des Dr. Martinus Luther.«

»Greif nur zu, Simon. Das ist ein gutes Buch. Da steht auch von Abraham, Moses und allen anderen Glaubensvätern drin, die ganze Geschichte des jüdischen Volkes!«

»Eigentlich darf ich das nicht.«

»Es sieht ja niemand.«

»Doch, Gott sieht es!«

»Aber es ist derselbe Gott. Der Gott Abrahams, Isaaks und Jakobs ist doch auch der Vater unseres Herrn Jesus Christus!«

Simon blätterte in dem dicken Buch, das ihm immer noch nicht geheuer war. Er stutzte und versenkte sich in den Text. Dann, nach einer Weile, meinte er: »Ich glaube, Sie haben recht gesprochen. Hier steht zum Beispiel: ›Heilig, heilig, heilig ist der Herr! Alle Lande sind seiner Ehre voll …‹ In unseren Gebetbüchern steht derselbe Text. Kodesch, kodesch, kodesch, heißt es auch dort an unzähligen Stellen. Heilig, heilig, heilig!«

»Siehst du, Simon, so groß scheint der Unterschied gar nicht zu sein. Ohne das Judentum gäbe es kein Christentum …«

»Man müsste mal näher darüber nachdenken«, erwiderte Simon.

Wieder sangen sie ein frommes Lied und auch Simon brummte mit. Dann las Rike von der Erweckung des armen Lazarus durch Jesus. Als sie geendet hatte, schwiegen alle.

Nach einer Weile sagte Simon Treidel in die Stille hinein und wies dabei auf das Goldstück, das immer noch in der Mitte des Tisches lag: »Das gehört aber nicht zusammen, Frau Puvogel. Gold und heilige Worte passen nicht. Gold nimmt den Worten Kraft und Glanz!«

Rike wurde blass, dann lächelte sie, nahm die wertvolle Münze, brachte sie zum Küchenschrank und legte sie in eine der Tassen.

Als sie zurück zum Tisch kam, nickte sie und lächelte Simon zu: »Was macht ihr Juden denn so nach den Totenfeiern?«

»Beten, essen, trinken, auch mal einen Schnaps oder ein Glas Wein. Dann sagt man gute Dinge, die man über den Verstorbenen zu berichten hat.«

»Alles ähnlich wie bei uns«, staunte Ottilie und Rike nickte bestätigend.

»Ich will euch eine Geschichte erzählen, wie sie sich in meinem Schtetl zugetragen hat: Ein alter Geizhals war gestorben und wie es üblich ist, sollte am Grabe jeder etwas Gutes über ihn sagen. Aber sosehr die Trauergäste auch überlegten, es fiel ihnen nichts Gutes ein. Da raffte sich schließlich der Rabbi auf, strich sich den Bart, trat an die offene Grube und erklärte feierlich: ›Salzhering hat er sehr gerne gegessen!‹«

Der Bann der Trauer, der über allen gelegen hatte, war für eine Weile gebrochen. Selbst Rike lachte herzlich, und als sie dann einen Topfkuchen auf den Tisch stellte und zum Zugreifen aufforderte, ließ sich keiner zweimal bitten.

Als es Zeit zum Schlafen wurde und Simon sich verabschieden wollte, schüttelte Rike den Kopf: »Du bleibst heute Nacht hier. Platz haben wir zur Genüge und ich würde mich sehr freuen, dich in dieser Nacht als unseren Gast im Haus zu haben, denn es heißt: Gast im Haus, Gott im Haus!«

Und weil Simon keine Lust verspürte, den weiten Weg zur Mansarde der Frau Karausch zu laufen, sagte er gerne zu.

Bald schon war es still in der Puvogelschen Wohnung. Nur Rike hielt noch ihre rissigen Hände gefaltet und flüsterte, in der Hoffnung, dass ihr Gebet erhört würde: »Herr, beschütze unsern Oskar und führe ihn auf guter Strasse, um Deines Namens willen. Und gib dem Otto den ewigen Frieden!«

*

Oskar und die Schlafburschen kamen erst spät am Abend in Tegel an. Umständlich war die Fahrt hinaus in den Vorort gewesen, mit der Pferdebahn waren sie gefahren, dann ein Stück weit mit der vor einigen Jahren gebauten Dampfeisenbahn, die mit ungeheurem Gestank, Rauch und Funkenflug so langsam durch die Gegend fuhr, dass man fast neben ihr herlaufen konnte.

Als sie endlich in Tegel ankamen, war es zu spät für ihr Vorhaben. Das Dorf lag dunkel und war wie ausgestorben. Einen jungen Mann, der eilig nach Hause strebte, fragten sie, ob es im Dorf eine Bleibe gäbe.

Der Dörfler sah die drei misstrauisch an. »Da jibt's eene *Herberge zur Heimat*, die hat der Pastor for de Handwerksburschen ingerichtet, die uff Berlin wandern, um dort Arbeet zu suchen.« Und dann erklärte er umständlich den Weg zur Herberge.

Oskar und seine Freunde fanden bald das beschriebene Haus. Sie klopften gegen die Tür, doch niemand schien sie zu hören. Da ballte Oskar die Hände zu Fäusten und donnerte gegen die Bohlen.

Endlich rührte sich etwas. Ein Invalide aus den Befreiungskriegen öffnete.

Wie sich herausstellte, gab es noch Platz in der Herberge. Einige der meist jungen Wanderburschen schliefen schon. Einer saß auf dem Strohsack und jammerte über die Blasen an seinen Füßen, ein anderer kratzte sich unaufhörlich am Kopf.

»Der Kamerad dort hat eene janze Lausearmee ausjebrütet. Geht ja nicht zu nahe ran, die Luders springen über!«, sagte der Invalide und führte sie zu den Strohsäcken, die eng nebeneinander auf dem Dachboden in einer winzigen Kammer lagen.

Oskar legte sich sogleich nieder. Er zog seine Schuhe aus, schob sie sich unter den Kopf, denn vor Dieben war man nirgendwo sicher, und dann sagte er leise zu den Freunden: »Na, denn schlaft man jut, Lorbasse, morjen is ooch noch een Tach!«

Viertes Kapitel

Zwei Tage war Rike im Ungewissen über Oskars Verbleib. Und weil auch die Lorbasse aus dem fernen Ostpreußen nicht zum Schlafen kamen, ahnte sie Böses.

Es war in der Zwischenzeit auch einiges geschehen, was jetzt erzählt werden muss.

Die *Herberge zur Heimat* wurde von dem Invaliden gegen fünf Uhr in der Frühe gelüftet und die Wanderburschen auf die Straße gesetzt. Zuvor durften sie noch einen Kanten Brot und eine warme Brühe, die wie Kamillentee roch, zu sich nehmen. Dies aber erst, nachdem der Herbergsvater ein ellenlanges Gebet für König und Kirche, für den Ortsgeistlichen und zuletzt auch für eine gute Wanderung gesprochen hatte.

Tagsüber trieben sich die drei im Tegeler Fließ herum, sammelten fossile Steine aus längst vergangenen Zeiten, und weil ein schöner, warmer Vorfrühlingstag heraufzog, gingen die Stunden schnell vorüber.

Als die Turmuhr der Dorfkirche die sechste Nachmittagsstunde schlug, machten sich die Burschen auf den Weg zum Haus des Rentners. Oskar beschmierte sich das Gesicht mit Lehm. Das gab ihm ein krankhaftes Aussehen, und weil er dazu noch hager war, glaubte ihm der wohl beleibte, gutgläubige Alte die rührselige Geschichte, die Oskar unter verhaltenen Tränen darbot.

»Armer Bursche, komm rein, in der Küche steht noch ein Rest vom Mittag und auch einige Stullen werde ich dir schmieren, damit du den größten Hunger stillen kannst!«

Oskar zeigte sich dankbar. Er küsste dem Alten die Hand und der war erstaunt, dass es unter der Jugend noch Dankbarkeit gab. So saßen Oskar und der alte Mann in der Küche, unterhielten sich und Oskar verschlang von den guten Speisen, so viel er vertragen konnte. Und während Oskar eine Lügengeschichte nach der anderen erzählte, hatten Karl und Johann Zeit und Gelegenheit, unbemerkt durch das Fenster einzusteigen und im Wohnzimmer nach dem Geld zu suchen. Genau wie die Lorbasse es ausgekundschaftet hatten, fanden sie die Kassette hinter einer losen Kachel des Kachelofens in der Wohnstube.

»Wo mag der Alte den Schlüssel versteckt haben?«, fragte Karl.

Johann zog die Schultern hoch. »Vielleicht trägt er sie mit den anderen Schlüsseln am Bund oder er hat sie unter dem Teppich, auf dem Schrank oder vielleicht auch auf dem Ofensims versteckt!«

»Dann lass uns suchen, denn Oskar kann nicht ewig Märchen erfinden!«

Die zwei forschten an den verschiedensten Stellen im Zimmer, doch wo immer sie suchten, sie fanden den Kassettenschlüssel nicht. Endlich sagte Johann: »Also müssen wir abwarten, bis der Alte eingeschlafen ist, und dann weitersuchen.«

»Das kann jefährlich werden! Lass uns lieber de Kassette mitnehmen und draußen, weitab von de Häuser, mit ein Stein aufschlagen.«

»Meinst du, das geht?«

»Warum nicht? Wir brauchen nur einen Brocken, mit dem wir kräftig zuschlagen können, dann springt sie schon auf.«

Sie trafen sich an der Friedhofsmauer, wie sie es verabredet hatten. Mehr als eine halbe Stunde warteten die Burschen schon auf Oskar und wollten bereits ohne ihn flüchten, als sie von ferne sein fröhliches Pfeifen hörten.

Kaum war er in Sichtweite, da rief er den beiden Genossen zu: »Wenn es bei euch so gut gegangen ist wie bei mir, dann wollen wir sehr zufrieden sein!« Er ließ zwei, drei Rülpser ab und stöhnte: »Der Olle hat mir jenudelt wie eene Weihnachtsjans. Ick bin jetzt so satt, det ick zwee Tage nischt runtakriege! Und ihr? Habt ihr die Kassette?«

Johann warf sie vor Oskars Füsse. »Die Kassette ist schon da. Aber der verdammte Schlüssel fehlt!«

»Wie sollen wir sie denn uffkriejen?«

»Wir müssen einen harten Stein finden, dann jeht es!«

»Jetzt ist es zappenduster, da ist nischt zu finden, da müssen wir schon warten, bis Klärchen* wieder scheint.«

»Is jut, lejen wir uns nieder. Is ja nich kalt. Nur ein wenich kühl.« Karl legte sich ins Gras, zog die Beine an den Bauch und war nach wenigen Minuten fest eingeschlafen. Die beiden anderen starrten noch in den Nachthimmel, zählten die Sterne und schliefen auch bald.

Bestimmt wären die Burschen nicht so ruhig gewesen, hätten sie gewusst, dass der Rentner schon eine Stunde nach Oskars Besuch den Verlust der Kassette bemerkt hatte. So schnell es seine alten Beine erlaubten, war er zu seinen Nachbarn gelaufen und hatte sie herausgeklopft. Und der Sohn des Nachbarn war sofort zum Gendarmerieposten gerannt, um Anzeige zu erstatten.

Gerade als die drei sich schlafen legten, schrieb der Dorfpolizist eine Mitteilung an die Gendarmerie in Schulzendorf. Mit wenigen Worten meldete er den Diebstahl und ersuchte um Fahndung nach Oskar. Er rollte die Nachricht zusammen, steckte sie in ein kupfernes Röhrchen und band sie einer der Brieftauben um den Hals. Er öffnete das Fenster, ließ die Taube frei und sagte leise: »Nun mach deine Sache jut, meine Jute!«

Von Schulzendorf aus ging der telegraphische Steckbrief an alle Polizeiposten der Umgebung. Und weil es sich um eine große Summe Geldes handelte, die dem Rentner aus Tegel abhanden gekommen war, gaben sich die Behörden alle erdenkliche Mühe, die Täter ausfindig zu machen. Ganz sicher war für die Polizei, dass Oskar nicht alleiniger Täter gewesen war, denn er hatte während der ganzen Zeit in der Küche gesessen und dem Rentner seine Geschichten erzählt. Also mussten mindestens zwei Personen den Diebstahl ausgeführt haben – oder vielleicht sogar drei. Und schon am frühen Morgen waren alle Gendarmen rund um Tegel auf den Beinen, um die Verbrecher dingfest zu machen.

Gleich nach dem Aufstehen hatte Johann einen Stein gefunden, der sich zum Öffnen der Kassette zu eignen schien. Abwechselnd hatten die Burschen mit all ihren Kräften zugeschlagen und gejubelt, als die Blechdose, wie sie Oskar verächtlich nannte, sich mit einiger Anstrengung öffnen ließ.

Das Staunen der Jungen war groß. Drei Banknoten zogen sie heraus, jede mit einem Wert von 500 Talern. Wie gebannt starrten sie auf die Scheine und konnten es nicht fassen, dass der alte Mann in Tegel im Besitz einer so riesigen Summe gewesen war. Karl war der Erste, der einen Freudentanz aufführte, und schon bald schlossen sich die beiden anderen an. »Ick verschwinde aus Berlin. Zurück in die Heimat jeh ick. Da können meine Ollen ein scheenes Anwesen für kaufen. Und dann sind sie endlich aus dem Armenhaus raus!«

»Nicht so eilig, Karl!«, sagte Johann. »Det Geld muss eene Zeit lang verschwinden, det darf keena sehen und davon wissen! Sonst haben uns die Greifer ganz schnell an de Hammelbeene!«

Jeder der drei bekam einen 500–Taler–Schein, faltete

ihn so klein wie möglich und versteckte ihn in den Fußlappen. Sie legten ihre Hände ineinander und versprachen sich, gegen jedermann zu schweigen.

»Wie een Hühnerjrab«, sagte Oskar und lachte herzlich mit den anderen.

Sie fuhren von Dalldorf aus mit der Pferdebahn zum Zentrum. Schon in der Jungfernheide wurde das Gefährt angehalten. Zwei Gendarmen bestiegen den Wagen, zwei dicke, kräftige Männer. Kaum hatten sie einen Blick auf die drei geworfen, die zusammengekauert, wie das schlechte Gewissen persönlich, auf der Holzbank saßen, da verständigten sie sich durch einen Blick, zogen die Säbel und der Ältere von ihnen kommandierte: »Los, ihr Bürschlein, hoch mit den Ärschen und ausgestiegen. Von nun an geht's auf königliche Kosten weiter!«

*

Bald waren alle Polizeiposten in der Umgebung darüber informiert, dass die Tegeler Einbrecher gefasst seien. Es dauerte allerdings eine Zeit, bis die Grüne Minna* aus der Polizeiinspektion Zentrum in Dalldorf ankam. Dorthin hatten die beiden Gendarmen die Burschen mit geschulterten Säbeln begleitet und sie mangels eiserner Fesseln mit Stricken aneinander gebunden.

Am Nachmittag dann hielt der grüne Wagen mit dem vergitterten Fenster auf dem Hof der Polizeistation Dalldorf, inmitten von scharrenden Hühnern und anderem Federvieh. Die Berliner Gendarmen mussten im Transportbuch unterschreiben, dass sie die drei jugendlichen Einbrecher übernommen hatten, dann drängten sie diese mit Hieben und Knüffen in den Gefangenenwagen, riegelten sorgsam die Tür hinter ihnen zu und trieben die Pferde zu schnellem Lauf an.

Oskar und seine Freunde wurden in die Stadtvogtei* eingeliefert und dort sofort getrennt, denn die Lorbasse aus Ostpreußen waren älter als Oskar und für sie galten härtere Gesetze.

Noch am späten Abend kam ein Kriminaler die Treppen zur Puvogelschen Wohnung hinaufgestiegen und klopfte heftig gegen die Wohnungstür. Als Rike dann vor ihm stand, ein wenig zerzaust und mit Schlafbacken, berichtete er in kurzen Worten vom Einbruchdiebstahl der drei.

Rike weinte ein wenig, war aber andererseits auch froh, dass sie nun wusste, wo ihr Oskar abgeblieben war. Als sie fragte, ob sie ihren Jungen besuchen dürfe, nickte der Kriminaler nur gleichgültig, lüftete den Zylinderhut und ging wieder, ohne ein weiteres Wort zu verlieren.

*

Zwei lange Tage wurde Oskar verhört, am dritten Tag stellte man ihn vor Gericht.

Der Richter, ein alter Herr mit vielen Orden und Ehrenzeichen am Talar, machte kaum Aufhebens um Oskar Puvogel, zumal vor einigen Tagen ein geheimes Schreiben des Ministers eingegangen war, in dem es hieß: »Die Urteile sollen fürderhin noch mehr abschrecken, denn die Kriminalität der Jugendlichen des vierten Standes nimmt überhand.«

Schon nach kurzer Zeit erhob sich der Richter zum Urteilsspruch. Der Polizist neben Oskar gab ihm einen Schlag in den Rücken, so hart, dass er ebenfalls aufsprang, und sogleich sprach der Richter das Urteil über ihn:

»... und so verurteilen wir Oskar Puvogel, Halbwaise, zur Unterbringung im Arbeitshaus der Stadt Berlin, von heute an bis zum Tage seiner Volljährigkeit, zur Besserung seines kriminellen Charakters und zur strengen Verwahrung, zu der zweimal wöchentlich eine körperliche Züchtigung mit dem Rohrstock, jeweils zu zehn Hieben, gehören soll. Um Gerechtigkeit walten zu lassen, soll einmal im Jahr eine Kommission prüfen, ob der Verurteilte sich gebessert hat. Ist dies der Fall, soll er vorzeitig aus dem Arbeitshaus entlassen und in bedingte Freiheit gesetzt werden!«

An jenem Morgen standen noch andere junge Menschen vor dem Richter. Ihnen wurde ein ähnlich hartes Urteil gesprochen. Am Nachmittag rollte die Grüne Minna auf den Hof der Stadtvogtei. Unruhig stampften die Pferde und waren kaum zu zügeln. Ein Junge nach dem anderen wurde aus der Wachstube der Stadtvogtei auf den Hof geführt. Mit Ketten waren sie aneinander gefesselt und tappten unbeholfen im Gänsemarsch in den Transportwagen. Die Wächter schlugen die Tür zu und schoben den Riegel vor. Dann stiegen sie auf den Kutschbock, hüllten sich in warme Decken und trieben die Pferde durch laute Rufe an.

In der Grünen Minna, die durch starkes Eisenblech ausbruchsicher gemacht war, hockten die Gefangenen auf schmalen Bänken. Oskar sah sich den Häftling an, der neben ihm an der Kette hing. Er mochte etwa so alt sein wie er selbst und hatte ein rundes, ehrliches Gesicht. Teilnahmslos starrte er vor sich. Nichts war in seinen Augen zu erkennen, was auch nur im Geringsten nach Hoffnung aussah. Wie versteinert saß er auf der Holzbank.

Oskar, dem selbst schwer ums Herz war, versuchte ein Gespräch zu beginnen: »Wat haste denn ausjefressen, Nachbar?«

»Ich? Lass mir meine Ruhe!« Das klang müde und todtraurig und rührte Oskar an.

»Du, es wird einem leichter, wenn man sich ausquatscht. Mir haben se vadonnert, weil ick een Bruch jemacht habe und 'ne Kassette mitjehen ließ!«

Der Nachbar blieb still. Er schaute nur vor sich hin. »Na, wenn de nicht reden willst, lass't. Ick jedenfalls bin Oskar Puvogel und so wie ick det sehe, werden wa noch lange Zeit mitnander auskommen müssen. Scheen wäre't, wenn ick wüsste, wie ick dir schimpfen kann.«

Die Kette, die sie beide zusammenschloss, klirrte leise. Dann hob der andere den Kopf, in seinen Augen war Trauer und Wut zu lesen: »Weißt du, ich komm von Güstrow her. Kowalek ist mein Name, Paul. Mich ham se zu drei Jahren Arbeitshaus verurteilt, weil ich der Polizei keine Arbeitsbescheinigung beibringen konnte!«

»Und sonst hast du nischt ausjefressen? Nischt jeklaut oder unterschlagen?«

»Nein, Puvogel, nichts dergleichen! So wie du mich hier sitzen siehst, bin ich nur hier, weil ich keine Arbeit gefunden habe. Was ist das bloß für ein Land! Aber lass mich erst wieder draußen sein, dann drehe ich diesem verdammten Preußen den Rücken. Dann reise ich über den großen Teich. In Amerika soll's Arbeit in Hülle und Fülle geben!«

»Bis dahin hast du noch eene scheene Zeit abzusitzen, Paule.«

Einer der Kutscher schlug mit einer Eisenstange gegen die Wagenwand. Ärgerlich schaute er durch das Gitter in den Wagen: »Ruhe, da drinnen, Vabrecherpack!«

Sofort schwiegen alle. Sie wussten, dass sie auf Gedeih und Verderb den Wächtern ausgeliefert waren.

In schneller Fahrt rollte die Grüne Minna durch Berlins Straßen. In der Nähe des Alexanderplatzes stand, wie eine mittelalterliche Zwingburg, mit festen Mauern und eisenbewehrten Türen, vergitterten Fenstern und Wachen, wohin man schaute, das Berliner Arbeitshaus. Im Volksmund wurde es »Das graue Elend«, »Ochsenkopp« oder »Hotel de bœuf« genannt.

Niemand, der das graue Gebäude von außen sah, konnte sich einen Begriff davon machen, wie weitläufig es hinter seinen Mauern angelegt war. Es gab mehrere große Säle, schwarz verrußt und verdreckt. Mehr als sechshundert Gefangene jeden Alters und beiderlei Geschlechtes waren hier untergebracht. Jeder Gefangene trug graues Drillichzeug. An langen Tischen saßen sie, von den Aufsehern ununterbrochen beobachtet. Sie zupften Wolle und spannen sie.

Besaßen die Häftlinge die Frechheit, zu sprechen oder gar zu zanken oder zu raufen, wurden sie in einen nahe gelegenen Raum gebracht, in dem eine Prügelmaschine stand, welche die verordneten Hiebe gleichmässig austeilte.

Eine riesige Tretmühle befand sich in einer anderen hohen Halle. Auf ihr wurde das Mehl für die Gefängnisse und Armenküchen der Stadt gemahlen. Kräftige, junge Häftlinge waren es, die von morgens fünf Uhr bis spät abends in den Speichen dieses riesigen Rades laufen mussten und so die Mahlsteine bewegten, die das Mehl mahlten.

Ihr Nachtlager hatten die Gefangenen in riesigen Schlafsälen auf Strohsäcken. Zwei warme Mahlzeiten bekamen sie jeden Tag. Zwar war es nur Zusammengekochtes wie Graupen, Bohnen und Kohlrüben, aber vielen ging es im »Ochsenkopp« besser als früher, als sie frei, aber bettelnd durch die Straßen der Stadt gezogen waren.

Der Hausvater, so nannte man den Inspektor, wie

auch alle Aufseher waren ehemalige Soldaten, die nach ihrem Abschied hier ein bescheidenes Unterkommen gefunden hatten. Und weil sie den militärischen Drill immer noch in ihren Knochen hatten, hielten sie auch jetzt noch streng auf Zucht und Ordnung.

Die Grüne Minna, in der Oskar saß, fuhr nun langsamer. Der Kutscher zügelte das Gespann. Mit hartem Ruck hielt der Wagen. Die Gefangenen hörten, wie die Wärter sich laut unterhielten, husteten und schnieften.

Lange Zeit geschah nichts. Endlich kamen Schritte näher und mit rasselndem Schlüssel wurde die Wagentür aufgeschlossen.

Mitten auf dem Innenhof des Arbeitshauses stand der Wagen. Um ihn herum lungerten ein paar Gestalten, die in der Dunkelheit kaum zu erkennen waren. Nur wer genau hinschaute, bemerkte, dass sie Uniformen trugen und ein Gewehr in Anschlag hielten. Trübes Licht verbreitend, glommen an der Treppe einige Gaslaternen. Eine barsche Stimme befahl: »Alle Mann aussteigen! Vorwärts!«

Die Kette, die alle Gefangenen miteinander verband, klirrte. Der Hausvater, ein kleiner Mann mit spitzem Gesicht und flinken Augen, denen nichts zu entgehen schien, schritt die Reihe der Häftlinge ab.

»Losketten!«, befahl er und seine Untergebenen befolgten die Order hastig.

Oskar rieb sich die mageren, schmerzenden Handgelenke und reckte sich. Neben den anderen sah er mickerig und unterernährt aus.

Der Hausvater rief ihn aus der Reihe und musterte ihn: »Wie ist dein Name, Bürschlein?«

»Puvogel, Oskar!«

»Du scheinst mir ein recht magerer Vogel zu sein«, kicherte der Alte in sich hinein. »Für dich wird es gut sein, wenn du eine Arbeit tust, die deinen schlappen Körper stärkt. Melde dich im Mühlensaal. Dort wird für die nächste Zeit dein Platz sein!«

*

Der Mühlensaal war ein riesiges, hohes Gewölbe. Auch hier waren die Wände mausgrau, nur die weiße Mehlschicht, die überall im Saal wie frisch gefallener Schnee lag, unterschied den Mühlensaal von den anderen Räumen des Arbeitshauses.

In einem großen Tretrad, wohl dreißig Fuß oder mehr hoch, liefen schwitzend, mit nacktem Oberkörper und nur mit einer Drillichhose bekleidet, zehn junge Burschen ununterbrochen die Runde. Sie bewegten mit ihrer Körperkraft das Rad und dieses wiederum trieb die Mühlsteine an. Eine Stunde liefen die Burschen im Rad, dann schlug eine Glocke an und zwei der zehn Burschen hüpften aus dem Rad, während von der anderen Seite zwei ausgeruhte Häftlinge ins Rad sprangen, das währenddessen ununterbrochen weiterlief.

Auch eben ließen sich wieder zwei Erschöpfte auf eine Bank fallen. Sie wischten sich den Schweiß von den Gesichtern. Einer von ihnen war Oskar Puvogel, der nun schon zwei Monate in diesem unwirtlichen Haus seine Runden drehte, um das Mehl für die hungernden Armen zu mahlen.

Hier hatte er das Osterfest gefeiert. Am Ostersonntag hatte ihm einer der Aufseher ein bunt gefärbtes Ei in die Hand gedrückt und ihm mitgeteilt, dass er beim Hausvater anzutreten habe. Da hatte Oskar es mit der Angst zu tun bekommen. Alle möglichen kleinen Verfehlungen waren ihm durch den Kopf gegangen, aber vor allem eine einzige Sorge: Hatten sie den 500–Taler–Schein gefunden? Dann war es aus mit ihm, dann würden sie ihn nach Rummelsburg* schicken und dort konnte er sitzen, bis er alt und grau war.

Mit einem verlegenen Lächeln auf den Lippen trat er vor den Hausvater, verbeugte sich tief, so wie man es ihm beigebracht hatte, und zog die Kappe vom kurz geschorenen Haar.

»Na, Puvogel? Hast du dich eingelebt im Mühlensaal? Ich habe gehört, du seiest ein recht guter Arbeiter geworden. Weiter so, Puvogel! Hier habe ich ein besonderes Ostergeschenk für dich, auch für die anderen, die gut arbeiten. Ein paar wollene Socken für den Winter! Und nun geh, gleich beginnt der Gottesdienst.«

»Ich danke ooch sehr, Hausvater!« Wieder eine tiefe Verbeugung und mit erleichtertem Herzen verließ Oskar das Kontor.

In der Kirche sangen sie schon.

Männer und Frauen saßen getrennt und warfen sich nur gelegentlich, wenn die Aufseher nicht hinschauten, sehnsüchtige und anzügliche Blicke zu.

Dann brauste die Orgel mit gewaltigen Klängen auf.

»Christ ist erstanden von der Marter alle ...«, spielte der Organist und die grauen Massen in den Bänken sangen mehr schlecht als recht.

»... des soll'n wir alle froh sein, Christ will unser Trost sein, kyrie eleison!«

»Jott, wenn de wirklich da oben bist, lass keenen den Jeldschein finden. Wenn ick rauskomme, soll Mutta ihn haben«, hatte Oskar geflüstert und ein eiskalter Schauer war über seinen Rücken gejagt. An all das erinnerte er sich noch deutlich.

Jetzt rief wieder die Glocke. Schnell war Oskar auf den Beinen, und als das Rad etwas weniger Schwung hatte, sprangen er und sein Kamerad hinein und beide begannen wieder ihren schweißtreibenden Lauf.

Die Zeit im Mühlensaal war anstrengend, aber sie verging wie im Fluge. Oskar war gewachsen und hatte so sehr an Muskeln zugelegt, dass er sie gern spielen ließ und stolz war, wenn er sah, dass die weiblichen Gefangenen ihre Blicke nicht von ihm lassen konnten.

Der Sommer mit seiner Hitze ging vorüber, der Herbst kam und färbte die Blätter bunt, die der Wind dann verwehte.

Der Hausvater, klein und unscheinbar, aber doch wohl nicht ganz ohne Herz, ließ Oskar nicht aus den Augen. Er sah, dass sich Oskar in die Arbeit stürzte, sah, dass er seine Runden im Laufrad trat, bis er dampfte und schwitzte. Er hörte ihn kein einziges Mal klagen, und als ihm dann auch die Aufseher bestätigten, dass nichts an seinem Betragen auszusetzen sei, kam er zu dem Ergebnis, dass man dem Burschen eine andere Arbeit zuteilen sollte.

So geschah es, dass Oskar wenige Tage vor dem Weihnachtsfest den Befehl bekam, Aufseher im Männersaal zu werden, wo die Alten Schafswolle zu zupfen und zu streichen hatten. Diese Arbeit war nun wirklich um vieles leichter als die im Mühlensaal.

*

Zwei Tage vor dem Heiligen Abend stand ein schwergewichtiger Gendarm vor der Tür, die zu Puvogels Wohnung führte. Er wischte sich den Schweiß von der Stirn und klopfte dann mit harter Faust.

Drinnen erhob sich Rike zitternd und fieberheiß von ihrem Lager, öffnete und schrak zurück, als sie den Vertreter der Macht vor sich stehen sah.

Der Gendarm schnaufte und fragte: »Witwe Puvogel?«

Rike nickte nur. Die Angst vor der Obrigkeit ließ sie kein Wort herausbringen.

»Sie haben einen Sohn mit Namen Oskar im Arbeitshaus sitzen?«

Rike nickte wieder.

»Hier haben Sie die Jenehmijung, ihn am Weihnachtstag zu besuchen!«, sagte er und reichte Rike ein Formular.

Rike besah sich kurz das Schriftstück und fragte: »Darf für mich auch mein ältester Sohn den Oskar besuchen? Sie sehen doch, Herr Wachtmeister, wie's mich gepackt hat. Ich bin so krank, das ich nicht aus dem Haus gehen kann.«

Der Genadarm nickte gewährend. »Ick wüsste nich, wat dem im Wege stehen sollte. Er darf Besuch von eene Person aus seine Familie erhalten. Warum sollte da der Bruder ihn nich besuchen dürfen?« Er wies auf die Zeile im amtlichen Schreiben, die er zitiert hatte, legte die Hand an den Mützenrand und sagte: »Na, denn adschöh und een scheenet Fest!«

»Danke, Herr Wachtmeister, Ihnen auch!«

Schon auf der Treppe, drehte er sich noch einmal um und rief: »Und Ihnen jute Besserung jewünscht, Witwe Puvogel!«

*

Im Besuchsraum des Arbeitshauses gab es drei Tischreihen. Auf beiden Seiten der Tische standen Schemel und über den Tisch, genau in der Mitte, war ein Netz aus Hanfseilen gespannt. Das machte es fast unmöglich, sich gegenseitig etwas zuzustecken.

Als Fritz Puvogel die Wache des Arbeitshauses betrat, sich verlegen umschaute und nicht recht wusste, an wen er sich wenden sollte, ging er schließlich auf den Uniformierten zu, der ihm am nächsten stand, hielt ihm den grünen Besuchsschein hin und sagte schüchtern:

»Ich bin der Bruder und komme for de Mutter. Se liegt krank.«

Der Beamte schaute den Besucher mit einem weihnachtsmilden Blick an. »Alles klar! Und wie ist Sein Name?«

»Fritz Puvogel... und ick komme, meinen Bruder Oskar zu besuchen!«

»Oskar Puvogel... Puvogel...«, brabbelte der Aufseher für sich, griff aus dem Karteikasten eine Karte und rückte sich den Kneifer zurecht. Dann nickte er und reichte Fritz eine Pappnummer. »Die Nummer muss Er im Besucherraum vorzeigen, dann wird Er zu seinem Bruder geführt. Geschenke müssen dem Wärter übergeben werden, der kontrolliert sie und gibt sie dann weiter an den Häftling. Die Besuchszeit endet nach einer halben Stunde!«

Fritz Puvogel lächelte höflich. »Ich danke Ihnen sehr, Herr. Und wünsche Ihnen ein angenehmes Fest!«

Der Uniformierte hinter der Schranke murmelte etwas, was »Danke, ich Ihm auch« bedeuten konnte, dann war Fritz schon mit zwei anderen Besuchern weitergeschleust worden.

Im Besuchsraum war es so laut, dass man kaum das eigene Wort verstand. Wie versteinert blieb Fritz am Eingang zum Saal stehen. Endlich kam ein Wärter auf ihn zu, nahm ihm die Besuchsnummer aus der Hand und schob ihn vor sich her. »Hier, det ist dein Platz. Setz dir! Ick hole den Häftling! Und jib jleich det Päckchen mit. Steht der Name druff?«

»Ja, die Mutter hat'n draufgeschrieben, es is een Kuchen drin!«

Fritz wartete. Es dauerte eine Weile, bis der Wärter mit dem Bruder zurückkehrte. Fritz staunte! War das der mickrige Oskar, dem der Wind durch die Backen blies?

Fritz konnte es nicht glauben. Gewachsen war er, Muskeln hatte er bekommen, wo früher die Knochen hervorstachen.

»Bist du det wirklich, Oskar? Menschenskind, wie haste dir verändert!«

»Det macht de schwere Arbeet, Fritze! Hier wird man schnell zum Mann!« Er setzte sich und reichte Fritz die Hand. Der Wärter übersah es, friedlich gestimmt.

Fritz spürte, dass der Bruder ihm etwas zusteckte. Und als er dann Oskars Augen sehr ernst auf sich gerichtet sah, verhielt er sich unauffällig und sagte gleichmütig: »Scheene Jrüsse von Mutta und Ottileken. Mutta hat eene heftije Influenza erwischt. Hohet Fieber und so, und Ottileken scheint sich bei Muttan anjesteckt zu haben. Is dieset Jahr keen scheenet Fest ... noch dazu, wo du in Ochsenkopp rumhängen musst!«

»Nich schlimm, Fritze! Ick habe eenen juten Posten erwischt. Bessa kann't mir draußen ooch nich jehn ... Und lass dir vom Doktor jute Medizin for Muttan vaschreiben. Vasprichst du mir det, Fritze?«

»Det Jeld fehlt, Oskar!«

»Red nich vons Jeld. Vasprich mir nur, det du dir um Mutta und de Kleene kümmerst! Vasprochen?«

»Vasprochen, Bruder!«

»Uff deine Ehre?«

»Uff Ehre, Oskar!«

»Weeste eijentlich, wo de Lorbasse sind? Sitzen se in Rummelsburg?«

»Soviel ick weeß, sind se in de kalte Heimat abjeschoben worden.«

»So? Schade, det waren dufte Kerle. Na, vielleicht is's bessa for sie, det se weg mussten aus Berlin. In Ostpreußen jibt's keene Vabrechen, da is sojar det Wort noch een fast unbekanntet Fremdwort!«

Die Glocke im Saal schlug und zeigte an, dass die Besuchszeit beendet war. Die Brüder erhoben sich wie auf Kommando. »Scheenes Fest, Fritze. Und kiek im halben Jahr wieda mal rin ... det ist so um Ostern herum.«

»Ehrensache, Oskar! Und halte dir senkrecht, det se dir bald loofen lassen.«

»Ick werd mir alle Mühe jeben, Fritze.« Oskar schaute dem Bruder nach. In seinen Augen standen Tränen.

Am Ausgang sah sich Fritz noch einmal um. Er suchte seinen Bruder zu entdecken, doch der war bereits in der Menge der Häftlinge verschwunden.

Fritz rannte. Schnell wollte er fort von diesem riesigen, grauen Besserungshaus.

Am Alexanderplatz, hinter einem der Büsche, blieb er stehen und zog aus der Hosentasche das zur Kugel gepresste Papier, das ihm Oskar zugesteckt hatte. Langsam entrollte er es und staunte mit offenem Mund. »Da laust mir doch 'n janzer Affenkäfig! Een Jeldschein ... Und wat for eener ... 500 Taler«, flüsterte Fritz und schaute sich ängstlich um. »Dafor kann Mutta een Jeschäft koofen oda eene Kneipe pachten! Mensch Oskar, janz egal, ob 't nun recht war oda nich, wat du jetan hast: Hut ab vor dir!«

Fünftes Kapitel

»Heute geschlossen«, stand auf dem Schild, das an der Tür zu *Diamants Etablissement* hing. Daneben war ein Tannenzweig gemalt, der auf Weihnachten hinweisen sollte.

Rosa Wandeltal, die Bauchtänzerin aus Treuenbrietzen, hatte ihr Versprechen wahr gemacht, das sie Rike Puvogel nach der Beerdigung gegeben hatte. Sehr bald schon, nachdem Otto unter der Erde war, hatte Rike nicht mehr gewusst, wie es weitergehen sollte, und sie hatte sich an das Versprechen der Rosa Wandeltal erinnert.

Mit hängendem Kopf war sie die Treppe in das Kelleretablissement hinabgestiegen und auf Rosa zugegangen, als diese ihren Tanz beendet hatte.

Rosa hatte den gesenkten Kopf, das blasse Gesicht der Witwe gesehen und gleich geahnt, dass es auf ihre Hilfe ankam. Sie nahm Rike mit in die Küche, die gleich hinter dem Lokal lag, und sprach mit ihr.

Schnell wurden sie sich einig. Rike arbeitete von nun an in der Küche des Lokals. Und weil nicht nur an jedem Freitagabend vor Sabbatbeginn* Bargeld in ihre Hand gezählt wurde, sondern auch immer vieles aus der Küche für daheim übrig blieb, dankte Rike Puvogel jeden Tag, den Gott werden ließ, dem Schöpfer für seine Gnade und Güte und betete für den jüdischen Wirt genauso innig wie für seine christliche Braut.

An jedem Freitagabend, wenn in den Synagogen und Betstuben der Beginn des Sabbats gefeiert worden war, kamen besondere Gäste in Gils Etablissement.

Vorher hatte Rike die Küche zu schrubben und auf

das Allerfeinste zu säubern. Milcherne und fleischerne Töpfe und Schüsseln holte sie aus den Schränken, wusch sie noch einmal gründlich, wie der Rabbiner es ihr gezeigt hatte, und begann nach koscheren Speisegesetzen die Abendmahlzeit zu bereiten. Meist gab es einen Rinderbraten oder eine gefüllte Gans. Auch Schnitten, mit Gänseschmalz bestrichen, standen auf glänzenden Platten bereit.

Wie an jedem Freitag, so war auch heute der Rabbi als Erster in das Lokal gekommen, er hatte Rike freundlich begrüßt und diese erwiderte den Gruß ebenso herzlich.

Sehr genau besah sich Rabbi Feinstein Rikes Kochkunst, suchte nach Töpfen, die nicht den rituellen Bestimmungen entsprachen, nickte ihr freundlich zu und verzog seine Lippen zu einem breiten Lächeln. »Ihr werdet immer tüchtiger. Ich kenne kaum eine jiddische Mamme*, die es so genau nimmt!« Rabbi Feinstein nahm einen Löffel und schmeckte den Gänsebraten ab. »Ihr solltet jiddisch sein, Witwe Puvogel. Ich hätte eine Hand voll Freier für Euch ... ach, was sage ich ... nicht eine Hand voll, sondern mindestens zwei, wenn nicht mehr!«

»Ich bin evangelisch, Herr Rabbiner!«

»Na und! Nichts ist leichter für eine Frau, als jiddisch zu werden ... wenn sie es von Herzen will!«

Rike drehte dem Rabbi den Rücken zu und wendete die Gans. Leise antwortete sie: »Leicht, Herr Rabbiner? Würdet Ihr Euren Gott verleugnen?«

Entsetzt spie Rabbi Feinstein dreimal aus. »Gott soll schützen«, murmelte er, »Gott soll schützen«, und nach einer Weile noch einmal: »Gott soll schützen ...«

»Seht Ihr, Herr Rabbiner, und genau wie Euch, so geht es mir. Man kann seinen Glauben nicht ausziehen wie ein altes Paar Schuhe!«

Der Rabbiner nickte nachdenklich und reichte Rike die Hand. »Ich wünsche Euch alles Gute, Frau. Seid gesund!«

»Und Euch einen guten Sabbat, Rabbi!«

Rabbi Feinstein verließ die Küche. Rike hatte noch viel zu tun und dachte kaum mehr an die freundlichen Worte, als Gil Diamant eintrat.

»Das riecht köstlich hier, Witwe Puvogel! Sie haben sich selbst übertroffen. Meine Freunde werden wieder einmal nicht genug bekommen! Schon gestern fragte mich einer, ob Sie noch bei mir im Dienst stehen, und leckte sich die Lippen in Gedanken an den heutigen Abend.«

»Das freut mich zu hören.«

»Der Tee ist auch schon bereitet?«

»Natürlich! Genau so, wie Sie und Ihre Freunde ihn lieben. Und auch den Ballon mit dem Hochprozentigen aus Polen habe ich schon geöffnet. Sie müssen die Ballonflasche nur noch in das Lokal tragen. Mir ist sie zu schwer.«

»Wird gleich geschehen! Und wenn Ihre Arbeit hier erledigt ist, können Sie heimgehen, heute ist doch Ihr großer Feiertag.«

»Das ist schön, Herr Gil! Die Meinen werden sich freuen und ich mich auch, denn ich fühle mich schon seit einigen Tagen nicht wohl. Fieber und starker Husten …«

»Und trotzdem sind Sie gekommen? Das verdient eine besondere Belohnung!« Gil Diamant griff in seine Geldbörse und entnahm ihr drei Taler, die er auf den Küchentisch legte. Er hob die große Flasche auf und verließ die Küche. Schon an der Tür sagte er noch: »Ich wünsche Ihnen ein schönes Fest. Und werden Sie bald wieder ganz gesund, wir brauchen Sie hier doch!«

Das Hallo war groß unter den Freunden des Wirtes, als dieser die Ballonflasche ins Hinterzimmer schleppte und absetzte.

»Die Gans schmort im Tiegel und der Bratenduft lässt einem das Wasser im Mund zusammenlaufen!«, rief Gil.

Die Freunde schnupperten, verdrehten verzückt die Augen und dann meinte Rabbi Feinstein: »Wir sollten deiner Köchin ein Geldgeschenk geben, feiert sie doch heute ihr großes Fest!«

Bedächtig nickten die anderen. Jeder der Männer zog Silbergeld aus der Tasche, legte es auf den Tisch, und dann sagte einer der Männer: »Wir sollten haben a gutes Herz, sein wir doch alle reich verglichen mit ihr. Sie feiert einmal im Jahr die Geburt von ihrem Gott, wir aber haben jede Woche neuen Schabbes!«

Sie klatschten in die Hände, griffen ein zweites Mal in ihre Taschen und jeder legte noch ein Geldstück zu den anderen. Der Rabbi strich das Geld ein, lächelte, als er sah, wie viel zusammengekommen war, und trug es in die Küche.

»Seht her, Frau, was die Jidden für Euch aus der Tasche gezogen haben. Und alle wünschen Euch ein gutes Fest!«

Rike stand wie versteinert. Auch als der Rabbiner schon wieder die Küche verlassen hatte, starrte sie noch immer auf das Häuflein Silbergeld und konnte es nicht fassen.

Sie nahm den Bräter vom Feuer, schlüpfte in ihren dünnen Mantel, der einmal für eine reiche Dame für wärmere Tage geschneidert worden war, und verließ die Küche durch die Hintertür, die sie sorgfältig verschloss.

Im Hinterzimmer aber setzten sich die Männer an den Kartentisch, Gil Diamant stellte den Kartengeber auf den Tisch und ließ die Karten reihum gehen, damit jeder

der Spieler sehen konnte, dass ungezinkte Karten im Spiel waren. Das Geld wurde auf den Tisch gelegt und es waren keine kleinen Summen, die neben den Spielern lagen.

Die Männer gossen sich den polnischen Schnaps in Wassergläser und tranken sie mit einem Schluck leer.

Rabbi Feinstein mahnte: »Und vergesst nicht, es ist Schabbes. Rauchen ist verboten! Und nun auf, ihr Männer, möge das Glück mit den ehrlichen Spielern sein!«

*

Beinahe zur selben Zeit, als Rike *Diamants Etablissement* verließ, kam Fritz Puvogel vor seinem Haus in der Ackerstraße an. Aus dem Dunkel des Hausganges trat ihm eine Gestalt entgegen, die er erst auf den zweiten Blick erkannte. Es war Simon. Erleichtert blies Fritz die Backen auf. Mit dem Geldschein in seiner Jackentasche war er besorgt gewesen, von einem Dieb überfallen zu werden.

»Ach, du bist es, Simon. Gott sei Dank.«

»Warum bist du so nervös, Fritz? Hast du ein böses Gewissen?«

Fritz legte den Zeigefinger auf den Mund: »Psst! Leise! Komm mit zur Kellertür, dort kann uns niemand hören.« Sie tasteten sich in der Dunkelheit an der Wand entlang zum Kellereingang. Fritz flüsterte dem Freund alles ins Ohr, was er im Arbeitshaus erlebt hatte, und er fühlte, wie nun auch Simon nervös wurde.

»Lass dich nur nicht erwischen, sonst bist auch du bald hinter Gittern und deine Mutter hat niemand mehr, auf den sie sich verlassen kann!«

»Ich bin schon vorsichtig, Simon. Nur weiß ich beim besten Willen nicht, wie ich den großen Geldschein in Hartgeld gewechselt bekomme. Überall würden sie mich mit Misstrauen ansehen und nach der Polizei rufen.«

»Und das mit Recht, Fritz! Wie sollen arme Stinker wie wir an diese Summe kommen, wenn nicht auf unrechtem Weg?«

Fritz steckte den Geldschein wieder in die Jackentasche und fühlte noch einige Mal nach, ob er dort auch gut verwahrt war.

Als die beiden Burschen sich das dunkle Stiegenhaus hoch tasteten, flüsterte Simon: »Es gibt viele Händler in der Mulackei*, die es mit der Ehrlichkeit nicht so genau nehmen. Wenn man denen zehn Prozent Gewinn verspricht... vielleicht...«

»Du meinst, sie werden uns den Schein wechseln?«

»Ich werde darüber nachdenken, vielleicht fällt mir einer ein, der Trejfe machen* will!«

Dann standen sie vor der Wohnungstür. In der Küche hörten sie Ottilie heftig husten und Fritz fiel augenblicklich wieder ein, dass er Oskar versprochen hatte, Medizin zu besorgen.

Als sie in die Küche kamen, brannte nur eine einsame Kerze auf dem Küchentisch und im Küchenherd glühte nur noch der letzte Rest des Feuerholzes.

Irgendwas muss ich tun, damit es wieder aufwärts geht, dachte Fritz und streichelte Ottilie zärtlich über das Haar.

»Scheen, det ihr kommt. Ich hatte Angst, so ganz alleene in der Wohnung. Und frieren tut's mir, det's mir schüttelt!«

»Du bist een Dummerken, Ottilie! Warum hast du dir nich eene Decke aus de Schlafstube jeholt oder bist janz einfach ins Bette jehopst? Na, Mutta wird wohl bald kommen und denn werden wir den Doktor holen.«

»Und wer soll det bezahlen, Fritze?«

»Det soll nich deine Sorje sein, Ottilie!« Fritz ging zur Schlafstube hinüber und kam mit einer Decke zurück, in die er die Schwester einhüllte. Zu Simon sagte er: »Leg noch ein paar Holzscheite auf, es ist kalt hier!«

Simon schaute in die Holzkiste. »Es sind nur noch drei, vier Scheite da.«

»Leg sie auf. Im Keller is noch wat. Vata hat immer Holz vom Bau mitjebracht, wenn's möglich war.«

Simon hob die Herdplatte ab, stocherte mit dem Feuerhaken ein wenig in der müden Glut und legte neue Scheite nach.

Inzwischen trug Fritz einen Stuhl zum Herd und forderte Ottilie auf: »Komm her, Kleene, und setz dir ans Feuer, dann wird det Frieren uffhören!«

*

Schnell wurde es wärmer in Pugvogels Küche und bald hörte man Rikes Schritte auf der Treppe. Fritz erhob sich und ging zur Tür, öffnete sie, nahm die Mutter in die Arme und drückte sie fest an sich. »Scheen, det du schon kommst, Mutta! Haste früha frei jekriegt?« Er half ihr den Mantel auszuziehen.

Rike lächelte. »Herr Diamant hat mich schon gehen lassen. Das Essen für seine Freunde war fertig. Und der Rabbi hat wohl ein gutes Wort für mich eingelegt.« Sie holte aus den Manteltaschen das Silbergeld und legte es auf den Tisch. Ein Taler kam zum anderen, einer rollte vom Tisch und Simon sprang hinterher, ihn aufzuheben und zu den anderen zu legen.

Ottilie kam langsam näher, staunte und konnte nicht fassen, wie viel Geld es war, das da neben der Kerze lag und glänzte. »Is det echtet Jeld, Mutta?«

Rike antwortete nicht, schlug die Hände vor das Gesicht und schluchzte. Dann aber fasste sie sich resolut, wie es ihre Art war, und nahm Ottilie in den Arm: »Ganz echt, Ottileken!« Sie ging auf Simon zu und strich ihm übers Haar. »Deine Glaubensbrüder haben zusammengelegt. Sie wollten mir eine Freude machen.« Fritz begann das Geld zu zählen. »Es sind 45 Taler!«

Ottilie bekam den Mund nicht mehr zu, so sehr staunte sie. »So ville habe ick noch nie uff een Haufen jesehen!«

»Wir alle nich, Ottilie«, sagte Fritz.

Rike schob die Münzen in ihre Schürze und trug das Geld in die Schlafstube, wo sie es sicher verwahrte.

Sie kam zurück, ging zum Herd und schob den Wasserkessel vor. Das Wasser darin begann bald zu sieden. Rike holte Pfefferminztee, streute etwas davon in eine Emaillekanne und forderte Fritz auf: »Bring Tassen her und den Kuchen, Fritze. Mir ist jetzt nach Feiern zu Mute. Vorher aber wollen wir Gott, unserm Herrn und Heiland, Dank sagen für Seinen Segen und Seine Hilfe!«

Simon Treidel lächelte und sagte dann mit lauter Stimme: »Maßl und Broche* für uns alle und allezeit!«

*

Der Weihnachtstag verging schnell. Rike hatte Fritz zu Doktor Gülden geschickt und ihn ins Haus gebeten. Und weil der Arzt nicht zu den Armenärzten gehörte, gab Rike ihrem Sohn drei Taler mit, damit der Doktor sicher war, das übliche Honorar zu erhalten.

Doktor Gülden kam noch am späten Weihnachtsabend vorbei, er behielt den Hut auf dem Kopf, als wolle er dadurch beweisen, dass er mit der Geburt Jesu nichts zu tun hatte, und untersuchte Ottilie und Rike recht gründlich. »Sie müssen sich warm halten und kochen Sie einen Sud aus Zwiebeln und Honig. Den seihen Sie durch und trinken davon. Dann wird die Krankheit schnell wieder gewichen sein!« Er wusch sich die Hände in der Waschschüssel, trocknete sie ab und fragte schließlich leise, so dass nur Simon ihn verstand: »Was machst du junger Bocher* in diesem Haus? Weißt du nicht, dass Schabbes ist? Und dann gehst du zu den Gojim, um mit ihnen ihr Fest zu feiern?«

»Ich habe keine eigenen Leut mehr, alle sind sie unter der Erde. Und weil ich der Freund bin von jenem dort, feiere ich mit ihnen. Und Ihr mögt glauben oder es auch lassen, ich habe selten so fromme und gute Menschen gesehen wie diese!«

»Nu, du musst wissen, was du für recht hältst. Sage den Leuten, sie sollen zum Silberthal in die Mulackstraße gehen, da könne sie kaufen bei Tag und Nacht und für den Sabbat hat er einen gojischen Bocher, der den Jidden verkauft, wenn es nötig ist. Sag ihnen noch einmal: Zwiebeln und Honig, und wenn sie genug Geld haben, sollen sie auch noch braunen Kandis mitkochen!«

Rike hatte nicht mitbekommen, was die beiden sprachen, ahnte aber, dass es um die Religion ging. Nun kam sie auf den Arzt zu und fragte: »Was habe ich Euch zu zahlen, Herr Doktor?« Doktor Gülden zog sich die ledernen Handschuhe an, überlegte eine Weile und sagte dann: »Nun, gebt mir zwei Taler. Ihr scheint mit Reichtum nicht gerade gesegnet zu sein.«

*

In der Woche zwischen Weihnachten und Neujahr gab es auf dem Hackeschen Markt eine schwere Schlägerei zwischen den hungernden Berlinern und den Gendarmen.

Seit Monaten hungerten die Armen in der Stadt. Die

Preise waren in die Höhe gestiegen, die Löhne aber gering geblieben oder gar noch gekürzt worden. Dazu kam, dass viele Berliner überhaupt keine Arbeit mehr hatten und sich nur durch Bettelei am Leben halten konnten.

Wut und Hass auf den König und die Reichen nahmen zu. Die Teuerung machte den Menschen des vierten Standes, den Arbeitern, das Leben zur Plage.

Fritz und Simon waren an diesem Morgen auf dem Weg in die Mulackei. Dort wollten sie sich umhorchen nach Händlern, die es mit der Ehrlichkeit nicht so genau nahmen.

Eine Zeit lang hatten sie am Schloss gestanden und auf den Ausritt des Königs gewartet, denn Simon hatte ihn noch nie leibhaftig gesehen. Nur wenige Berliner standen am Straßenrand und kaum einer rief dem König sein »Vivat« zu. Auch Fritz und Simon hatten dem König schweigend ihre Ehrfurcht erwiesen.

»Das war also der König, der kleine dicke Mann? Ich habe mir einen König anders vorgestellt.« Simon war enttäuscht. »Wir hätten lieber die Frau Karausch besuchen sollen, Fritz. Lange genug haben wir uns da schon nicht sehen lassen.«

Fritz nickte. »Det hat se nicht verdient, so anständig wie sie zu uns war.«

Sie gingen weiter. Je näher sie dem Hackeschen Markt kamen, umso mehr ärmlich gekleidete Frauen in Holzpantinen und Umschlagtüchern, an den Händen blasse Kinder haltend, denen der Hunger aus den Augen schrie, kamen aus den Nebenstraßen und zogen zum Hackeschen Markt. Aus allen Himmelsrichtungen kamen die Hungernden.

Bald bildeten Männer und Frauen, Kinder und Greise eine Kette gegen die bewaffnete Staatsmacht. Zur Verstärkung der Gendarmen, die auf dem Markt ihren Dienst taten, waren berittene Soldaten hinzubefohlen worden.

»Wir haben Hunger«, tönte es laut über den Platz.

»Die Reichen gehn in Samt und Seide und unsere Kinder hungern«, sangen einige nach der Melodie von *Wir binden dir den Jungfernkranz*.

Andere riefen im Chor: »Nieder mit den Reichen!« Die Armen warfen Marktstände um und ließen mitgehen, was sie tragen konnten. Die Markthändler versuchten die Aufständischen am Plündern und am Fortschaffen der Beute zu hindern, doch es gelang ihnen nicht. Das Bettelvolk bildete eine unüberwindliche Mauer.

Fritz und Simon hatten inzwischen nach der Hökerin Karausch Ausschau gehalten, sie aber nirgendwo gesehen.

»Mutta Karausch ist wohl nicht da«, sagte Fritz.

»Gott sei Dank, dass sie dieses Tohuwabohu* nicht erlebt«, antwortete Simon.

»Komm, wir wollen uns in eine Toreinfahrt vadrücken, sonst greifen sie uns ooch noch!«

In scharfem Trab ritten die Soldaten auf die Hungernden zu. Sie hatten die Säbel blank gezogen und trieben die Pferde ohne jede Schonung in die Menge, sie mit Säbelhieben auseinander treibend.

Erst nach langem Bemühen gelang es den Berittenen, eine Bresche in die Masse der Aufständischen zu schlagen. Nun jagten die Uniformierten sie vor sich her. Hart schlugen die Hufe auf das Pflaster. Die Pferde schnaubten vor Angst, hilflos stolperten die Frauen über ihre bodenlangen Kleider, traten auf den Rocksaum und fielen zu Boden, wobei sie die erbeuteten Kartoffeln, die sie in den Schürzen trugen, fest an sich pressten.

Die Berittenen und die Gendarmen zu Fuß griffen die

Frauen auf, die nicht schnell genug fliehen konnten. Sie sperrten sie in die drei grünen Wagen, die von jeweils zwei Pferden gezogen wurden und deren Fenster vergittert waren. Die Wagen schienen in den Nebenstraßen gewartet zu haben.

»Det sind Gefangenenwagen, Simon! Grüne Minna nennt man sie«, klärte Fritz den Freund auf.

Immer mehr Frauen und Kinder wurden in die Wagen gepresst. Hinter den Gittern sah man die blassen, verhärmten Gesichter der aufgebrachten Kämpferinnen, und immer lauter schallte es über den Hackeschen Markt: »Wir haben Hunger, Hunger! Gebt uns Brot, Brot für unsere Kinder!«

»Und da sagen unsere Leut, wie gut und reich alles in Berlin sei! Sie müssten mal sehen, was hier an erbärmlicher Not herrscht! Du kannst wohnen, wo immer du willst, Fritz, gut leben können überall nur die Kozen!«

Fritz schaute Simon fragend an.

»Kozen ... das sind die Reichen!«

Zustimmend nickte Fritz. »Nun lass uns aber vaschwinden, bevor se uns ooch noch vafrachten.«

*

In den engen Gassen rechts und links um die Mulackstraße – das Viertel, das von allen liebevoll verächtlich Mulackei genannt wurde – drängten und schoben sich die Menschen an den Buden und Verkaufsständen vorbei, die vor den Kellergeschäften aufgebaut waren und auf denen alles, was man sich vorstellen konnte, auslag und zum Kauf aufforderte.

Daneben gab es winzige Garküchen. Auf den Tafeln neben den Eingängen waren die Tagesgerichte angepriesen. Halbwüchsige Burschen, oft mit Pejeß* und Käppl* als Juden kenntlich, priesen die Speisen mit vielen schönen Worten an, zogen die Vorübergehenden am Ärmel und versuchten, sie zum Eintritt zu bewegen.

Auf den Fensterscheiben dieser Lokale und der Lebensmittelhandlungen war in großen Buchstaben mit weißer Farbe etwas in einer fremden Schrift geschrieben, die Fritz nicht entziffern konnte.

»Kannst du das lesen, Simon?«

»Selbstverständlich! Koscher heißt das, es ist Hebräisch und sagt dem frommen Juden, dass er hier nur Speisen bekommt, die nach unseren Geboten rein sind und die er essen darf!«

»Darüber musst du mir mehr erzählen, wenn wir Zeit haben. Ein Stimmenjewirr is det hier, det man sein eijenes Wort nicht vasteht!«

»Was erwartest du von der Mulackei, Fritz? Da wird Jiddisch geredet, Polnisch, Russisch, Hebräisch und Aramäisch und noch ein paar Sprachen mehr, die selbst ich nicht kenne!«

»Und doch sind wir mittenmang in Berlin!«

Einige Minuten später, die Freunde waren in eine der Nebenstraßen eingebogen, wurde es stiller um sie herum. Es schien, als hätten sie den finstersten Teil der Mulackei verlassen. Simon wies auf ein Messingschild, das neben einer Tür angebracht war, die in ein Vertrauen erweckendes Haus führte.

»Pfandleihe«, sagte er und sah Fritz fragend an.

»*Rosenblatt & Sohn* steht drauf, Simon! Einer von euren Leuten!«

»Was meinst du, Fritz, soll ich mit dem Geldschein hineingehen und nachfragen, wer als Wechsler einen guten Betrag gibt?«

»Und wenn der Rosenblatt dir festhält und de Polizei holt?«

»Davor habe ich keine Angst. Wie will er wissen, dass das Papierchen nicht sauber ist? Ich werd ihm sagen, dass es von meiner Familie aus Bitsche geschickt wurde, um mir das Leben in Berlin leichter zu machen und ein Geschäftchen zu gründen.«

»Klingt ehrlich, Simon!« Fritz griff in die Jackentasche und zog den Schein heraus. »Ick wünsche dir ville Jlück!«

Simon nahm den Geldschein, faltete ihn ordentlich und steckte ihn ein. »Bis gleich. Es wird nicht lange dauern.«

*

Auf der halben Treppe, im Hochparterre, lag die Pfandleihe. Das Firmenschild war auf Hochglanz geputzt und selbst der Knauf an der Eingangstür wies nicht einen Flecken auf.

Simon gab sich innerlich einen Stoß und sagte leise zu sich: »Was zögerst du? Nichts hast du getan, was gegen das Gesetz verstößt. Also hinein zu Herrn Rosenblatt und frisch drauflos geredet!«

Er hatte kaum den Knauf berührt und die Tür einen Spaltbreit geöffnet, da klingelten über seinem Kopf schon silberhell einige Glöckchen. Hinter einer Theke, die durch ein Gitter gesichert war, raschelte etwas und dann erhob sich ein großer, dunkelhaariger Mann aus einem Sessel, der hinter der Theke stand.

»Schalom alejchem*«, grüßte Simon und der Herr Rosenblatt grüßte zurück: »Alejchem schalom!«

»Ich bin ein Amoreß*, einer aus Bitsche und möchte Euch bitten um Ejzeß*.«

»Nu, also fragt. Ich will Euch Antwort geben, wenn ich kann.«

»Von der Mischpoke hab ich bekommen einen Geldschein und nun möchte ich von Euch wissen, wo ich ihn wechseln kann.«

»Ein wertvoller Schein? Hundert Taler oder mehr?«

»Vielleicht so, vielleicht so!«

»A trejfene Sach?«

Simon zog die Schultern hoch und bewegte den Kopf dazu: »Kann sein, kann nischt sein!«

»Ich kenn einen. Kann sein, dass er macht den Handel, kann sein, er will nicht. Merkt Euch sein Schem: Es ist der Isidor Scharzky. Ihr findet ihn in der Rosenthaler Straße, direkt neben dem Sarghandel ... Gott soll schützen ... in der zweiten Etage.«

»Ich danke Euch sehr, Herr!«

»Geschenkt ist zu billig. Etwas sollen meine Ejzeß Euch schon wert sein! Das Leben ist teuer in Berlin.«

Simon zog aus der Tasche einen Silbergroschen und legte ihn vor Herrn Rosenblatt auf die Goldwaage. »Mehr habe ich nischt, Balboß*!«

»Nu! Besser a bissele denn nischt!«

Simon wandte sich um und eilte dem Ausgang zu. »Schalom«, grüßte er, doch der Herr Rosenblatt knurrte ihm nur nach: »Der Ewige bewahre mich vor Aschireß*!«

Sechstes Kapitel

Fritz und sein Freund waren in der Rosenthaler Straße angekommen und schauten sich um.

»Gleich dort ist der Sarghandel, also muss hier auch die Wohnung von Isidor Scharzky sein!« Simon wies mit ausgestrecktem Arm nach vorn.

»Du lässt mir doch wohl nich alleene zum Isidor ruffklettern, Simon?«

»Das musst du selbst wissen, Fritz. Vielleicht ist es besser, du gehst allein zu ihm, weil man so ein Geschäft besser unter vier Augen macht. Aber dann musst du damit rechnen, dass er dir vielleicht weniger zahlt, als wenn einer dabei ist, der sich auskennt!«

»Dann bitte ick dir, Simon, komm mit! Alleene habe ick doch Schiss!«

Sie kamen am Sarglager vorüber, wo die frisch gezimmerten Särge vor der Werkstatt auf der Straße standen. Dort sollte die Sonne die Farbe schnell trocknen. Simon spuckte dreimal abergläubisch aus und sah angestrengt in eine andere Richtung.

Vor dem Sarghandel blieben die zwei stehen. Simon fragte in gutem Deutsch einen krummen alten Mann, der ihnen entgegenkam, nach der Scharzkyschen Wohnung. Der Alte drehte verlegen die Hände nach außen, streichelte sich den Bart und erwiderte: »Wos hobt ir gesogt? Ich hob nischt farstanen!« Er legte die Hand ans rechte Ohr und lauschte.

Simon fragte noch einmal. Da endlich ging ein Lächeln des Verstehens über das faltige Gesicht des Alten: »Im nächsten Haus. Doch will ich Euch geben a git Ejzeß: Seht Euch vor. Er hot nischt a gite Seel, der Isidor! Ihr hobt a gites Gesicht und sollt nischt draufzahlen, egal, wos far a Handel Ihr treibt!«

Der Alte blieb zurück, winkte Simon noch einmal zu, als dieser sich umwandte, und war dann seinem Blick entschwunden.

»Was hat der Alte dir gesagt?«, wollte Fritz wissen, aber Simon winkte nur ab.

»Die nächste Haustür müssen wir hinein. Und wir sollen uns nicht bescheißen lassen, meinte der Alte. Der Scharzky muss ein rechter Ganew sein.«

Sie gingen gemeinsam in das Haus. Die enge Stiege wollte kein Ende nehmen, dann aber standen sie vor der Tür. Auf einem weißen Schild war der Name Scharzky zu lesen und darunter stand in lateinischer und hebräischer Schrift: »Geschäfte aller Art!«

»Darunter kannste dir allet vorstellen, wat ma ooch nur denken kann, wa?«

»Ja«, antwortete Simon leise, »ich sagte dir ja schon, dass er ein Ganew ist, ein Gauner… Überlass lieber mir das Verhandeln, ich weiß besser als du, was er denkt und will, und bin schneller im Kopf als zehn gelehrte Gojim!«

Simon schlug mit dem Messingklopfer gegen die Wohnungstür. Man hörte, dass sich jemand vorsichtig näherte. Der Unbekannte blieb hinter der Tür stehen und schien den Atem anzuhalten.

Simon schlug den Klopfer noch einmal gegen die Tür. Dann sagte er mit lauter Stimme: »Nu, wenn hier keiner Geschäfte machen will, gehen wir zum Nächsten. Es gibt ja genug davon in der Stadt!«

Sie sahen, dass sich in der Tür ein Spion öffnete. Ein Auge schaute hindurch und verfolgte die Freunde mit misstrauischen Blicken.

Simon war schon auf der Stiege und rief Fritz zu: »Nun

komm doch schon. Da ist niemand daheim«, als sich die Wohnungstür leise quietschend öffnete und ein Mann mit dünnem, ausgefranstem Bart durch den Türspalt blickte.

*

Isidor Scharzky hatte die Jungen in seinen Salon geführt. Auf einem Tisch befand sich eine Kassette, wie es sie in Büros und Ladengeschäften gab.

Leider waren diese Kassetten so leicht, dass Diebe keine Schwierigkeiten hatten, sie bei einem Einbruch fortzuschaffen und sie dann in aller Ruhe in ihrem Diebesnest aufzubrechen und auszunehmen.

Eine solche Kassette stand also auf dem Tisch des Herrn Scharzky und daneben lagen Hammer, Meißel und Stemmeisen. Die Sachen lagen da, als sei Herr Scharzky gerade dabei gewesen, den Eisenbehälter zu öffnen, und durch den Besuch der beiden Jungen daran gehindert worden.

Als er die neugierigen Blicke Simons wahrnahm, stellte er sich zunächst vor den Tisch, doch sein hagerer Körper verdeckte die Kassette nur unvollkommen. Hastig griff er nach einer Fransendecke, die auf einem Klavier lag, zog sie herunter und deckte den Geldbehälter ab.

Die flinken Augen des Jungen aus Bitsche aber hatten bereits gesehen, dass an dem Eisenkasten gearbeitet worden war. Mit dem Werkzeug hatte Scharzky versucht, die Kassette zu öffnen. Simon lächelte still vor sich hin, als er sah, dass Herr Scharzky sich bei seinen »Geschäften aller Art« auf den Daumen geschlagen hatte. Mit einem Fetzen Leinen war die Wunde verbunden, blutete aber so sehr, dass das Blut durch den Verband gedrungen war.

»Womit kann ich den jungen Herren dienen?«, fragte der Hausherr endlich. Er nahm wohl an, dass die Jungen keine Ahnung hatten, womit er sich vor ihrem Eintreten beschäftigt hatte.

Simon war nun nicht mehr besorgt. Er wusste, was er zu tun hatte, um dem Dieb im Kaufmannsgewand gehörige Angst einzujagen und ihn gefügig zu machen.

»Wir haben ausbaldowert, dass Ihr ein schlauer ßojcher* seid, far a git Geschäft zu hobn und fein schtike!«

Scharzky schwieg und wiegte nur bedächtig den Kopf.

»Lasst uns aber nun verlassen de Mame-loschn* und so reden, dass mein Chawer* es auch vasteit.«

»Nu, gut, reden wir Deutsch. Was für ein Geschäft wollt ihr zwei mir bieten? Doch bedenkt, es muss ein Handel sein, der für uns alle Gewinn bringt!«

Simon zog den Geldschein aus der Tasche, entfaltete ihn und hielt ihn in einiger Entfernung dem Scharzky hin.

»Ein guter Wert, wenn der Schein echt ist!«

»Er ist echt! Darauf mein Wort!«

»Das Wort eines jiddischen Bocher?«

»Ehrlich und wahrhaftig, Balboß!«

»So lasst uns handeln. Fünfhundert Taler ist das Papierchen wert. Aber das Risiko ist groß. Mag sein, dass es falsches Papier ist, mag sein, und da bin ich mir sicher, dass es gestohlen ist und die Greifer sind euch bereits auf der Spur, dann möchte ich sagen, zweihundert Taler! Sie sind zwar noch zu viel, aber die will ich geben!«

Simon lachte laut. Fritz, der nicht alles verstanden hatte, schaute den Freund fragend an.

»Nein, Balboß! Das ist kein Rewech* für uns! Gebt dreihundert Taler, dann soll der Handel gut sein für Euch und uns!«

»Zweihundertundzwanzig!«

Kopfschütteln. Simon faltete den Geldschein zusammen und wollte ihn einstecken, als Scharzky steigerte: »Zweihundertundvierzig Talerchen!«

Simon flüsterte Fritz etwas ins Ohr. In Wahrheit hatte er nur zum Schein so getan. Nun schüttelte er den Kopf und gab den Geldschein Fritz, der ihn einsteckte.

Scharzky bekam gierige Augen. »Zweihundertundfünfzig, du ßotn*!«

»Zweihundertundachtzig, Balboß! Und denkt daran, was ich gesehen habe dort auf dem Tisch, was Ihr abgedeckt habt mit der Fransendecke! Ich bin ein ausgeschlafener Junge und weiß genau, was unter der Decke liegt. Wir können zur Polizei gehen, Herr Scharzky, und …«

»Psst, psst!«, zischte Scharzky und spuckte abergläubisch dreimal aus.

»Zweihundertundsiebzig, du junger Ganew, will ich dir geben … aber nur unter Gewalt!«

»Hier meine Hand. Besiegeln wir den Handel!«

Scharzky nahm die Hand und drückte sie. In seinem Gesicht stand etwas wie Ehrfurcht vor der Geschäftstüchtigkeit Simons.

»Sag mir, woher bist du? Wo bist du daheim?«

»Ich komme aus Bitsche.«

»Dann sind wir ja Landsleute, sozusagen!« Scharzky begann zu schwärmen. »Die tüchtigsten Männer kommen aus Bitsche. Sie werden schnell reich in Berlin.«

»Wollen wir reden von Bitsche oder die zweihundertundsiebzig Taler zählen?«

Isidor Scharzky verschwand hinter einem gerafften Vorhang. Man sah nichts, hörte nur, wie er mit Schlüsseln rasselte, und dann kam er mit einem Beutel zurück, in dem sich die Silbertaler befinden mussten. Mit einer Handbewegung warf er den Beutel auf den Tisch und winkte die Freunde heran. Er ließ das Geld auf den Tisch rollen und begann zu zählen. Das tat er sehr schnell, genauso flink aber waren Simons Augen, denen nichts entging.

Endlich sagte Herr Scharzky aufatmend: »So, Bitscher Bocher, da liegen die zweihundertundsiebzig Taler! Nun gebt mir den Schein und dann wollen wir auseinander gehen und so tun, als hätten wir nie einen Handel gehabt!«

Simon gab Fritz ein Zeichen, den Geldschein aus der Innentasche seiner Jacke zu holen, und sagte leise: »Wenn ich beginne, die Taler einzustreichen, gibst du ihm den Geldschein, nicht vorher! Verstanden?«

»Verstanden!«, erwiderte Fritz. Er reichte Scharzky das Papier, als Simon schon an die zwanzig Taler eingesackt hatte.

Während die Freunde sich beeilten, die Geldstücke in ihren Taschen unterzubringen, verschwand der Händler noch einmal hinter dem Vorhang, um den Geldschein fortzuschließen. Als er zurückkam, waren die Jungen mit dem Einsacken der Münzen fertig. Ihre Hosen- und Jackentaschen beulten sich gewaltig.

»So, wir wären so weit, Balboß! Wir wollen gehen. Schalom also und weiterhin gute Geschäfte gewünscht, ohne die Greifer im Genick zu haben!«

»Pui, pui, pui!«, spuckte Herr Scharzky und sagte dann: »Wenn du wieder einmal ein Geschäft hast, komm zu mir! Wir werden es gemeinsam machen. Schalom also auch euch beiden gewünscht! Und verwahrt das Geld gut, dass niemand auf dumme Gedanken kommt.« Er öffnete die Wohnungstür, ließ die Freunde hinaus und verschloss sie sofort hinter ihnen. Schnell sicherte er sie mit Riegeln und Stangen.

Noch auf der Treppe blieb Simon stehen. »Ein Ganew

ist er doch. Mindestens zehn Taler sind falsch, ich habe es am Klang gehört.«

»Ärgere dich nicht, Simon. Denke dran, ehrlich sind wir auch nicht! Der Stehler ist nicht besser als der Hehler.«

»Wer ist denn ein Stehler? Du? Ich? Nein! Dein Bruder ist einer, aber dafür zahlt er ja schon reichlich. Wir waren nur die Kommissionäre, sonst nichts, und wir nehmen auch nichts davon, lassen es deiner Mutter, damit sie nach einer Weile ein besseres Leben beginnen kann.«

»Geb's der Allmächtige!«

»Halwaj*!«, antwortete Simon und lächelte. »Der ungläubige Fritz scheint sich zu wandeln!«

*

Die Freunde erreichten die Wohnung in der Ackerstraße, bevor Rike und Ottilie zurück waren. Sie setzten sich an den Küchentisch und machten sich daran, die Talerstücke nachzuzählen. Gelegentlich sortierte Simon ein Geldstück aus und legte es zur Seite.

»Wieder ein falscher Taler! Siehst du, Fritz, wie Recht ich gehabt habe, als ich dir sagte, dass mindestens zehn Stücke nicht echt sind!«

»Er is eben een Jauner und bleibt eener. Soll er doch jlücklich werden mit den zehn Talern! Wir sollten uns aber beeilen und det Jeld jut vastecken.«

Simon nickte zustimmend: »Ich habe auch schon eine Idee. Habt ihr einen Mehlbeutel im Haus?«

»Ich denke schon! Wat willste damit?«

»Das siehst du schon früh genug. Suche lieber den Beutel, Fritz!«

Fritz kniete vor dem Küchenkasten nieder und durchsuchte die Fächer. »Hier is eener!« Er zog einen Mehlbeutel aus Leinen heraus und reichte ihn Simon.

»Jetzt räume den Schrank auf. Deine Mutter darf nicht merken, dass jemand in ihm gestöbert hat!«

»Wat machen wir mit dem Beutel? Is ja ooch noch een bisken Mehl drin!«

»Sehr gut! Jetzt geh runter auf den Hof und fülle den Sack mit Sand!«

Fritz wollte gehen, wurde aber von Simon aufgehalten.

»Vorher schütte erst den Rest Mehl aus. Den brauchen wir noch!«

Fritz tat, was Simon verlangte, und schüttete das Mehl in eine Schüssel. Währenddessen fragte er: »Mir is immer noch nich klar, wat du mit dem Sand willst!«

»Das wirst du gleich sehen, hole ihn nur erst herauf. Ich zähle inzwischen die echten Taler und stapele sie.«

Fritz kam schnell zurück. Er hatte den Mehlsack bis zum Rand mit Sand gefüllt und legte ihn auf den Tisch.

Simon besah ihn sich und sagte dann lächelnd: »Ganz so voll hättest du ihn nicht füllen müssen, aber das macht nichts. Was übrig bleibt, schütten wir aus dem Fenster. Bald ist es dunkel, da wird niemand etwas merken und auf dumme Gedanken kommen. Und jetzt bring etwas, worauf wir den Sand auskippen können!«

Fritz ging in die Schlafstube und brachte ein ausgebleichtes Arbeitshemd des Vaters. »Kannste det jebrauchen?«

»Ja! Gut so. Und nun kippen wir den Sand zur Hälfte auf das Hemd!«

Simon nahm die guten Geldstücke, verbuddelte diese im Sand, der im Beutel verblieben war, und gab neuen Sand und Münzen hinzu.

Fritzens Gesicht begann zu strahlen. »Du, Simon, det is 'ne dufte Idee. Aba wat is, wenn Mutta denkt, det noch Mehl drin ist?«

»Warte es nur ab, Fritz!« Der Beutel war gefüllt. Ein paar Mal stauchte Simon ihn auf dem Tisch, bis er prall dastand. »So, nun gib mir den Rest vom Mehl!«, sagte Simon und schüttete das Mehl in den Beutel. Der Sand war nun verdeckt.

»Und jetzt nimm den Bindfaden und binde den Beutel zu. Aber ganz fest, damit der Faden sich nicht so leicht öffnen lässt!« Während Fritz den Beutel zuband, suchte Simon in den Schubladen des Küchenkastens. »Lagen hier nicht irgendwo Feder und Tinte?«

»Kiek in die andere Lade, da is't!«

Simon brachte beides zum Tisch, setzte sich und öffnete behutsam den Korken der Flasche. Er tunkte die Feder in die Tinte und malte zwei große Totenköpfe auf das Leinen.

Recht gruselig sahen sie aus. Simon schien mit seiner Arbeit zufrieden zu sein. »So, und nun kommt der Schluss!«

Langsam und sehr darauf bedacht, dass die Schrift wie gedruckt aussah, schrieb er auf das Leinen das Wort: RATTENGIFT.

Staunend fragte Fritz: »Wo haste denn so dufte schreiben jelernt?«

Simon lachte. »Die hebräische Schrift ist sehr schwer zu schreiben und man muss lange üben, bis man es gut kann. Ein lateinisch geschriebenes Wort ist dagegen sehr leicht. Und jetzt gehen wir in den Keller, stellen den Beutel zum Gerümpel, dorthin, wo er nicht gleich zu finden ist, und dann warten wir ab. Das Wort ›Rattengift‹ wird seine Wirkung tun und jeden abhalten, hineinzuschauen. Das ist mir so sicher wie das Amen am Ende des Sabbats!«

*

Friedrich Wilhelm, der Vierte dieses Namens auf dem preußischen Königsthron, schritt aufgeregt durch sein spartanisches, mit englischen Möbeln ausgestattetes Arbeitskabinett. Erregt blieb er vor dem weißhaarigen General von Möllendorff stehen.

Der preußische Monarch war ein dicklicher Mann mit krausen, blonden Haaren und langen Koteletten. Die Haare wichen immer mehr einer spiegelnden Glatze, die ebenso makellos glänzte wie die hohen Schaftstiefel.

Friedrich Wilhelm nestelte an den silbernen Knöpfen seiner blauen Uniform. »Das kann mir niemand einreden, General! Meine lieben Berliner waren es niemals, die diesen Krieg angefangen haben. Ich sage bewusst ›Krieg‹, denn wie anders sollte man die Schlachten, die immer wieder auf den Berliner Märkten stattfinden, sonst auch nennen? Sicherlich sind es Fremde, die von den Anführern der Rebellen in die Stadt gebracht wurden, von jenen aufsässigen Elementen, die sich ›Freisinnige‹ nennen!«

Verlegen räusperte sich General von Möllendorff. Wie jedermann im Schloss wagte auch er nicht, dem Monarchen zu widersprechen, obwohl er genau wusste, dass der König mit seiner Meinung im Unrecht war. »Majestät halten zu Gnaden, aber bedenken Sie, dass es Hunger gibt in den Mauern der Residenz. Die Cholera und andere ansteckende Krankheiten holen sich jeden Tag neue Opfer.«

Der König winkte ab: »Alles nur Gerüchte, von den Freisinnigen in Umlauf gebracht!«

»Nein, Majestät, das sind leider keine Gerüchte. Wissen Majestät, dass die meisten Berliner Arbeiter über Einkommen verfügen, die nicht einmal ausreichen, die Familien satt zu bekommen, geschweige, ihnen Kleidung und Schuhe zu beschaffen? Warum wohl, Majestät, sind die Gassen in der Mulackei, im Judenviertel, so übervoll von christlichem Bettelvolk?«

Friedrich Wilhelm zuckte mit den Schultern.

»Sie wühlen in den Lumpen nach Kleidern, Schuhen und anderem, was sie für einige Groschen bekommen können!«

»Was soll ich machen, General? Ich kann daran nichts ändern. Streiten die Arbeiter um mehr Lohn, machen mir die Fabrikherren Ärger und drohen, die Arbeit einzustellen, weil ihr Gewinn nicht reicht. Ich stehe zwischen zwei Parteien, den Arbeitern und ihren Dienstherren!«

Der General spürte die Unentschlossenheit des Königs. Friedrich Wilhelm, der meist sehr wortkarg war und oft nur mit wenigen Worten Fragen stellte und Antworten gab, hatte sich an diesem Tag selbst übertroffen.

»Sie sollen Fahnen mit sich geführt haben, Möllendorff! Wissen Sie etwas davon?«

»Majestät wurde richtig informiert. Schwarz-rot-golden war die Trikolore, die sie mit sich führten. Andere wieder trugen die rote Fahne, als sie sich den Soldaten entgegenwarfen. Sie nannten es das Blutbanner, Majestät. Ich betrachte diese Ereignisse als sehr gefährlich für Preußen und die Monarchie!«

»Sehen Sie das alles nicht zu schwarz, Möllendorff? Dieser Kartoffelkrieg wird bald beendet sein. Wir müssen nur befehlen, mehr Nahrungsmittel vom Land in unsere Hauptstadt zu schaffen!«

Friedrich Wilhelm trat an das Eckfenster seines Kabinetts und schaute auf die Schlossbrücke, unter der die Spree hinweggurgelte, und er sah, dass auf dem breiten Boulevard wohlgenährte Menschen in vornehmer Kleidung in Massen flanierten.

Der General war hinter den König getreten. »Majestät wissen wie ich und jeder Gebildete im Land, dass es in Preußen keinen Überfluss an Nahrungsmitteln gibt. Die Preise werden so hoch bleiben, wie sie sind, vielleicht werden sie noch steigen. Es bleibt uns nichts anderes übrig, als die hungernden Menschen mit den Waffen des Militärs in Schach zu halten.«

Der König grübelte. Nach einer Weile wandte er sich um, blieb eine Zeit lang mit gesenktem Haupt in der Mitte des Kabinetts stehen und befahl dann mit sehr leiser Stimmer: »Machen Sie nur alles so, wie Sie denken, Möllendorff. Es wird schon richtig sein.«

*

Etwa zur selben Stunde betraten Gil Diamant und Rosa aus Treuenbrietzen die Wohnung des Rabbi Feinstein. Dieser hatte die beiden so unterschiedlichen Brautleute eingeladen, um mit ihnen ein ernsthaftes Gespräch zu führen. Er begrüsste die beiden mit dem Segenswunsch: »Baruch haba*, schön, dass ihr meiner Einladung gefolgt seid.« Dann führte er das Paar in sein Arbeitszimmer.

»Bevor ihr zwei unter die Chupe* treten könnt und nach den Gesetzen Israels Mann und Frau werdet, musst du, Rosa, noch einiges lernen und bereit sein, alles Vergangene zurückzulassen und zu deinem neuen Glauben vor dem Ewigen und der Gemeinde zu stehen. Bisher hast du deine Lektionen gut gelernt und alle deine Pflichten als jiddische Kale* richtig und gut der Gemeinde und mir vorgetragen. Sogar besser noch als viele, die durch die Geburt zu unserer Religion gehören!«

Rosa Wandeltal wurde rot und strahlte den Rabbi so froh an, dass der ein Schmunzeln nicht unterdrücken konnte.

»Ich habe viel Neues dazugelernt, Rebe! Soll ich Euch die dreizehn Glaubensartikel aufsagen?«

Rabbi Feinstein tätschelte väterlich die Hand der Braut. »Nu, wenn du möchtest! Doch eigentlich musst du sie als Frau nicht kennen.«

»Ich möchte es sehr, denn es sind wunderschöne Grundsätze.« Rosa bemühte sich, ohne Dialekt zu sprechen, und es gelang ihr über weite Strecken.

»So sag sie auf, Braut von Gil Diamant, damit er stolz auf dich sein kann und gewiss, dass du eure Kinder gut erziehen wirst!«

Rosa wollte dem Rabbi die Hände küssen, doch der verschränkte sie auf dem Rücken.

»›Vollkommen bin ich davon überzeugt, dass der Schöpfer, gelobt sei sein Name, alle Geschöpfe erschafft und führt, dass er allein alle Werke vollbracht hat, vollbringt und vollbringen wird.‹«

»Schön, Rosa! Und ganz richtig zitiert. Und nun sag mir den dritten Artikel!«

»Gerne, Rebe. Er heißt: ›Ich bin vollkommen überzeugt, dass der Schöpfer, gelobt sei sein Name, kein Körper ist. Nichts gibt es, was mit ihm zu vergleichen ist.‹«

»Gut, Kale! Und nun noch einen Artikel, und damit wollen wir dann zufrieden sein. Sag mir den zehnten Artikel, Rosa!«

Rosa stockte, wurde verlegen, errötete und begann zu stammeln. »Ich weiß nicht mehr ganz genau die Worte. Ich erinnere mich aber daran, dass es heißt: Er kennt alle Gedanken der Menschenkinder und ihre Werke.«

»Richtig, Rosa! Das genügt mir. Es muss nicht immer wörtlich sein. Wichtig ist für eine Braut, die unseren Glauben annehmen will, dass sie mit dem Herzen dabei ist und nicht nur mit dem Verstand. Sie muss vor allem bereit sein, nach unserem Glauben zu leben und ihrem Mann eine gute Frau zu sein.«

»Ich hatte alles so genau gelernt, Gil«, entschuldigte sie sich bei ihrem Bräutigam.

»Nicht wichtig«, sagte Gil und winkte ab. »Das lernst du alles noch im Lauf der Zeit. Mit jedem Tag wächst du mehr hinein.«

Rabbi Feinstein nickte Gil beifällig zu. »Und nun folgt mir ins Zimmer. Die Rebezn hat einen Topfkuchen gebacken, er wird uns allen gut schmecken!«

*

Fast jeden Tag streiften Fritz und Simon durch die Stadt und hielten Ausschau, ob sie nicht irgendeine Arbeit fänden. Bisher jedoch war es erfolglos gewesen und sie hatten ihre Hoffnung darauf schon beinah aufgegeben.

Seitdem die Lorbasse nicht mehr bei ihnen schliefen, Oskar im Arbeitshaus war und Otto Puvogel diese Erde verlassen hatte, gab es Platz genug in Rikes Wohnung. Und weil die Witwe Puvogel auf jeden Silbergroschen angewiesen war, hatte sie freudig zugesagt, als Simon sie fragte, ob er nicht als Schlafbursche bleiben könne.

»Ich kann nur einen Taler im Monat zahlen, verspreche aber, sobald ich Arbeit finde, mehr zu geben!«

»Das Geld ist mir nicht so wichtig wie das gute Miteinander. Fritze und du, ihr versteht euch so gut wie kaum andere Freunde. Das ist mir das Wichtigste. Und was ich zum Leben brauche, verdiene ich mir jetzt bei den Diamants.«

Beide Jungen waren froh, dass Rike ja gesagt hatte. Und ihre Freundschaft wurde wirklich von Tag zu Tag enger und herzlicher.

Wieder einmal hatte Simon von Rosa Wandeltal zwei Karten für das Opernhaus geschenkt bekommen. »Ick habe zu wenig Zeit, gerade jetzt, so kurz vor der Hochzeit«, hatte sie gesagt.

Simon nickte und fragte nach: »Kennen Sie sich denn schon aus, wie das bei der jiddischen Hochzeit unter der Chupe vor sich geht?«

Rosa lächelte. »Wat nötig war, haben mir der Rabbi, die Rebezn und Gil beigebracht... und obwohl ick vom Lande komme, bin ick ooch nich blöder als andere. Sogar das Nötigste, wat eine jiddische Frau an hebräischen Sprüchen und Gebeten kennen muss, haben sie mir schon beigebracht! Du kommst doch auch zur Hochzeit, oder?«

»Wenn Sie meinen Freund Fritz Puvogel auch einladen, dann gerne, Frau Rosa!«

»Das ist doch Ehrensache! Nun vergiss aber nicht die Opernkarten! In zwei Tagen ist es so weit!«

»Wie werde ich das vergessen? Das ist doch ein Feiertag für einen armen Bocher wie mich!«

Gleich nachdem Simon heimgekommen war, hatte er Fritz von den geschenkten Karten erzählt, und die beiden Jungen freuten sich sehr auf den bevorstehenden ungewöhnlichen Abend.

»Machen wir heute Nachmittag einen Bummel durch die Stadt?«, fragte Fritz. »Wie wäre es, wenn wir mal zu den Zelten* schlendern würden? Da ist um diese Zeit allerhand los.«

»Wie? Jetzt, mitten im Winter?«

»Da machen die Berliner keinen Unterschied. Ob Winter oder Sommer... wenn es sie unter den Fußsohlen juckt, dann jehn se raus wie nischt, dahin, wo wat los is!«

»Was sollen wir in den Zelten, wenn das Nötigste fehlt?« Simon bewegte Daumen und Zeigefinger und deutete so an, woran es fehlte.

»Du hast Recht, Freund. Vaschieben wir't, bis wa

mehr Zaster in de Tasche ham! Aba wat fangen wa mit dem anjebrochenen Tag an?«

»Schlendern wir zu den Linden und zum Schloss. Zu sehen gibt es da allemal was.«

»Stimmt. Und kost keen Jeld!«

*

Dieser Januarnachmittag war so warm wie ein kühler Tag im April. So froren die Jungen auch nicht allzu sehr in ihrer dünnen Kleidung. Sie alberten herum und lachten sich warm. Als sie Unter den Linden waren und am Haus Nr. 24 vorüberkamen, sagte Simon: »Hier hat der Dichter Heinrich Heine gelebt, als er in Berlin war. Übrigens auch ein Jude!«

»Heine? Kenne ick nich! Müsste man ihn kennen?«

»Ich denke schon«, erwiderte Simon im Weitergehen und er zitierte einige Verse:

»Ja, Freund, hier unter den Linden
Kannst du dein Herz erbaun,
Hier kannst du beisammen finden
Die allerschönsten Frau'n.«

Anerkennend klatschte Fritz in die Hände. »Jefällt mir, dein Heine! Schreibt der viel ... über Frauen und so?«

»Gelegentlich. Aber viel wichtiger ist, was er sonst noch zu sagen hat ...«

»Wie kommt det, du bist Jude und kennst doch die deutschen Dichter besser als wie icke?«

»Das gehört zur Bildung, Fritz. Jeder jüdische Vater will, dass seine Söhne es weiter bringen als er selbst, und er gibt den letzten Kupferling dafür her! Und auch jeder junge Jude will lernen, will heraus aus der Enge des Ghettos*, will vorwärts kommen und den Eltern das zurückzahlen, was sie ihm unter Entbehrungen gegeben haben.«

»Und so eena war der Heine ooch?«

»Ich denke schon. Nur dass er eines Tages getauft werden wollte, das wird für die Eltern ein schwerer Schlag gewesen sein!«

»Dann is er also Christ jeworden? Katholisch oder Protestant?«

»Weiß ich nicht, Fritz, ist auch nicht so wichtig. Lass uns nach einer Budike Ausschau halten. Ich habe großen Durst.«

Sie gingen ein Stück zurück, kürzten den Weg dann aber ab, indem sie über Brachland und Felder liefen, auf denen die Wintersaat zu sprießen begann. In der Nähe des Brandenburger Tores standen sie wieder vor der hohen Stadtmauer, durchschritten pfeifend das Tor und ahmten die Modegecken nach, die vor ihnen die Linden hinabflanierten, geziert Fuß vor Fuß setzend und mit ihren zierlichen Stöckchen spielend.

Auf ihrem Weg die Linden hinab kamen ihnen nun immer mehr Studenten entgegen, zu erkennen an den bunten Mützen und den langen Pfeifen, die sie auch auf der Straße rauchten.

»Das sind die Studenten, die sich im *Café Stehely* treffen.«

»Du meinst, dass es Rebellen sind, Simon?«

»Sie selbst nennen sich ›Freisinnige‹.«

Die Freunde gingen den Studenten nach. Schon bald standen sie auf einem Platz und lasen über dem Eingang zu einem unscheinbaren Haus, dass hier das *Café Stehely* war, der Treffpunkt der ›Freisinnigen‹.«

Sie stiegen die kleine Treppe zum Eingang hinauf, blieben aber auf den Stufen stehen, kramten in den Taschen und förderten einige Münzen hervor.

»Für een Weißbier reicht't jerade noch. Det müssen wir uns aba teilen«, sagte Fritz endlich, nachdem wieder einige Studenten an ihnen vorübergegangen waren. »Ob se uns übahaupt reinlassen?«

»Warum sollten sie nicht, Fritz? Ich war schon einige Male hier und habe den Diskussionen der Studenten zugehört. Interessante Stunden waren das für mich. Man kann viel lernen, wenn man die Ohren aufsperrt.«

Fritz Puvogel gab sich einen Ruck und stieg eine Stufe höher. Er räusperte sich und sagte mit rauer Stimme: »Na, denn komm, Simon! Mal sehen, wat det for een Lokal is!« Und er wunderte sich über seine Courage.

Als die Jungen das Café betraten, hing dichter Tabakrauch über den rohen Holztischen und hüllte die Gäste ein. Simon ertastete sich einen Platz und zog den Freund neben sich. Zu sehen war kaum etwas, dafür umso mehr zu hören. Gerade ertönte eine knabenhaft helle Stimme: »… es nutzt den Hungernden nichts, dass wir die Marseillaise hinausschreien und uns eine rote Kappe auf die preußischen Dickschädel setzen. Konsequent müssen wir sein und eine Revolution machen!«

»Immer sachte mit die jungen Pferde! Sie jehen leicht durch«, entgegnete ein anderer mit sonorer Stimme. »Um eine Revolution durchzuführen, dazu ist der Bürger in keiner Weise in der Lage. Alle Voraussetzungen fehlen ihm hierfür!«

Mit hellem Lachen unterbrach ihn der andere:

»Vielleicht sind Sie der Meinung, eine Revolution müsse von oben her befohlen werden, wie?«

»Dies wohl nicht gerade«, antwortete der Ältere aus dem Dunst heraus, »aber die Bürger und der fortschrittliche Adel dürfen die Revolution nicht alleine beginnen. Sie dürfen dabei den Mann des Vierten Standes nicht vergessen: den Arbeiter! Bedenken Sie, Herr Kollega, die Arbeiter sind der große Düngerhaufen künftiger Zeiten. Von ihnen wird der Anstoß kommen, der Fürsten von ihren Thronen stürzt und alles neu macht!«

Eine andere Stimme begann zu singen: »Fürsten zum Land hinaus, wir baun ein neues Haus für den Arbeitsmann ...« Mehrere im Raum sangen mit.

Die Serviererin kam, wedelte ein wenig mit der Serviette über den Tisch und fragte: »Was kann ich den Herren bringen?«

Fritz bestellte leise, ganz nahe am Ohr der Bedienung: »Een Weißbier, bitte.«

Die Serviererin echote: »Ein Weißbier für die beiden Herren!« Sie ging zum Tresen und sagte im Gehen so laut, dass jeder Gast es verstehen musste: »Een Bier für zwee! Wat sind det bloß für miese Zeiten!«

Als die Weißbiertulpe vor ihnen stand, hörten sie die Stimme eines Studenten: »Ich gehe vollkommen mit Ihnen konform, lieber Gevatter. Arbeiterfäuste sind stark und kennen weniger Skrupel, wenn es darum geht, tabula rasa zu machen und dem schlafmützigen deutschen Partikularismus ein Ende zu bereiten!«

Fritz wurde der Mund trocken. Er verstand zwar nicht alles, was da gesprochen wurde, aber die Aufregung, an einem Tisch mit Verschwörern zu sitzen, saß ihm wie ein Kloß in der Kehle. Hastig trank er einen Schluck Weißbier und reichte das Glas dann dem Freund.

»Warum darf es dem Arbeiter nicht gut gehen?«, rief ein anderer Mann. »Der Hunger und das Elend müssen beseitigt werden, denn wer nichts zu essen hat, kann auch keine neue Ordnung schaffen!« Beifall kam aus allen Ecken des Cafés.

Mit hochrotem Kopf und blitzenden Augen lauschte Fritz den Diskussionen. Hier konnte er etwas lernen, hier konnte er hören, was die Menschen dachten, die sich Liberale nannten. Lange Zeit saßen er und Simon da und lauschten den Debatten. Ihr Bier wurde schal.

Endlich machten sie sich auf, denn es war inzwischen dunkel geworden. Sie schoben die Stühle zurück, erhoben sich und gingen zum Ausgang. Fritz war enttäuscht, in dem dämmrigen Licht und dem Tabakdunst keinen der Revoluzzer richtig gesehen zu haben.

Draußen begann er einige Töne zu pfeifen, die er im Café gehört hatte, dann fiel ihm der Text ein und er sang:

»Denn eine Zeit wird kommen,
da macht der Herr ein End,
da wird den Falschen genommen
ihr unrecht Regiment!«

»Ein schönes Lied und es passt in die Zeit wie dafür gemacht!« Simon war begeistert.

Fritz legte seinem Freund die Hand auf die Schulter und sah ihm fest in die Augen. »Glaub mir, Simon, in det Café gehe ick wieda, det is so klar wie Kloßbrühe! Von die kann man wat lernen.«

»Ja«, sagte Simon, »und ich bin mit dabei!«

*

Der Morgen zog mit dunklen Wolken herauf.

Fritz und Simon wurden fast zur selben Zeit wach. Das Klappern der Mutter mit den Blechtöpfen am Herd hatte sie munter gemacht und so räkelten sie sich auf ihrem Strohlager und reckten die Gelenke.

Als Erster sprang Simon auf, trat an das Fenster und schüttelte sich. »Kalt und nass macht keinem Spaß«, reimte er und Fritz lachte.

»Du wirst noch 'n Dichter werden wie dein Heine!«

»Das würde mir schon gefallen, aber es ist ein weiter Weg, zu weit für einen elternlosen Jungen wie mich. Ich müsste eine gute Schule besuchen, studieren, ein Doktor werden... dann vielleicht würde eines Tages ein Dichter aus mir...«

»Du schaffst det schon, Freund! So klug, wie du bist, erreichst du allet, wat du dir vorjenommen hast!«

»Danke für deine gute Meinung, doch da müsste schon ein Wunder geschehen...«

Fritz Puvogel schob das Deckbett beiseite und erhob sich. »Jehn wa uns waschen, Simon. Mutta hat bestimmt schon den Muckefuck* uffjebrüht.«

»Seltsame Wörter habt ihr hier in Berlin«, sagte Simon und lachte.

»Ja, findste? Aba jut sind se doch, wa?«

»Und dazu noch lustig!«

Als die beiden in die Küche kamen, dampfte der Malzkaffee bereits in den Bechern auf dem Tisch und daneben lagen Brotscheiben, die mit Schmalz beschmiert waren. Für Simon hatte Rike Pflaumenmus auf das Brot gestrichen, denn sie wusste inzwischen, was er essen durfte und was ihm seine Religion verbot.

»Kommt, wascht euch und setzt euch. Ich will mit Ottilien in die Kirche. Ein Sonntag ohne Gott ist kein richtiger Sonntag!«

Ottilie maulte: »Warum können wir nich mal daheim bleiben? In der Kirche ist es kalt und muffig und es riecht imma so schimmelig, wie bei uns im Keller!«

Rike fuhr ihrer Tochter sofort ins Wort: »Dann wird es dir ja nicht fremd vorkommen, Ottilie! Und erinnere dich an das Wort aus der Heiligen Schrift, dass Gott nur brave Kinder liebt!«

Fritz grinste hinter vorgehaltener Hand und kaute an seinem Brot. Fast hätte er sich verschluckt.

Rike knuffte ihm in die Seite und herrschte ihn an: »Nun schlägt's aber dreizehn! Da lacht der Lausebengel einfach seine Mutter aus! Kinder, was ist das bloß für eine Zeit, in der wir leben!«

Fritz nahm seine Mutter in den Arm. »Nun sei schon wieda jut, Mutta. Nächsten Sonntag komme ick ooch mit. Vasprochen!«

»Und ich auch, Mutter Rike!«

»Du, Simon?« Rikes Erstaunen war groß.

Simon lächelte sie an. »Bis zur Kirchentür! Da warte ich dann, bis ihr vom Beten zurückkommt.«

Rike Puvogel war besänftigt. Als sie aufstand, strich sie über Simons lockige Haare: »Bist ein guter Junge, Simon. Ich werde in der Kirche für dich beten ... genauso wie für meine eigenen Kinder ... Gott möge euch alle segnen! – Und nun helft mir beim Abwasch! Wenn man aus dem Haus geht, soll alles sauber sein, denn niemand weiß, ob man gesund zurückkommt! Und du, Fritz, marsch, ab in die Kammer. Die Betten richten, und zwar ordentlich!«

Fritz salutierte und schlug die Hacken zusammen: »Jawohl, Frau Jeneral! Wird jemacht!«

*

Am frühen Nachmittag saßen Simon und Fritz wieder im *Café Stehely*. Um sie herum Studenten und Akademiker, die sich das Café als Stammlokal ausgesucht hatten, um dort politische Reden zu führen, gegen König und Regierung zu räsonieren und dazu Tabak zu rauchen, bis der blaue Dunst alles vernebelte.

»Selbst die britischen Zeitungen schreiben deutliche Worte über die verfehlte Politik unseres vierten Friedrich Wilhelm und sein Zögern!«

»Auch die deutschen Gazetten nehmen jetzt kein

Blatt mehr vor den Mund. Hier, die *Vossische** zum Beispiel: ›Immer mehr Menschen ohne Arbeit‹, heißt es in der neuesten Ausgabe. Und aus zuverlässiger Quelle weiß ich, dass in der nächsten Ausgabe ein Artikel fordern wird, Friedrich Wilhelm sollte endlich Willen und Kraft aufbringen, um etwas gegen Armut und Hunger zu tun!«

»Ach, liebe Freunde und Brüder, was denkt ihr euch denn? Nichts wird er tun, unser Dickerchen auf dem geheiligten Thron. Abwarten und zaudern wird er weiterhin. Was kümmert ihn schon der Hunger des Vierten Standes? Hauptsache, die Herren leben wie Gott in Frankreich, da ist es ihnen gleich, wie viele Arbeiter und ihre Familien jede Woche an Hunger sterben oder sich das Leben nehmen!«

Ein anderer stimmte ein Lied an, das in den vergangenen Wochen immer häufiger gesungen wurde:

»Unser Fürst lebt herrlich in der Welt, fallera!
Er frisst und säuft und hat viel Geld, fallera!
Er fragt nicht nach der Not der Armen,
kennt kein Mitleid, kein Erbarmen.
Drum schrei ich's raus in alle Welt:
Die Herrn leben herrlich in der Welt!«

Immer mehr Gäste stimmten in das Lied ein und bald sangen auch die Freunde mit. Sie horchten genau auf jedes Wort und je mehr sie hörten, umso besser verstanden sie die Revoluzzer.

Als es Abend wurde, löste das Bier die Zungen. Politische Witze wurden erzählt und Karikaturen des Königs machten die Runde.

Fritzens Nachbar hatte wohl erkannt, dass die beiden Freunde nicht der studierenden Jugend angehörten, und fragte: »Wisst ihr, wer der Zeichner dieser Karikaturen ist?«

»Nee, wissen wir nich«, erwiderte Fritz.

»Der Maler Adolph Menzel ist es, der den Mut dazu hatte! Versucht einmal, durch den Qualm zu sehen. Der kleine Mann am Ende der Tafel, das ist Menzel!«

»Dieser Zwerg soll –«, begann Fritz, aber Simon trat ihm auf den Fuß, sodass er sofort schwieg.

»Nicht jeder Riese von Gestalt ist auch ein Riese im Geist. Oft sind die Kleinen, die Unscheinbaren, die wahrhaft Großen!«, erklärte der Nachbar. Er wurde unterbrochen durch herzliches Lachen im ganzen Saal.

In ihrer Nähe saß ein älterer Herr, dessen Vollbart schon weiß zu werden begann, und erzählte Geschichten aus seinem Leben: »Ihr wisst, dass ich einst in Spandau Richter am Gemeindegericht war. Lange ist es her, ich war noch ein blutjunger Richter und nicht sehr erfahren, da erlebte ich eine Geschichte, die ich euch nicht verschweigen möchte. Also! In Spandau wohnte ein zugereister Viehhändler. Er war aus dem Böhmischen gekommen und trug einen langen, roten Bart, weswegen man ihn den ›Roten Wenzel‹ nannte.

Der ›Rote Wenzel‹ war ein Mensch, der dem Bier mehr zusprach, als gut war und sein Geldbeutel vertragen konnte. So waren wieder einmal seine Taschen leer, der Durst aber riesengroß. Und weil er sich keinen anderen Rat wusste, rief er den Wirt zu sich und flüsterte ihm ins Ohr: ›Ein gutes Geschäft wüsste ich für Euch, Wirt! Ich kann ein Geschäft machen, das ein Zehnfaches an Gewinn bringt!‹

›So lasst Euch nicht aufhalten, Wenzel‹, sagte der Wirt.

›Ja, wenn ich nur das Geld dazu hätte! Doch das fehlt mir zur Zeit und so wollte ich Euch fragen, ob Ihr nicht mein Kompagnon sein möchtet.‹

›Wie viel braucht Ihr denn an fremden Talern?‹

›Fünfzig würden reichen! Und nur für kurze Zeit. Schon in einer Woche habt Ihr es mit dem Zugewinn zurück!‹

›Und wie viel bringt mir das an Gewinn?‹, fragte der Wirt, der geldgierig geworden war.

›Das Fünffache wird Euch werden‹, versprach der ›Rote Wenzel‹.

Der Wirt leckte sich die Lippen im Gedanken an den großen Gewinn und erklärte: ›Wartet einen Moment, ich werde mir's überlegen!‹ Die Gier nach dem Gewinn überwog und so zahlte er dem Viehhändler die fünfzig Taler und sagte: ›Aber schweigt zu jedermann, es muss niemand wissen, dass mein Biergeschäft solchen Profit abwirft!‹ Der ›Rote Wenzel‹ versprach zu schweigen, strich die fünfzig Taler ein und ging eilig davon.

Der Wirt wartete auf den zugesagten Gewinn. Tage vergingen, Wochen zogen dahin, doch weder die Zinsen noch das geliehene Geld brachte ihm der ›Rote Wenzel‹.

So schnaufte der Wirt die steile Treppe zur Wohnung des Viehhändlers hinauf, klopfte an dessen Tür und wartete. Es rührte sich nichts. Der Wirt klopfte heftiger, drohte und schrie laut: ›Ihr seid ein Verbrecher, Wenzel, ein Lump! Gebt mir meine fünfzig Taler zurück!‹

Der ›Rote Wenzel‹ öffnete seine Tür, streckte das Gesicht heraus und erwiderte: ›Was wollte Ihr, Wirt? Die fünfzig Taler gab ich Euch bereits nach acht Tagen zurück! Doch wenn Ihr wollt, so geht und verklagt mich! In Preußen wird mir mein Recht werden!‹

Außer sich vor Ärger und Wut verließ der Wirt den Schuldner und ging stracks zum Spandauer Gericht, um den ›Roten Wenzel‹ zu verklagen.

Der ›Rote Wenzel‹ wurde angeklagt, und ich, als junger Richter, bekam diesen Fall zugewiesen. Die Stunde, zu der die Verhandlung sein sollte, rückte näher. Ich befahl dem Gerichtsdiener, die Schwurkerzen anzuzünden, denn ich wollte mit allen Mitteln des Rechts die Wahrheit herausfinden. So sah mein Amtszimmer recht feierlich aus, als die streitenden Parteien es betraten. Auch eine Menge Zuhörer hatten sich eingefunden. Meist waren es Gäste des Wirtes und alle warteten auf das Urteil.

Ich befragte also den Viehhändler: ›Ihr behauptet, die fünfzig Taler an den Wirt des *Goldenen Fasses* zurückgegeben zu haben?‹

›Ja, Herr Richter, gleich nach acht Tagen!‹

›Und Ihr, Herr Wirt, Ihr bleibt dabei, das Geld nicht zurückerhalten zu haben?‹

›Jawohl, Herr Richter‹, erwiderte der Wirt.

›Ich gab's zurück, das kann ich beschwören‹, fuhr der ›Rote Wenzel‹ in meine Befragung.

›So steht Aussage gegen Aussage und ich will, dass Ihr die Hand zum Schwur hebt, Wenzel Kupec! Seid Ihr dazu bereit?‹

›Selbstverständlich kann und werde ich dies beschwören, Herr Richter!‹

›So hebt die rechte Hand zum Eid!‹

›Entschuldigt, hoher Herr, aber darf ich dem Kläger Hut und Stock für die Zeit des Eides anvertrauen? Es schwört sich besser ohne diese!‹

Ich gab dem Beklagten die Genehmigung und der ›Rote Wenzel‹ legte beides in die Hände des Wirtes. Dann hob er die Schwurhand und leistete den Eid, dem Wirt vom *Goldenen Fass* die fünfzig Taler zurückgegeben zu haben.

Nun war der Prozess eigentlich zu Ende und der Viehhändler hatte ihn gewonnen. Als er aber sehr eilig auf den Wirt zuging, um Hut und Stock zurückzufordern, da fiel mir etwas auf. Einen Stock wie diesen hatte auch mein Vater besessen. Er war hohl gewesen und mein Vater füllte ihn stets mit einem guten Weinbrand. Der silberne Knauf ließ sich abschrauben und diente ihm als Becher.

Kaum hatte der Viehhändler den Stock zurück, rief ich ihn zu mir und sagte: ›So ein schönes Stück sah ich selten. Wollt ihr mir die Freude machen und ihn mir reichen, damit ich ihn bewundern kann?‹

Der ›Rote Wenzel‹ kam, wenn auch nur ungern, meiner Bitte nach. Ich aber schraubte langsam, sehr langsam, den Knauf des Stockes ab, stets in sein Gesicht sehend. Immer blasser wurde das Gesicht des Böhmen, und als ich den Knauf vom Stock gelöst hatte und diesen nun ausleerte, rollten die fünfzig Taler auf den Gerichtstisch, genau zwischen die Schwurkerzen und das Kruzifix. Blass wie der Tod stand nun der Meineidige. Und ich hatte mir für ihn ein gerechtes Urteil auszudenken.

Einen Meineid direkt hatte er nicht geleistet, denn den Stock mit den Talern hatte er ja dem Wirt gegeben, wenn auch nur für die kurze Zeit des Eides. Und so bedachte ich mich und kam zu dem Ergebnis, dass es sich um einen Schelmeneid gehandelt hatte. Und ich verurteilte den ›Roten Wenzel‹, zeit seines Lebens eine seidene Schnur um den Hals zu tragen, für jedermann als Zeichen seiner Schande zu erkennen. Einmal im Jahr, so lautete mein Urteil weiter, habe er sich bei dem Henker der Stadt einzufinden und diesem fünfzig Taler zu übergeben, die für die Armen von Spandau bestimmt sein sollten. Und weil der ›Rote Wenzel‹ recht alt wurde, hatte er reichlich Strafe für seinen Schelmeneid zu zahlen.«

Es war still geworden im *Café Stehely*. Alle Gäste hatten gespannt auf die Geschichte des alten Richters gelauscht und klatschten kräftig Beifall, als er zum Schluss gekommen war.

Und wieder drang die helle Stimme eines Studenten durch das Stimmengewirr der Gäste: »So wie der ›Rote Wenzel‹ betrog, so stecken die Geldsäcke auch heute noch das Geld der Armen ein und lassen sie hungern! Ein Ende muss das haben!«

»Fürsten zum Land hinaus, wir bauen ein neues Haus für den Arbeitsmann«, stimmten einige Gäste an. Schnell schwiegen sie aber wieder, denn vor dem Café, auf der Treppe zum Eingang, hörte man laute Kommandos, Schritte genagelter Stiefel klangen laut auf dem Pflaster und eine helle, fast noch knabenhafte Stimme kommandierte: »Vorwärts marsch, ihr Leute, stürmt das Revoluzzernest!«

Unruhe war in den Räumen des Cafés aufgekommen. Viele versuchten, durch die kleinen Fenster zu fliehen. Nur wenigen gelang es. Fritz flüsterte Simon ins Ohr: »Hau ooch ab, Simon, wenn se dir fassen, denn jibt't bestimmt Ärjer und se schieben dir ab in de kalte Heimat!«

»Du hast Recht, Freund! Wir treffen uns, wenn alles gut geht, bei euch daheim. Und wenn man dich verhaftet, werde ich deine Mutter schon beruhigen können!« Mit diesen Worten war Simon in der quirligen, aufgebrachten Menge verschwunden. Fritz hoffte sehr, dass es dem Freund gelingen würde, den Uniformierten zu entkommen.

Der Tabakqualm entwich schnell durch die geöffneten Fenster. Ein sehr junger Leutnant sprang auf den Tisch, um Überblick über die Versammlung zu bekommen. »Im Namen des Königs«, schrie er und seine helle Stimme kippte um und kiekste, »befehle ich den hier Anwesenden, sich in einer Reihe zu zwei Mann zu formieren und auf mein Kommando diesen Ort zu verlassen. Den Anordnungen der begleitenden Soldaten ist unbedingt Folge zu leisten! Das Militär hat Befehl, bei Zuwiderhandlungen von der Schusswaffe Gebrauch zu machen!«

Die Revoluzzer zogen ab. Alle Jahrgänge waren unter ihnen, von ganz jung bis uralt. Neben ihnen gingen die Soldaten, die Gewehre schussbereit, so als seien es Schwerverbrecher, die sie abführten.

Einer von ihnen wollte den anderen Mut machen und so stimmte er ein Lied an und die anderen sangen mit:

»Und sperrt man mich ein
im finsteren Kerker,
das alles sind rein
vergebliche Werke,
denn meine Gedanken
zerreißen die Schranken
und Mauern entzwei:
Die Gedanken sind frei!«

»Ruhe«, schrie der Leutnant, »Singen verboten!«

Die Freisinnigen schwiegen. Dann aber begann einer aus der Kolonne der Verhafteten zu pfeifen. Erst leise und zaghaft, dann aber immer lauter und selbstbewusster pfiffen nun alle die aufrüttelnde Melodie, die schon die Kämpfer der Französischen Revolution begleitet hatte: die Marseillaise!

In der Stadtvogtei waren die Beamten auf die Ankunft der Festgenommenen vorbereitet. Obwohl das Gewahrhaus stets überfüllt war, hatten sie eilig zwei Massenzellen frei gemacht, und als die Eskortierten aus dem *Café Stehely* eintrafen, zählten sie die Gefangenen und schlossen sie ein.

Für die preußischen Büttel, alles ehemalige Soldaten,

die nun im Alter durch königliche Gnade diesen Dienst tun durften, wurde es eine unruhige Nacht. Auf den leisen Sohlen ihrer Hausschuhe, die sie während des Nachtdienstes tragen durften, schlichen sie durch die Gänge und lauschten angestrengt.

»Freiheit, die ich meine, die mein Herz erfüllt«, schallte es laut und ohne jede Furcht durch die muffigen Zellen. Eifrig schrieben die Wärter nieder, was sie hörten.

Auch Fritz Puvogel sang mit und schlug wie die anderen den Takt dazu.

Auf den Fluren schlurften die Büttel weiter, zuvor aber trommelten sie, lauthals Ruhe fordernd, mit ihren Holzknüppeln gegen die Zellentüren.

Der Richter seiner Majestät des Königs hielt die Freisinnigen zwei Tage und zwei Nächte in der Stadtvogtei gefangen. Er vernahm sie, sofern sie überhaupt zu einer Aussage bereit waren, vermerkte ihre Personalien und entließ sie zu Beginn der dritten Nacht, als die Dunkelheit hereinbrach, aus des Königs Herberge. Auf dem Weg heimwärts knurrte Fritz vor sich hin, als er die Opernkarte in seiner Tasche fand: »Adjeh, Opernbesuch. Dafor hatte ick det Theater hier hinta Jittern!«

*

Simon hatte Rike in den Arm genommen und sie herzlich an sich gedrückt. »Sorgen Sie sich nicht, Mutter Rike, dem Fritz geht es bestimmt nicht schlecht. Er ist unter Menschen, die wissen, was sie tun, und die es nicht zulassen, dass Ihrem Sohn etwas Böses geschieht! Es ist eine feste Gemeinschaft, da gilt das Wort: Einer für alle, alle für einen!«

Simon hatte Rike in Diamants Küche getroffen, wo sie gerade dabei war, Töpfe, Tiegel und Pfannen zu säubern. Damit wäre ihre Arbeit getan und sie dürfte endlich heimgehen. An diesem Tag war Röschen Wandeltal mehrere Male zu Rike in die Küche gekommen, hatte sich auf einem Stuhl niedergelassen und ihrem Ärger über ihre Verwandtschaft aus Treuenbrietzen Luft gemacht:

»Wat denkt sich diese krümelige Verwandtschaft eijentlich? Nischt im Beutel, nischt im Sack, aber eene jroße Klappe und Hochmut bis zu de dreckijen Stehkragen!

Eenen Juden will se heiraten, die Rosa, det jute Kind. Een bisken doof war se ja schon immer. Unjlücklich wird se werden, und der Kerl mit de fremde Religion wird se sitzen lassen, womöglich noch mit Jöhren, wenn er eene andere findet, eene mit Jeld und von seinem Jlauben! So sprechen die! Können Se sich det vorstellen, Rike? Die kennen den Diamant nicht mal und wissen nischt von ihm und dann führen se so miese Reden, det nischt jutet an ihm bleibt! Schämen soll sich die Bagage. Ick habe den Gil schon belabert, er soll de Treuenbrietzener ausladen, aber der jute Kerl sagt: ›Nee, das geht nicht, das ist deine Familie und eine Hochzeit ohne Familie ist keine rechte jüdische Hochzeit!‹ Ick will se aber trotzdem nich sehen, und wenn ick't schaffe, denn lädt er se doch noch aus. Ich mag det Pack nich mehr! So über meinen Diamant herzuziehen, nee, pfui Spinne! Ick jifte mir wie Rumpelstilzchen, wenn ick nur an se denke!«

Nun saß Simon auf dem Stuhl, den Röschen vorher angewärmt hatte, und träumte vor sich hin. »Wann soll denn die Hochzeit sein?«

»Sobald die Verwandtschaft vom Diamant eingetroffen ist. Es ist bereits alles vorbereitet und Frau Rosa hat fleißig alle Gebete und Sprüche gelernt, die sie kennen muss, wenn sie jüdisch ist!«

»Dann ist sie also noch nicht übergetreten? Da wird es aber Zeit!«

»Sie sagt, Rabbi Feinstein ist jeden Tag dazu bereit, und ich glaube, die Frau Rosa freut sich direktemang, dass sie bald jüdisch sein wird!«

»Sie liebt ihren Diamant, so wird's sein.«

Rike stellte das Kochgeschirr in den Schrank und forderte Simon auf: »Komm, lass uns nach Hause gehen. Ich bin lange genug auf den Beinen. Meine Füße brennen wie Feuer!«

Siebtes Kapitel

In der Nacht zum 21. Januar war in der Kasse der Königlichen Universität eingebrochen worden. Es war ein Einbruch, der mit Frechheit, aber auch mit Umsicht durchgeführt worden war und bei dem mehr als zweitausendfünfhundert Taler gestohlen wurden.

Wie die Einbrecher in das gut gesicherte Gebäude gekommen waren, konnte die Polizei über lange Zeit nicht ermitteln. Es gab keine andere Möglichkeit, als dass sie mit Nachschlüsseln gearbeitet hatten. Acht Türen waren zu öffnen gewesen und dann zwei eisenbeschlagene Geldkisten. Alles war in der Dunkelheit der Januarnacht geschehen, und so leise, wie die Einbrecher gekommen waren, verschwanden sie auch wieder. Sie ließen keinerlei Hinweis zurück, weder auf ihre Person noch auf den Einbruch selbst, denn alle Kisten und Türen waren wieder so verschlossen, als sei nie ein Einbrecher in der Universität gewesen.

Nun standen die Herren von der geheimen Polizei ratlos herum, schauten mal hier mal dort in die Ecken, fanden aber außer Spinnen und Mäusekot nichts, was auf die Diebe hingewiesen hätte.

Der Polizeipräsident kam mit seiner vierspännigen Kutsche vorgefahren, betrachtete den Ort des Verbrechens sehr genau und ließ sich dann beim Dekan der Universität melden.

Der Sekretär führte ihn bis in das Arbeitszimmer des Dekans, der dem Polizeipräsidenten höflich, aber nicht gerade freudig entgegenkam. »Schön, Sie wieder einmal zu sehen, von Schlettau, nur schade, dass der Anlass so trüber Art ist.«

Präsident von Schlettau zog den hohen Hut, der sehr einem Zylinder glich, stellte ihn auf einem Tisch ab und reichte dem Dekan die Hand zur Begrüßung: »Ärgern Sie sich nicht zu sehr, Herr von Maiser. Die Königliche Polizei hat bisher beinahe jeden Diebstahl aufgeklärt. Wir werden die Verbrecher auch diesmal dingfest machen!«

»Wollen es hoffen, Herr Präsident, wollen es hoffen! Wenn ich die Einbrüche der letzten Monate vor meinen Augen Revue passieren lasse, dann bin ich nicht sehr hoffnungsvoll. Immer waren es große Behörden und Firmen in unserer Stadt, die unter den dreisten Einbrüchen zu leiden hatten, und noch immer sind diese Missetaten nicht geahndet.« Der Dekan sah, dass das Gesicht des Polizeipräsidenten von Schlettau blau-rot anlief. Selbst das Weiße in seinen Augen färbte sich leicht rot, sodass von Maiser, der ein gutmütiger Mann war, ihn aufforderte: »Setzen Sie sich doch, Herr Präsident! Schonen Sie sich! Ich bin überzeugt, dass Sie und Ihre Männer alles tun werden, um das Verbrechen aufzuklären.«

Herr von Schlettau schnaufte einige Male schwer, dann schien er ruhiger zu werden und sagte leise: »Ich kann mir nicht helfen, aber ich bin überzeugt, es ist immer wieder dieselbe Bande. Die Art, wie sie ihre Verbrechen ausführen, weist darauf hin! Es sind sehr raffinierte Verbrecher und wahrscheinlich stammen sie nicht aus dem untersten Stand. Schon daher werden wir sie fassen!«

Der Dekan ging nachdenklich in seinem Zimmer umher. »Diese Gauner scheinen sehr fest zusammenzuhalten. Vielleicht sind es Männer, die zusammen im Zuchthaus gesessen sind und eine Art Verein gegründet haben.«

»Oder es sind Juden, die aus diesen polnischen Nestern zuwandern und zusammenhalten wie Pech und Schwefel!«

»Bis jetzt sind das wohl alles nur Vermutungen. Und ich wehre mich dagegen, die Juden zu verdächtigen. Alle aus dieser Gemeinschaft, die ich kenne, sind ordentliche, tüchtige Menschen. Auch viele meiner Studenten kommen aus jüdischen Kreisen. Warum sollten die Verbrecher gerade Juden sein?«

»Sie sind schlau und gerissen und wissen immer, wo etwas zu stehlen ist!«

»Ach, Herr Präsident, so hören Sie doch endlich auf mit diesen Verdächtigungen, es klingt gerade so, als seien Sie ein Judenfeind.«

»Feind hin, Feind her ... Freunde sind sie mir nicht!«

*

Es war schon spät in der Nacht, Moses Loew und drei seiner Freunde saßen seit vielen Stunden in einer kleinen Stube, deren Tür hinter einer Kaminattrappe verborgen war und sich nur öffnen ließ, wenn man auf den richtigen Knopf drückte und ihn drehte. Und von diesen Knöpfen gab es viele am Kamin.

Die vier Männer fühlten sich in dem versteckten Raum sehr sicher, sie leerten eine Flasche Wodka nach der anderen und lachten laut und ungeniert. Vier Ledersäcke lagen vor den Männern auf dem Tisch. Der »Schwarze Moische« sagte mit wichtigtuerischer Stimme: »Wer von euch dafür ist, dass wir die Beute zu der anderen legen und sie dort eine Zeit lang verwahren, der soll die Hand zum Zeichen des Einverständnisses heben!« Er selbst hob als Erster die Hand. Seine Gesellen, die zunächst noch zögerten, taten es ihm dann gleich.

»Wir sollten uns in den kommenden Monaten zurückhalten«, sagte Levi Blumenthal. »Wir haben mit unseren Einbrüchen so viel Aufsehen erregt, dass selbst der König und seine Minister über uns und unsere Taten stundenlang debattierten!«

»Woher weißt du das, Levi?«

»Ein Gauser, der einen in seiner Mischpoke hat, der als Lakai im Schloss die Öfen heizen muss und immer wieder Holz nachlegt, hat es gehört, als er nachheizte!«

»Was hat er dir gesagt?«

»Die Minister, die Balboß von den Gausern, und – Gott soll schützen – der König, sie alle waren zornig. Aber der Polizeipräsident hat ihnen versprochen, die Ganewim* bald in Gewahrsam zu nehmen. Fünfzig geheime Agenten sind überall in Berlin unterwegs und halten ihre Ohren offen. Jede Chochemer-Bajes* und jede Spelunke wird ausgeforscht. Und es soll derjenige eine große Belohnung erhalten, der den Agenten die Verbrecher bekannt gibt!«

»Also uns«, stellte Moses Loew fest.

»Ja, uns«, bestätigte Horowitz.

»Gewalt geschrien«, mischte sich nun der vierte der Ganoven-Chawruße* ein. »Wir müssen schnell alle Werkzeuge verstecken, damit niemand sie findet, der uns verraten könnte«, forderte Herschel Sachse.

Moses Loew beruhigte die Freunde. »Nicht einmal ihr wisst, wo ich die Werkzeuge versteckt habe. Mein Versteck ist so gut, dass ich selbst es kaum finde!« Er lachte aus vollem Mund und die anderen lachten mit ihm.

Blumenthal erhob sich, ging nervös einige Schritte und blieb dann am schmalen Fenster stehen. Draußen zog bereits grau der Morgen herauf. »Zeit für das Morgengebet!«, sagte Blumenthal. »Lasst uns gehen, ihr Männer, damit wir nicht zu spät kommen.«

Die beiden anderen, Horowitz und Sachse, erhoben

sich wie auf ein Kommando und dann stand auch der »Schwarze Moische« auf und öffnete die Geheimtür mit einem Knopfdruck.

Die Männer drückten sich durch den engen Durchlass. Im anderen Zimmer angekommen, schloss Loew die Tür wieder. Nichts deutete auch nur im Geringsten darauf hin, dass der Kamin der Eingang zu einem geheimen Versteck war.

Mit dem Gruß »Schalom alejchem« verabschiedeten sich die drei.

»Alejchem schalom«, erwiderte Moses Loew und schloss die Tür hinter der Chawruße.

Mit vollem Klang schlug die Standuhr und verkündete die Stunde des Gebetes. Loew ging zum Wasserbehälter, goss nach vorgeschriebenem Ritual das Wasser über seine Hände, trat vor den Gebetsständer, öffnete den Deckel und entnahm die Gebetsriemen und das Gebetbuch.

Nach einem schnell gesprochenen Gebet wickelte er sich nun die Gebetsriemen, wie es vorgeschrieben war, um Arm und Hand und legte sie so um den Kopf, dass sich der kleine lederne Behälter mitten auf der Stirn befand. In diesem Behälter befanden sich winzige Pergamentrollen, auf denen Gebote geschrieben standen. Loew wickelte die Riemen an diesem Morgen so fest wie kaum zuvor. Er wollte ganz bewusst die Schmerzen spüren. Ganz tief in ihm drinnen war ihm klar, dass er gegen die Gebote des ewigen Gottes verstoßen hatte und immer wieder verstieß. Er nahm sich fest vor, das Rauben und Stehlen zu lassen, wusste aber im selben Augenblick schon, dass sein Wille zu schwach war, dem Vorsatz die Tat folgen zu lassen.

»Du sollst nicht stehlen«, dröhnte es laut in seinem Kopf, »nicht stehlen … nicht stehlen«, dann aber zwang er sich, zum vorgeschriebenen Wortlaut des Morgengebetes zurückzukehren. »Höre, Israel, der Ewige, unser Gott, der Ewige, ist einzig! Gelobt sei der Name der Herrlichkeit seines Reiches immer und ewig!«

Als er die Gebetsriemen ablegte, glaubte er eine Stimme in sich zu hören: »Dein Tun ist Verrat am Ewigen, Verrat am Ewigen ... Verrat!« Moische Loew bedeckte sich mit dem Gebetsmantel und ließ sich wie tot zu Boden fallen. Sein Herz raste und in seinen Ohren rauschte es unaufhörlich: »Verrat, Verrat, Verrat!«

*

Polizeipräsident von Schlettau hörte interessiert zu, was Kriminalrat Bösler ihm zu berichten hatte.

Zur Zeit des Einbruchs in die Kasse der Universität hielten sich zwei professionelle Diebe in Berlin auf, die in Braunschweig lebten und dort mit gestohlenem Schmuck und Antiquitäten handelten.

Diese Brüder, Josef und Chaim Posner, waren von der Berliner Polizei verhaftet worden, als man sie zusammen mit einem Geheimagenten bei einem Handel überraschte, bei dem gestohlene Pretiosen den Besitzer wechseln sollten. Als der Geheimagent das Geld in Empfang nahm und die Braunschweiger die Schmuckstücke einstecken wollten, griffen die Polizisten zu. Man brachte die beiden Brüder in eine enge Zelle des Polizeipräsidiums, wo sie noch einsaßen, als der Kriminalrat seinem Vorgesetzten Bericht erstattete. Die Berliner Polizei hatte genügend Beweise für die verbrecherische Tätigkeit der Brüder gefunden, die ausgereicht hätten, sie aus Preußen und dem Herzogtum Braunschweig auszuweisen und in ihr Schtetl namens Bitsche zurückzuschicken.

So einfach war die Sache aber nicht. Wie sich herausstellte, standen die Posners in geheimen Diensten des Herzogs von Braunschweig. Um sich selbst zu schützen, hatten sie ihm angeboten, für die Herzogliche Polizei als Auskundschafter zu arbeiten. So drückte die Braunschweiger Polizei beide Augen zu, wenn die Brüder eine Sache ausbaldowerten, und setzte immer nur die Ganoven fest, die von den Posners verpfiffen worden waren. Die Brüder standen also stets an der Grenze zwischen Freiheit und Gefängnis, von den Händen des Herzogs gnädig beschützt. Man munkelte, dass auch Herzog Carl seine trüben Geschäfte mit den Brüdern Posner machte und viele der kostbaren Edelsteine in seinen Schatullen aus Verbrechen stammten, an denen die Brüder beteiligt waren.

Im Hinterzimmer der Ganovenkneipe *Zur juten Jelejenheit* hatte es nur ein kurzes Handgemenge gegeben. Die Berliner Polizisten hatten hart zugegriffen und ehe die Braunschweiger recht wussten, was geschah, waren sie schon abgeführt und saßen im zugigen Gefangenenwagen, der sie zum Polizeipräsidium fuhr.

Herr von Schlettau schlug erfreut mit der Faust auf seinen Schreibtisch. »Vielleicht haben wir jetzt endlich die Chance, hinter die Kulissen zu sehen und die Berliner Ganoven zu fassen. Wir werden die Braunschweiger so lange verhören, bis sie uns einen nützlichen Hinweis geben!«

*

Aaron Seidenfad, der fahrende Händler aus Bitsche und Umgebung, war vor den Toren Berlins angekommen. Goliath, sein mageres Pferd, hatte sich auf dem weiten Weg von Bitsche in die große Stadt recht gut gehalten, aber kurz vor den Toren Berlins wollte es nicht mehr weiter. Es weigerte sich, ließ den Kopf hängen und atmete schwer. Aus seinen großen, immer traurig blickenden Augen rann Wasser und es war Aaron Seidenfad, als würde sein Goliath weinen. Er streichelte das Pferd immer wieder, und als er fühlte, wie sehr dessen Flanken zitterten, breitete er eine Decke unter dem Tier aus.

Es schien, als habe Goliath nur auf diese Decke gewartet. Das Tier ging erst mit den Vorderfüßen zu Boden, dann sackte der ganze Körper zusammen. Röchelnd ging der Atem des alten Pferdes, seine Augen traten hervor und es sah Seidenfad an, als wolle es ihn um Hilfe anflehen.

Die Torwächter kamen heran. Sie wollten sich das Schauspiel nicht entgehen lassen. Schon öffnete Aaron Seidenfad den Mund, um die Wächter um eine Kugel für das sterbende Pferd zu bitten, da röchelte Goliath ein letztes Mal und streckte sich.

Der Leutnant der Wache sprach Seidenfad an. Dass er den Juden nur ungern eines Wortes würdigte, sah man an den verächtlich aufgestülpten Lippen und den schrägen Blicken. »Bevor wir dich nach Berlin einreisen lassen, nenne mir deinen Namen, Jude! Dann musst du den Abdecker kommen lassen und ihm den Lohn zahlen, der ihm zusteht für die Beseitigung des Kadavers. Auch musst du uns vorweisen, dass du im Besitz einer genügenden Geldsumme bist, die für die nächste Zeit deine Existenz in der Residenzstadt sichert. So lautet das Gesetz, unterschrieben von seiner Majestät dem König und seinen Ministern!«

Aaron Seidenfad griff in die Tasche und zog einen Lederbeutel hervor. Er öffnete ihn, ließ einige goldene Louisdor, die noch aus der Zeit des Großen Friedrich stammten, in die Hand rollen und zeigte sie dem Leutnant. »Genügt das, Herr Leutnant? Und sollte es nicht genügen, so ist noch mehr Gold im Beutel!«

»Das Gesetz ist vollauf erfüllt. Nun aber erkläre mir, was dich nach Berlin führt.«

»Ich komme als Beauftragter des Rabbi Efraim von Bitsche«, erwiderte Aaron. »Als fahrender Händler komme ich weit herum im Land und so bat mich der Rabbi, in Berlin nach einem Knaben aus der Gemeinde auszuschauen, der eine Waise ist und nun von guten Verwandten gesucht wird, die in Amerika leben und ihn bei sich haben wollen.«

Der Leutnant verzog den Mund zu einem spöttischen Lächeln. »Wie willst du eine Nadel im Heuhaufen finden?«, fragte er und fügte hinzu: »Berlin hat mehr als vierhunderttausend Einwohner und tagtäglich kommen noch mehr hinzu. Und aus dieser Menschenmenge willst du einen Burschen herausfinden? Dein Rabbi verlangt von dir ein Wunder!«

»Der Rabbi gab mir den Namen eines Mannes mit auf den Weg. Der wird wissen, wo ich suchen muss.«

Aaron Seidenfad beugte sich über das tote Pferd, strich ihm sanft über das Fell, so, als fürchte er, den Schlaf des Tieres zu stören, dann machte er sich daran, die Wagendeichsel vom Geschirr zu lösen.

Wütend blaffte der Leutnant ihn an: »Wie kannst du dich unterstehen, dich bei der Vernehmung von mir abzuwenden? Ich stehe hier als Vertreter des Königs!«

»Verzeiht mir, Herr Leutnant, ich tat nur meine Arbeit. Den Wagen mit der Ware kann der Abdecker nicht gebrauchen, und so habe ich ihn abgeschirrt und wollte Euch bitten, ihn gegen harte Münze von Euren Leuten in Verwahr nehmen zu lassen.«

Als der Leutnant von »harter Münze« reden hörte, hellte sich sein Gesicht etwas auf. »Der Karren soll also im Blickfeld der Wachen verwahrt werden! Was denkst du denn, für die Verwahrung zu zahlen, Jude?«

»Für jeden Tag, an dem der Wagen in Eurer Obhut ist, zahle ich einen Silbertaler, Herr Leutnant.«

»Zahle mir für drei Tage das Geld im Voraus. Man hört zu viel Schlechtes von euch Juden, sodass man euch nicht recht vertrauen kann!«

»Ich vertraue Euch ja auch die Waren an, die auf dem Wagen verpackt liegen ...«

»Wie kannst du dich unterstehen, uns beide zu vergleichen? Du bist ein Jude, ich aber Offizier im Dienste des preußischen Königs!«

»Lasst es gut sein, Herr Leutnant. Hier, nehmt die drei Taler und vertraut mir, wie ich auch Euch vertraue, und verwahrt mir meine Ware gut!«

Der wachhabende Offizier griff nach dem Silbergeld, das der Jude ihm hinstreckte. »Und einen Taler gib mir für den Abdecker, denn auch der will leben!«

Aaron warf noch einen Blick auf das tote Pferd, zog den Silbertaler aus der Tasche und reichte ihm dem Offizier. Schon war er im Begriff zu gehen, als der Leutnant ihn noch einmal zurückrief: »Wo willst du dich denn nach dem Burschen erkundigen?«

»Ich weiß nicht recht. Der Bitscher Rabbi sprach von einem Rabbi mit Namen Feinstein. Ich weiß aber nicht, wo ich ihn finden kann.«

»Suche in der Grenadierstraße oder frage deine Glaubensbrüder in den Straßen der Mulackei. Sie werden dir weiterhelfen können!«

Aaron Seidenfad bedankte sich unter vielen Verbeugungen und betrat die preußische Residenz durch das alte, fast schon verfallene Stadttor. Fromm sagte er ein Gebet vor sich hin: »Gelobt und gepriesen bist du, Ewiger, König und Herr, der du mich bis hierher geführt hast, und lenke auch weiterhin meine Schritte, Amen!«

*

Schon zwei Stunden später schritt Aaron Seidenfad durch die Straßen der Mulackei. Gelegentlich schüttelte er verwundert den Kopf, denn die verfallenen Häuser erinnerten ihn an Ruinen und es fiel ihm schwer zu glauben, dass in diesen Gebäuden noch Menschen leben sollten.

Er hatte Passanten, von denen er glaubte, dass sie jüdisch seien, nach dem Rabbiner gefragt, und weil der Fremde in seinem Mantel aus sibirischem Wolfsfell aussah wie ein wohlhabender Mann und dazu noch freundlich war, hatten sie ebenso freundlich Antwort gegeben. Sie hatten ihm erklärt, dass die Synagoge in der Grenadierstrasse recht versteckt lag und dass sie nur durch einen engen Schlupf zu erreichen war, der die Häuser vor dem Übergreifen der oft ausbrechenden Brände schützen sollte.

So achtete Seidenfad nun auf die Brandwege zwischen den Häusern und er atmete auf, als er über einem der engen Gänge das Symbol der Judengemeinden, den siebenarmigen Leuchter erkannte, der aus Holz geschnitzt war und darauf hinwies, dass dieser Weg zum Bethaus führte.

Nach wenigen Schritten befand sich Aaron Seidenfad auf einem umbauten Hof. Alles hier erinnerte ihn an die Schtetl im Osten. Windschief waren die Wände und die Dächer an vielen Stellen ohne Dachschindeln, sodass der Regen ungehindert Eingang in die Häuser fand. Nur eines der Gebäude war einigermaßen hergerichtet: das Bethaus, mit der angrenzenden Rabbinerwohnung.

Auf dem Hof verharrte Seidenfad. Alte Kisten moderten in einem Winkel vor sich hin und an den Hauswänden nach Norden zu lagen noch Schnee und Eisreste des vergangenen Winters.

Seltsam, dachte Aaron, der Schnee hält sich lange in diesem Jahr. Purim* ist bereits vorüber und doch zeigt der Winter immer noch Fetzen seines weißen Kleides!

Neugierig sah er sich um. Aus den Kaminen des Bethauses wie auch der Rabbinerwohnung stieg Rauch in den grauen Himmel und zeigte an, dass hier Menschen lebten.

Mit zwei, drei Schritten war Aaron vor dem Haus des Rabbi, suchte nach einer Klingel und klopfte, als er keine fand, hart mit der Faust gegen die Eingangstür.

Im Haus rührte sich etwas. Schlurfende Schritte kamen näher und dann fragte eine Frauenstimme: »Was kann ich tun für Euch? Sagt mir Euren Namen und Begehr, sagt mir, woher Ihr kommt, und ich werde sehen, ob der Rebe zu sprechen ist, denn es ist gerade ein Brautpaar zu Gast!«

»Aus Bitsche komme ich, fahrender Handelsmann bin ich und mein Name ist Aaron Seidenfad. Der Bitscher Rebe hat mich in die Königsstadt geschickt. Hier in Berlin soll ich nach einem Bocher suchen, weiß aber nicht, wo ich suchen soll. Und so komme ich, den Rebe zu fragen, ob er mir helfen kann!«

»So wartet eine kurze Weile. Ich werde fragen!« Wieder hörte er die schlurfenden Schritte, die sich jetzt entfernten.

Seidenfad wartete. Er beschaute sich das Bethaus und kam zu dem Ergebnis, dass die Synagoge in Bitsche weitaus größer und schöner war als diese hier auf dem Hinterhof in der Mulackei. Ja, so hatte doch der Leutnant am Stadttor dieses Stadtviertel genannt.

Wieder hörte er schlurfende Schritte. Jemand drehte den Hausschlüssel im Schloss und öffnete die Tür. Eine mollige Frau, schon in den fünfziger Jahren, ein graues, selbst gestricktes Wolltuch um die Schultern tragend, stand in der Tür und winkte ihm, hereinzukommen.

»Ich bin die Rebezn! Der Rebe lässt Euch um ein wenig Geduld bitten. Und nun tretet ein, Aaron aus Bitsche, und seid gegrüßt mit einem herzlichen Baruch haba!«

Aaron streckte seine rechte Hand nach der am Türpfosten befestigten Mezusa* aus. Sie war aus fein ziseliertem Silber hergestellt. Er berührte sie und sagte dabei leise einen frommen Spruch.

Die Rebezn hatte gesehen, dass der Gast ein frommer Mann war, und sie sagte: »Ich muss Euch für einige Zeit allein lassen, denn ich habe einen Dienst für die Gemeinde zu tun. Ich muss einer Christin alles beibringen, was eine jiddische Frau wissen muss, wenn sie jiddisch heiraten und mit ihrem Mann auf jiddische Weise leben will. Geduldet Euch also, bis der Rabbi Zeit für Euch findet, und ich denke, es wird bald so weit sein. Und nun setzt Euch und lest etwas. Es stehen einige Bücher, von jiddischen Autoren in Jiddisch geschrieben, auf dem Regal. Ihr dürft sie nehmen und Euch die Zeit damit vertreiben.«

Seidenfad schaute sich um. Es war ein einfach eingerichtetes Vorzimmer, in das die Rebezn ihn geführt hatte. Er nahm eines der Bücher vom Regal und begann darin zu lesen. Bald vergaß er alles um sich herum, nicht zuletzt die Zeit.

Gerade als die Geschichte dem Höhepunkt zustrebte und ihm die Röte der Spannung ins Gesicht trieb, rüttelte ihn jemand an der Schulter. Seidenfad schrak auf, sah einen Mann vor sich stehen, in dem er sofort den Rabbi Feinstein vermutete, und er erhob sich so schnell, dass ihm das Buch aus der Hand fiel.

Ein junger Mann, der neben dem Rabbi stand, hob das Buch auf. Es machte ihm Mühe, denn sein Bauch war ihm dabei hinderlich.

»Ihr seid Aaron Seidenfad aus Bitsche?«, stellte Feinstein fragend fest und Aaron nickte bescheiden, um sich sofort darauf bei dem dicken Helfer zu bedanken.

Gil Diamant winkte ab. »Nichts zu danken. Muss mir, ob ich will oder nicht, Fett abhungern, denn eine gute Ehe verträgt dicke Wänste nur selten!« Er lachte und es schien, als wolle er nie mehr damit aufhören.

Aaron versuchte das Lachen zu übertönen. Laut rief er dem Rabbi zu: »Ja, Rebe, ich komme aus Bitsche, bin geschickt von Reb Efraim und nenne mich Seidenfad, Aaron Seidenfad!«

»So weit, so gut«, stellte der Rabbi fest, »doch nun kommt und sagt mir, was Ihr mir von Reb Efraim auszurichten habt.« Rabbi Feinstein schob Seidenfad vor sich her in das Arbeitszimmer. Bevor er die Tür schloss, wandte er sich noch einmal um und forderte Diamant auf: »Und ihr, Gil, wartet hier, bis die Rebezn Euch Eure Braut zuführt!«

Gil Diamant nickte und vertiefte sich in das Buch, das er so hilfsbereit aufgehoben hatte. Aber das Lesen wollte ihm heute nicht so recht gelingen. Gelegentlich hörte er aus dem Arbeitszimmer einige abgerissene Wortfetzen an seine Ohren dringen. Was er hörte, machte ihn neugierig, und so legte er das Buch aus den Händen, erhob sich und ging, so leise es sein schwerer Körper und die knarrenden Dielen erlaubten, zur Tür, um möglichst viel von dem Gespräch zu erlauschen.

»Hier sind die beiden Schreiben, Rabbi. Eines aus Amerika von der Verwandtschaft des Shimon Treidel an ihn und das andere an Euch von Rabbi Efraim.«

Eine Weile war es still zwischen den beiden. Der Rabbi schien den Brief des Bitscher Rebe zu lesen. Schließlich sagte er: »Der Moses Loew ist mir bekannt. Er kommt an den Hohen Feiertagen zum Beten und man weiß von ihm, dass er kein guter Jid ist. Für Kessef* ist der bereit, den Satan aus seinem Reich zu entführen. Aber dass er eine Diebesschule besitzen soll, das habe ich bis heute nicht gehört. Doch nun macht Euch keine Sorgen, Aaron Seidenfad, wir werden den Shimon Treidel finden, und wenn ich alle Seelen meiner Kille auffordern müsste, nach ihm zu suchen!«

Rabbi Feinstein verstummte, weil es plötzlich an der Tür zu seinem Zimmer klopfte. Er stand auf und ging zur Tür, sie zu öffnen.

Draußen stand Gil Diamant und sprach gleich drauflos: »Ich glaube, Rabbi, ich kann Euch behilflich sein. Verzeiht, aber ein wenig hörte ich von Eurem Gespräch durch die Tür dringen. Meine Braut erzählte mir von einem Bocher aus Bitsche, der seinem Lehrherrn entlaufen ist. Unsere Küchenfrau, eine ehrliche gojische Person, hat ihr von dem Schicksal des Burschen aus Bitsche erzählt. Er wohnt bei ihr als Schlafbursche, denn sie braucht jeden Silbergroschen, um zu leben, seitdem ihr Mann unter der Erde liegt! Er ist mit einem ihrer Söhne gut befreundet. Wir können auch Röschen befragen, wenn sie mit dem Eheunterricht bei der Rebezn fertig ist. Vielleicht weiß sie noch mehr als ich von dem Bocher ...«

Rabbi Feinstein streichelte sich nachdenklich den Bart. »Ich werde sie rufen. Sie soll Schluss machen mit dem Unterricht. Was die Rosa bis heute nicht gelernt hat über unsere religiösen Bräuche, lernt sie auch in den wenigen Tagen nicht mehr, die euch noch bis zur Hochzeit bleiben.« Er trat auf den Flur und rief zur Küche hinüber, wo er seine Frau und Gils Braut wusste: »Esther, mach ein End mit der Schul! Die Braut vom Diamant hat alles gelernt, was sie brauchen wird als jiddische Frau. Ich bestätige es als Rabbi dieser Gemeinde!

Weitaus wichtiger als alles andere ist, dass sie dem Diamant eine gute Frau wird und eine noch bessere Mutter seiner Kinder!«

Die Rebezn kam aus der Küche. Ärger war auf ihrem Gesicht zu erkennen, und als der Rebe sie sah, wusste er mit einem Blick, dass es in dieser Frage wohl zu einem Streit kommen würde, sobald man alleine war.

»Frau Rosa«, begann er, »Ihr habt so viel gelernt, wie es Euch möglich war, und ich denke, Ihr werdet Euch alle Mühe geben, eine gute jiddische Frau und Mutter zu werden. Nun habt Ihr noch in der Mikwe* das rituelle Reinigungsbad zu nehmen und dann könnt Ihr unter die Chupe treten, um den Ehevertrag zu schließen, und der Bräutigam wird Euch nach den Gesetzen zur Frau nehmen. Und so wünsche ich auf Euch, Rosa Wandeltal, den Segen des Ewigen herab. Möge er auf dem neuen Weg stets mit Euch sein!«

Das Gesicht der Rebezn wurde freundlicher. Der Rabbi hoffte im Stillen, der Streit würde noch einmal an ihm vorübergehen.

Gil Diamant hatte es mit einem Mal eilig. »Nun kommt, Reb Seidenfad, ich werde Euch zu Frau Puvogel führen. Sie wird mehr wissen über den Bocher als ich. Und wenn Ihr wollt, Rabbi, so begleitet uns!«

Rabbi Feinstein war einverstanden, ja, er war froh, der Rebezn eine Zeit lang aus den Augen zu kommen, und so nickte er zustimmend, stieg in die Galoschen und zog den Mantel an.

Achtes Kapitel

Das große Hungersterben in Berlin hörte nicht auf. Und längst schon starben nicht nur die Armen an Hunger und Seuche, auch in den Familien der Bügerlichen und selbst des Adels raffte die Cholera die Menschen hin.

Immer wieder versprach König Friedrich Wilhelm, dass endlich genügend Waren zu bezahlbaren Preisen auf die Märkte kommen sollten, dass die hygienischen Einrichtungen der Stadt verbessert würden, um so der Seuche Paroli zu bieten. Und weil der König ein frommer Mann war, der nach dem biblischen Wahlspruch lebte: »Ich aber und mein Haus wollen dem Herren dienen«, vertrauten die Berliner immer wieder seinen Versprechungen. Ein König, der nach diesem Wahlspruch lebte, konnte nicht die Unwahrheit sagen, einem solchen Herrscher musste man Glauben schenken.

Doch es geschah nichts. Die verhängnisvollen hygienischen Zustände in der Residenzstadt blieben wie sie waren. Der Hunger raffte die Berliner hin. Sie starben unter Qualen. Skeletten ähnlich, nur noch aus Knochen und der pergamentartigen Haut bestehend, lagen die Leichen in den Kammern der Armen wie in den prunkvollen Zimmern der Reichen. Die Cholera machte keinen Unterschied, für sie waren alle Menschen gleich.

Am Tag nach Fritz' Entlassung aus der Stadtvogtei und der Ankunft von Aaron Seidenfad in Berlin stieg der Pastor Brosam zur Puvogelschen Wohnung hinauf, schnaufte sehr und setzte sich auf einen der wackligen Küchenstühle.

»Ich hätte eine Arbeit für dich, Fritz. Nicht für die Dauer, aber für eine Weile. Es werden immer mehr

Totengräber benötigt, um die Massengräber auszuheben.«

»Danke, Herr Pastor. Und wann kann ick bejinnen?«

»Gleich morgen in aller Frühe. Ich wünsche dir viel Kraft, Fritz, denn das wird keine leichte Arbeit sein. Und zu danken hast du es deiner Mutter, dass ich an dich dachte. Sie ist eine gute, gottesfürchtige Frau.«

Pastor Brosam stand auf, legte Fritz die Hand auf die Schulter und verabschiedete sich: »Grüße die Mutter herzlich und sage ihr, ich wünsche ihr Gottes Segen. Und nun auf Wiedersehen!«

»Auf Wiedersehen, Herr Pastor… und besten Dank für die Hilfe.«

Simon kam aus der Schlafstube in die Küche, nahm Fritz in die Arme und tanzte mit ihm ausgelassen herum. »So ist das Leben, Bruderherz. Des einen Tod ist des anderen Brot!«

Kaum war Pastor Brosam gegangen, da klopfte es schon wieder an der Wohnungstür. Fritz öffnete und sah Rabbi Feinstein draußen stehen, der sich verlegen den Bart streichelte, denn oft war er in seinem Leben noch nicht in einer christlichen Wohnung gewesen. »Ich suche nach einem jungen Mann mit Namen Shimon Treidel. Er soll bei einer Familie Puvogel zur Miete wohnen.«

Fritz lud den Rabbi mit einer Handbewegung ein, in die Küche zu kommen. »Ihr seid bestimmt der Herr Rabbiner, von dem meine Mutter erzählt hat. Ihr seid bei Gil Diamant in der Küche gewesen und habt mit ihr über Simon gesprochen.«

»Du hast recht geraten, junger Mann! Ist Shimon in der Wohnung und kann ich ihn sprechen?«

»Er ist in der Schlafstube, um die Betten zu machen, denn die Mutter hat genug zu tun. Ich werde ihn rufen. Setzen Sie sich doch inzwischen!«

Fritz ging zur Schlafzimmertür, öffnete sie einen Spaltbreit und rief in das Zimmer: »Simon, kommst du mal? Der Herr Rabbiner will mit dir sprechen!«

Simon kam schnell, sah den Rabbi am Küchentisch sitzen und begrüßte ihn in der Sprache der Väter.

Rabbi Feinstein aber schien es nicht gerne zu hören.

»Reden wir gut Deutsch. Der junge Mensch dort soll verstehen, was wir zu besprechen haben. Es sollen keine falschen Gedanken in ihm aufsteigen.«

»Gut, Rabbi, reden wir Deutsch! Die Witwe Puvogel hat mir schon von Ihrem Besuch in Diamants Küche berichtet und auch von dem Schreiben aus Amerika.«

»Du redest, als würde dich der Brief nicht freuen!«

»Wie sollte er? Ich kenne seinen Inhalt nicht.«

Rabbi Feinstein zog den Brief hervor und legte ihn auf den Küchentisch. »Hier ist er. Nimm ihn und lies! Ich hoffe, es sind gute Nachrichten für dich. Nun aber will ich euch allein lassen. Ich habe noch einiges für die Gemeinde zu tun.« Er stand auf und verabschiedete sich mit dem üblichen Schalom.

Unentschlossen drehte Simon den Brief aus Amerika in den Händen.

»Nu mach ihn doch endlich auf, dann weißte, was drinsteht«, drängelte Fritz.

Simon riss den Umschlag auf. Sofort war er in den Text vertieft. »Ich erzähle dir gleich, Fritz, was sie geschrieben haben. Vorlesen kann ich es dir nicht, es ist auf Hebräisch geschrieben.«

Nach einer Weile legte er den Brief auf den Tisch. »Kurz gesagt: Da lebt ein entfernter Onkel in New York und will, dass ich zu ihm und seiner Familie komme, um als Sohn in seinem Haus zu leben!«

Fritz Puvogel machte ein langes Gesicht. »Dann müssen wir uns ja trennen, Simon! Willste das?«

»Nee«, berlinerte da der Junge aus Bitsche wohl zum ersten Mal in seinem Leben, »det will ick nich, denn du und icke, wir sind Freunde und bleiben zusammen!«

*

Die Glocken des Domes klangen dumpf bis in die Gemächer des Königs.

Friedrich Wilhelm IV., König von Preußen, saß zusammengesunken an seinem Arbeitstisch. Er hielt den Kopf in die Hände gestützt. Gelegentlich stöhnte er und drückte die Fäuste gegen die Schläfen, um den in seinem Kopf wütenden Schmerz zu lindern. Doch dieser wollte nicht weichen, was immer der König auch unternahm. Immer heftiger wurde er. Bald war dem König so übel, dass er zur Glocke griff, die auf dem Schreibtisch stand. Er bewegte sie, stellte sie aber gleich wieder ab, denn ihr silberheller Klang ließ seine Schmerzen ins Unerträgliche ansteigen.

So schwach der Ruf der Glocke auch gewesen war, die Ordonanz des Königs, ein blutjunger Leutnant, der stets im Vorzimmer des Königs auf dessen Befehle wartete, hatte ihn doch vernommen und stand nun, die Hacken seiner Stiefel zusammenknallend, vor dem Monarchen.

Der König zuckte zusammen und winkte den Leutnant zu sich. Der kam mit klirrenden Sporen und blieb in strammer Haltung stehen. Als er noch einmal die Hacken knallen lassen wollte, winkte der König ab. Immer noch die Fäuste gegen die Schläfen pressend, stöhnte er: »Schnell meinen Leibarzt, lieber Hohenlohe. Ich ertrage den Schmerz in meinem Schädel kaum mehr. Eil Er sich, Leutnant, ich benötige schnelle Hilfe!«

Leutnant von Hohenlohe erkannte, wie schlecht es dem König ging. Auf den Zehenspitzen, so leise wie möglich, verließ er das Arbeitskabinett seines Herrn.

Friedrich Wilhelm flüsterte fromm: »Herr, mein guter Gott, was habe ich gesündigt, dass du mich so sehr leiden lässt? Ich flehe dich an, nimm diesen entsetzlichen Schmerz von mir!«

Gott aber erhörte den König von Preußen nicht. Der Schmerz blieb, heftig und bohrend.

Als der Leibarzt erschien, fand er den König in einem Zustand, der ihm bedenklich erschien. Der gewaltige Schädel war rot und geschwollen. Blutunterlaufen waren die wasserblauen Augen und nur ein gequältes Stöhnen kam aus dem Mund des bedeutenden Mannes.

Der Arzt reichte Friedrich Wilhelm ein Glas Wasser, in dem er zuvor ein Pulver aufgelöst hatte. Das Mittel wirkte schnell. Der massige Schädel sank auf die Schreibtischplatte. Bald war der König betäubt und schlief fest. Livrierte Diener trugen den schweren Mann ins nahe liegende Schlafgemach.

Am Fußende des Prunkbettes stand der Leibarzt und ließ keinen Blick von dem königlichen Patienten. Leise sagte er für sich: »Wie wird das enden? Die üblen Schmerzen häufen sich!« Er dachte daran, dass der König nur ungern einen Arzt an sich heranließ, weil er als frommer Christ fest an die göttliche Hilfe glaubte.

Schnell und stramm trat Prinz Wilhem, der Bruder des Königs, ans Krankenbett. »Wie steht es mit der Gesundheit unseres Königlichen Bruders? Könnt Ihr mir mehr sagen als das allgemeine Gewäsch?«

»Nein, Königliche Hoheit! Ihre Majestät weigert sich, einer gründlichen Untersuchung zuzustimmen. Und solange diese nicht erfolgt, wird alles immer nur eine Vermutung bleiben, eine Vermutung, die hoffentlich nicht zutrifft!«

»Und was vermutet Ihr, Herr Doktor?«

»Mir scheint es eine ernsthafte Nervensache zu sein.

Doch ich möchte die Diagnose nicht allein stellen. Man müsste den König bewegen, sich von Kapazitäten der Humboldt-Universität untersuchen zu lassen, aber bisher hat er es strikt abgelehnt, Königliche Hoheit. Majestät hat seinen eigenen Kopf!«

»Wem sagt Ihr das, Herr Doktor, wem sagt Ihr das? Aber er ist der König!«

*

Am Abend kam Ottilie von der kirchlichen Unterweisung zurück. Das Mädchen war blass und klagte über Schmerzen im Leib.

Fritz war noch bei der Arbeit, beim Ausheben der Gräber, nur Simon saß am Küchentisch und las in einem Buch. Schnell stand er auf, als er das erhitzte Gesicht des Mädchens sah, legte seine Hand auf Ottiliens Stirn und erkannte sofort, dass Fieber in ihr raste.

»Schnell, Ottilie, leg dich nieder und decke dich gut zu. Ich laufe zu Diamant und hole die Mutter her!«

»Ja, Simon, aba beeile dir. Ick habe so jroße Angst!«

»Brauchst dich doch nicht zu fürchten, Ottilie, bist doch schon ein großes Mädchen. Und bevor du bis hundert gezählt hast, bin ich zurück mit der Mutter!«

»Jut, Simon, aba beeile dir!«

Gleich nachdem Rike mit Riesenschritten in den Schlafraum gekommen war, hüllte sie Ottilie so warm wie möglich ein und blieb an ihrem Bett sitzen.

Das Fieber stieg. Fahrig glitten die Hände des Kindes über das Deckbett. Hitzige Röte lag auf Ottiliens Wangen. Und als dann der Durst hinzukam, der sie entsetzlich peinigte, und der kleine Körper eine Unmenge an Flüssigkeit verlor, da wusste Rike Puvogel, dass die Cholera auch in ihre Wohnung eingedrungen war.

Von einem Augenblick zum anderen sank das Fieber.

Rike hoffte schon für Ottilie, während die Temperatur noch weiter sank. Kälte ließ nun den geschwächten Körper erschauern und die Mutter deckte ihr Kind bis an den Hals zu. Sie hörte, wie das Herz des Mädchens heftig und unregelmäßig raste.

Fritz war schon auf dem Weg zur Arbeit. So weckte Frau Puvogel Simon aus seinem leichten Schlaf: »Lauf zum Doktor, Simon! Sag, er soll schnell kommen. Sag, Ottilien ginge es nicht gut. Ich hätte ihn schon in der Nacht rausklingeln wollen, es aber nicht getan, weil er doch auch seine Nachtruhe braucht!«

Simon beeilte sich in die Schuhe zu kommen. Dann polterte er die Treppen hinab.

Ottiliens Atem wurde immer schwächer, zwischen zwei Zügen kam ein dünner, klagender Ton aus ihrem Mund. Der schmächtige Körper, der in wenigen Stunden durch die Cholera zu einem wachsgelben Skelett geworden war, streckte sich.

Ottilie Puvogel war tot. Die Seuche hatte sich ein neues Opfer geholt.

Mechanisch wie ein Uhrwerk tat Rike nun wieder die Handgriffe, die nötig waren, um Ottilie für die letzte Reise herzurichten.

Simon kam, völlig außer Atem, die Treppe herauf. Er bemühte sich, so leise wie möglich zu sein. Als er neben dem Bett stand, wusste er, dass das Mädchen nicht mehr lebte. Verlegen flüsterte er: »Ich bin so schnell gelaufen, wie ich konnte. Aber der Doktor ließ sich Zeit, bis er sein Fenster öffnete und ich ihn herbestellen konnte. Er versprach, sofort zu kommen …«

Rike Puvogel schien nichts zu hören. Sie zog der Toten das Sonntagskleid an, dann setzte sie sich auf den Bettrand, stützte den Kopf in die Hände und weinte, ohne einen Laut von sich zu geben.

Simon Treidel zog sich zurück. An der Zimmertür blieb er einen Moment stehen, bedeckte sein Haar mit der linken Hand, weil er keine Kopfbedeckung hatte, und sprach ein Gebet für das tote Kind.

In der Küche setzte er sich an den Tisch, starrte vor sich hin und die Frage nach der göttlichen Gerechtigkeit bewegte wieder einmal sein Herz und seine Gedanken.

Als der Arzt kam, öffnete Simon ihm die Tür und führte ihn ins Sterbezimmer. »Ihr kommt zu spät, Herr Doktor. Die Cholera war schneller als Ihr.«

Der Arzt zuckte nur mit den Schultern. Zu viele Tote bekam er täglich zu sehen. So schrieb er den Totenschein aus, verlangte zehn Silbergroschen für sein Bemühen und verließ das Sterbezimmer, wobei er leise sagte: »Mein Beileid, Frau, da kann man leider nichts machen!«

Simon hörte die Worte und dachte: Gäbe es mehr Arbeit und weniger Hunger, würde Ottilie vielleicht noch leben.

In einem der riesigen Massengräber auf dem evangelischen Friedhof gruben sie das ein, was einmal Ottilie Puvogel gewesen war.

Rike stand am Rand des Grabes. Sie hatte keine Träne mehr. Als die Totengräber Chlorkalk und Erde auf die Leichen schaufelten, sah sie zum Himmel auf und flüsterte ein Vaterunser. Ihr Herz schmerzte heftig, als sie fragend betete: »Mein Gott, wann wird dieses große Sterben endlich enden?«

*

Das Leben musste weitergehen. Schon am Tag nach der Beisetzung stand Rike Puvogel wieder am Herd ihrer Küche in Gil Diamants Restaurant.

Als sie sich anschickte, die Kartoffeln zu schälen und

die faulen Stellen herauszuschneiden, kam Frau Rosa, wie immer ein wenig schnaufend, in die Küche. Sie setzte sich an den Tisch und nahm ein Messer, um Rike bei der Arbeit behilflich zu sein.

»Ick habe zu spät davon jehört«, begann sie und schon bei den ersten Worten rollten ihr die Tränen über die geschminkten Wangen. »Det arme Kind! Und denn so schnell. Ick weeß nich, wat ick Ihnen Jutes tun kann, Rike… und ick möchte so jerne, det Sie merken, wie sehr ick mit Ihnen fühle.«

Rike legte ihre rechte Hand auf den Arm der Frau Rosa: »Ich spüre das schon. Sie haben ein gutes Herz, Madame. Wissen Sie, das Herz schmerzt immer noch gewaltig, aber es tut gut, die Teilnahme von anderen zu fühlen. Gott segne Sie dafür!«

Rosa Wandeltal wiegte den Kopf. Nachdenklich rollte sie mit den Augen, dann sagte sie: »Es ist doch eene komische Sache, det mit Jott! Wer soll mir denn nun eigentlich segnen? Sie sagen Jott und meinen den Vater von Jesus. Der Rabbi sagt der Ewige und meint ooch Jott, nur der hat keenen Sohn und ooch vom Heilijen Jeist ist da nischt zu hören. Wer also, so frage ick Sie, is der Richtije? Der Jott mit oder der ohne Sohn?«

»Sie lieben den Herrn Diamant, Frau Rosa. Sie werden sogar jüdisch aus Liebe zu ihm. Also wird der Gott, den Herr Diamant als seinen Gott ansieht, auch für Sie der Richtige sein. Oder sehe ich das falsch?«

Die beiden Frauen schwiegen und schälten die Kartoffeln.

Nach einer Weile sagte Rike: »Welchen Gott Sie nun auch anbeten werden, es wird der Richtige sein. Und je mehr Sie Ihren Mann lieben werden, Madame, umso mehr wird Gott mit Ihnen sein!«

Frau Rosa erhob ihren schweren Körper, zog Rike

Puvogel ans Herz, drückte sie so gewaltig, dass Rike kaum mehr Luft bekam, und sagte mit rauer Stimme, hinter der sich Tränen versteckten: »Nun bin ick jekommen, um Sie zu trösten, und denn machen Sie mir Mut! Ick danke Ihnen von Herzen dafür! Und ehe ick't vajesse: Sie und der Fritz mit seinem Freund werden doch kommen, wenn wir unter die Chupe treten und een Ehepaar werden? Wenn Sie nicht kommen, fehlt mir wat an meinem Ehrentag!«

»Ich komme schon. Muss ja das Essen für die Gäste richten …«

»Nee, Rike, so war det nich jemeint. Als Jast will ick Sie dabeihaben, nicht als Küchenhilfe. Meine krümelije Verwandtschaft kommt entweder jar nich, oder wenn se kommen, denn mokieren se sich über de doofe Rosa, die aus Liebe eene Jüdin jeworden ist! Nee, nee, da sehe ick doch lieber ehrliche Jesichter, so wie det von Ihnen, Rike!«

*

Oskar lag mit hohem Fieber auf dem Strohsack seines Feldbettes, das in einem der riesigen Schlafsäle des Arbeitshauses stand. Hier hatte er sich erkältet und dem immer böser klingenden Husten keine Beachtung geschenkt. An diesem Morgen nun hatte er nicht mehr die Kraft, aufzustehen. Es war ein Sonntag und eigentlich hätte er seine Arbeiter zum Gottesdienst führen müssen.

Als der Aufseher seine Hand auf Oskars Stirn legte, zog er sie entsetzt zurück, denn er fühlte, wie heiß sie war.

»Du bleibst im Bett«, befahl er, »ich werde dem Hausvater von dir berichten!«

Wenig später kam der Inspektor eilig an Oskars Lager, sah mit einem Blick, dass es dem Jungen nicht gut ging, und befahl dem Aufseher: »Sofort läufst du zum Sanitätsrat. Berichte ihm, dass dieser Mann hier seine Hilfe braucht!« Er deutete mit einer Kopfbewegung auf Oskar und fuhr fort: »Ich werde Pastor Brosam benachrichtigen. Vielleicht ist es gut, wenn er mit dem Kranken spricht und betet... man weiß ja nie...«

Der Inspektor wischte sich die Hände an einem bunt karierten Taschentuch ab, so als fürchte er, sich an Oskars Krankheit anzustecken, und eilte aus dem Schlafraum. Im Hinausgehen befahl er dem Aufseher: »Sorge dafür, dass die Männer in die Kirche gehen, und vergiss nicht, den Sanitätsrat herzurufen. Vielleicht muss auch desinfiziert werden!«

Der Aufseher stand stramm, legte die Hand an den Schirm seiner uralten Soldatenkappe und eilte davon.

*

Oskar war mal wach, mal dämmerte er im Fiebertraum vor sich hin. Er hörte den frommen Gesang der Eingesperrten und hatte böse Visionen, die ihn erschrecken ließen.

Dann kam der Aufseher mit einem fremden Herrn an Oskars Lager. Der vornehme Herr untersuchte ihn flüchtig, wusch sich die Hände in einer Schüssel, die der Aufseher mitgebracht hatte, und trocknete sie ab.

»Sag dem Hausvater, der Arbeitshäftling habe eine Lungenentzündung. Er braucht Wärme, kalte Wickel auf die Waden und die Stirn und viel Ruhe!« Der Arzt machte eine Pause, sah nachdenklich Oskars hochrotes, fieberheißes Gesicht und fügte hinzu: »Und wenn der Inspektor denkt, dass der Bursche es verdient hat, gebt ihm so oft er mag eine kräftige Suppe. Viel mehr kann ich nicht verordnen, nur hoffen, dass die Jugend ihm so viel Kraft gibt, die Krankheit abzuwehren und zu überstehen.«

Der Aufseher stand stramm. »Jawoll! Ich werde es dem Hausvater ausrichten. Der hat auch schon angeordnet, dass der Herr Pastor nach dem Gottesdienst an sein Bett kommt!«

»Das kann nicht schaden. Man muss mit dem himmlischen Richter sein Leben ins Reine bringen!« Und bevor der Herr Sanitätsrat den Schlafsaal verließ, schaute er Oskar noch einmal ins Gesicht und sagte kurz: »Der ist jung und stark, der überlebt.«

*

Pastor Brosam kam nach dem Gottesdienst. Er war glatt rasiert und roch dezent nach Lavendel. Er hatte noch den Talar an, den er beim Gottesdienst getragen hatte und der beinahe bis auf den Boden reichte. Fest unter den Arm geklemmt trug er die große Bibel.

Gerade war der Aufseher damit fertig, Oskar kalte Wadenwickel anzulegen, und deckte ihn zu, als der Pastor an das Feldbett trat. Er setzte sich auf den Rand des Lagers, zeichnete auf Oskars Stirn mit dem Finger das Kreuz und erkannte bei dieser rituellen Handlung, mit wem er es zu tun hatte. »Oh, Herr Jesus! Du bist es, Oskar! So sehen wir uns wieder, Oskar Puvogel!«

Oskar schlug mit Anstrengung die Augen auf: »Sie kommen zu mir, Herr Pastor? Jeht't mir so schlecht?« Er atmete schwer, dann fragte er: »Muss ick sterben?«

Pastor Brosam, ebenso gutmütig wie fromm, schüttelte den Kopf, dass der Kneifer auf seiner Nase zu wackeln begann, und erwiderte: »Ich glaube, dass du noch viele Jahre auf der guten alten Erde bleiben darfst. Du wirst Gelegenheit haben, vieles wieder gutzumachen!«

In Oskars Kopf klingelte es Alarm. Was weiß der Pastor? Dann aber beruhigte er sich: Niemand konnte etwas wissen, alles hatte er bisher beharrlich abgestritten und den Lorbassen angelastet, und niemand hatte es bis zu dieser Stunde verstanden, sein Geheimnis aus ihm herauszuholen. Er war nur mit den Verführern mitgegangen, hatte den Rentner ein wenig angeschwindelt und sonst nichts, basta!

»Ick bin nur den Schlafburschen uff'n Leim jejangen, Herr Pastor! Ick habe von nischt wat jewusst, nich mal jeahnt. Erst als sie de Kassette uffmachten, habe ick vastanden, wa se jetan hatten! Aba da war't zu spät, da ham se uns ooch schon bald jekrallt und ick musste in Knast und det, obwohl ick nischt getan hatte! Zu jut war ick, een Dämelack, Herr Pastor, een richtija Dussel!«

Pastor Brosam nickte ergriffen vor sich hin. Er stellte sich im Geiste vor, wie schrecklich es für einen Burschen sein musste, unschuldig für andere büßen zu müssen.

»Ich komme bald wieder zu Besuch, Oskar. Wollen doch mal sehen, ob wir da nichts machen können, um dich aus diesem Haus herauszuholen!«

»O ja, Herr Pastor. Beten Sie bitte mit mir. Ick möchte so jerne meinen Frieden mit Jott machen!«

Da betete Pastor Brosam mit Oskar Puvogel und war überzeugt, dass er es mit einem guten, wenn auch verführten Jungen zu tun hatte. Segnend legte er die Hand auf Oskars Stirn und im Stillen nahm er sich vor, den Oskar Puvogel in seiner Familie aufzunehmen, wenn es möglich war, als eigenen Sohn. Dann verließ er den Schlafsaal.

Oskar grinste in sich hinein. Sein Körper glühte, aber sein Kopf war so klar wie selten zuvor und er war stolz darauf, den Pastor »jeleimt« zu haben.

*

Pastor Brosam ließ der Gedanke an den kranken Oskar nicht los. Immer öfter drängte er sich in Kopf und Herz und verlangte von ihm, Oskar Puvogel aus dem Arbeitshaus zu holen. Als der Pastor schließlich mit seiner Frau sprach, sagte diese nachdenklich: »Vielleicht solltest du an eine Adoption denken, denn eigene Kinder hat der Herrgott uns ja versagt.«

In seinem Arbeitszimmer kniete Pastor Brosam auf der Betbank nieder und stand nicht eher wieder auf, als bis er in seinem Inneren die feste Gewissheit spürte: Oskar Puvogel soll aus dem Elend heraus und in eine gutbürgerliche Familie kommen.

Noch am selben Abend machte sich Pastor Brosam auf den Weg zu *Diamants Etablissement*. Es war schon dunkel und draußen fiel Graupelschnee dicht wie ein weißer Vorhang und hüllte Straßen und Plätze in winterliches Weiß.

Rike staunte, als der Gemeindepfarrer in Diamants Küche trat. Er schüttelte den Schnee von seinem Hut und Rike half ihm, aus dem Mantel zu kommen.

»Sie werden sich wundern, Witwe Puvogel, dass ich Sie hier, an Ihrer Arbeitsstelle, aufsuche ...«

Rike nickte heftig. Angst sprach aus ihren Augen, als sie fragte: »Es ist doch nichts mit meinem Oskar? Oder mit Fritz?«

»Aber nein. Oskar hat zwar eine heftige Erkältung, aber es gibt keinen Grund, sich Sorgen zu machen.«

»Sie sagen das so leicht dahin, Herr Pastor, aber wenn man in wenigen Monaten gleich zwei liebe Menschen verliert, dann sorgt man sich sehr um die, welche man noch hat.«

Pastor Brosam tätschelte Rikes Hand. »Beruhigen Sie sich, Witwe Puvogel. Als ich Ihren Oskar im Arbeitshaus sah, dauerte er mich! Ich habe lange gebetet und Gott um Rat gefragt. Und dann wurde mir Gewissheit, dass es meine Christenpflicht ist, ihn herauszuholen. Ich sprach mit meiner Frau, und als die Pastorin einverstanden war, entschloss ich mich, Ihren Sohn zu adoptieren, um ihm so ein Heim zu geben, in dem er aufleben wird. Er wird lernen können, und wenn er klug genug ist, wie es mir scheint, kann er eines Tages ein Studium beginnen. Wir, meine Frau und ich, wollen ihm im Namen Christi eine gute Zukunft schaffen! Nun, liebe Witwe Puvogel, müssen Sie sich entscheiden. Wollen Sie Ja sagen zu dieser Adoption?«

Aufgeregt ging Rike durch die Küche. Wirr war es in ihrem Kopf. Dann aber raffte sie sich auf. »Ich werde es mir überlegen, Herr Pastor, das verstehen Sie doch wohl? Der Oskar ist mein Sohn. Soll ich ihn nun auch noch verlieren wie meinen Mann und Ottilie? Doch wenn ich daran denke, was Sie ihm bieten können, wäre es ein Verbrechen, ihn nicht loszulassen. Ich verspreche Ihnen, Herr Pastor, sobald ich mich entschieden habe, sage ich Ihnen Bescheid!«

Neuntes Kapitel

»Raus, raus, raus«, jubelte Oskar Puvogel in seinem Herzen. Er sah die Gitter vor den Fenstern des Arbeitshauses nicht mehr, als er vom Wunsch des Pastors erfuhr, ihn als Sohn aufzunehmen, sah die schwarz-grauen Wände nicht, achtete nicht auf die Alten, die er zu beaufsichtigen hatte und die mit gichtigen Fingern versuchten, die geforderte Arbeit zu schaffen.

Helle war um ihn, Helle war in ihm. Er sah sich schon im Garten des Pfarrhauses sitzen, in der Laube, die von dunkelviolettem Flieder überwuchert war, und der süße Duft betörte alle seine Sinne.

Nur wenige Augenblicke dachte er an die Mutter. Dann verwarf er diesen Gedanken wieder. Er hatte ihr ja das gestohlene Geld gegeben. Sie war nicht mehr arm. Sie würde schon etwas Rechtes damit beginnen.

Einige Male kam Pastor Brosam, einmal sogar in Begleitung der Frau Pastor, die sich in den dunklen, muffig riechenden Räumen des Arbeitshauses sichtlich unwohl fühlte und das Riechfläschchen nicht von der Nase nahm.

Frau Pastor examinierte Oskar nach allen Regeln der Kunst, und obgleich er wohl nicht den besten Eindruck auf sie machte, nickte sie nach einiger Zeit dem Herrn Pastor zu, was bedeuten sollte: »Also gut, nehmen wir ihn auf und tun ein gutes Werk.« Dann aber zerrte sie ungeduldig am Mantelärmel ihres Mannes und flüsterte: »Bitte, Brosam, lass uns gehen. Mich erdrückt das Elend und das Leid, das hier aus allen Mauern schreit!«

Der mausgesichtige Hausvater kam nun fast jeden Tag vorbei. Stets wusste er etwas Neues zu berichten und immer schien es vorwärts zu gehen. »Deine Sache steht gut. Der Richter hat deine Akten bereits auf dem Tisch und mein Bericht über dich liegt auch schon dort. Du wirst sehen, der Frühling wird langsamer kommen als deine Entlassung, Puvogel!«

*

Josef und Chaim Posner, die zwielichtigen Herren aus dem fernen Braunschweig, saßen im Arbeitszimmer des Herrn von Schlettau und tranken sehr süßen, heißen Kakao, der das Lieblingsgetränk des Polizeipräsidenten war.

Chaim leckte sich die Lippen. »Der Herr Präsident hat einen exquisiten Geschmack«, sagte er zu dem auf der anderen Seite des Schreibtisches sitzenden von Schlettau und zeigte so an, dass er keinerlei Furcht vor der hohen Obrigkeit hatte.

Der Herr Polizeipräsident lächelte, doch wer in seinen Augen zu lesen verstand, erkannte den Ärger und die Wut, die in ihm steckten. Nichts hatte er bisher gegen die Braunschweiger Brüder in der Hand. Nichts von Wert und Wichtigkeit, jedenfalls.

Kriminalrat Bösler fuhr fort mit der Vernehmung. Josef und Chaim gaben zu, dass sie willens gewesen waren, gestohlenen Schmuck von dem Berliner Geheimagenten zu kaufen, aber sie sagten das so ruhig, als seien sie völlig gewiss, dass nichts geschehen könne. Schließlich drohte ihnen Kriminalrat Bösler, sie nach Russisch Polen, in ihre alte Heimat, zurückzuschicken. Da wurde Josef Posner blass und Chaim von einer Minute zur anderen gesprächiger. »Ihr wisst, Ihr Herren, dass wir beide für die Braunschweiger Polizei und seine Hoheit, den Herzog arbeiten! So waren wir auch in Berlin unterwegs, für unseren Fürsten eine Partie edlen

Schmucks einzukaufen, als wir in die Hände Eures Geheimagenten fielen und festgenommen wurden!«

»Das kann jeder behaupten«, antwortete Kriminalrat Bösler verärgert.

»Nun, Ihr Herren, wenn Ihr uns nicht glaubt, so richtet ein vertrauliches Schreiben an die Geheimkammer Herzog Carls und diese wird ebenso vertraulich unseren Auftrag bestätigen. Dass wir bei unserem Handel auf Euren Geheimagenten stießen, ist zu bedauern, aber nicht mehr zu ändern!«

Bevor Kriminalrat Bösler antworten konnte, mischte sich der Polizeipräsident in das Gespräch: »Nehmen wir an, meine Herren, dass Eure Aussage wahr ist und von Braunschweig aus bestätigt wird, dann könnte es sein, dass auch wir in Berlin ein gutes Geschäft mit Euch machen möchten!«

»Ein Geschäft? Mit der Berliner Polizei? Worum geht es dabei?«

Herr von Schlettau winkte ab. »Es ist noch zu früh, darüber zu reden. Zunächst muss uns die Antwort aus Braunschweig bestätigen, dass Ihr in des Herzogs Auftrag handeltet, dann werden wir uns wieder zusammensetzen und über unsere Geschäfte reden, die wir mit Euch vorhaben. Bis dahin jedoch bleibt Ihr hinter Gittern. Ich hoffe, es gefällt euch dort nicht übel und ihr werdet satt von der Kost!«

Josef Posner erhob sich, er fühlte, dass das Gespräch beendet war, und stieß seinen Bruder in die Seite. Auch Chaim stand nun auf. »Es gibt Schlechteres im Leben, Herr Präsident, wir wollen nicht klagen, sondern hoffen, dass die Nachricht aus Braunschweig recht bald in Berlin ankommt!« Kriminalrat Bösler griff nach einer Handglocke und klingelte. Sofort kamen zwei Beamte in Uniform ins Zimmer, legten die Hände an die Hosennaht und warteten auf die Befehle ihrer Vorgesetzten. »Schafft diese beiden Herren in ihre Zellen zurück und achtet sehr darauf, dass sie keinen Kontakt zueinander aufnehmen können!«

»Zu Befehl«, antworteten die Polizisten. Dann führten sie die Posner-Brüder ab.

Mit leeren Augen starrte Herr von Schlettau ihnen nach. Wütend schlug er mit der Faust auf den Tisch und brüllte: »Verfluchter Braunschweiger! Die krankhafte Liebe des Brillantenherzogs zu den glitzernden Steinen ist schuld daran, dass wir uns mit diesem Geschmeiß gemein machen müssen!« Er schnaufte ein paar Mal, trat dann ans Fenster, öffnete es und ließ die feuchte Kühle des Spätwinters in das Arbeitszimmer dringen. »Verdammt noch mal, verdammt, verdammt, verdammt! Sie flutschen einem durch die Finger wie Aale. Nicht zu fassen sind sie, immer haben sie Ausreden zur Hand und jetzt muss man sogar noch mit ihnen zusammenarbeiten! Verdammte Brut!«

Nie zuvor hatte Kriminalrat Bösler seinen Präsidenten so wütend gesehen. Blanker Hass blitzte auf in den preußisch-blauen Augen des Herrn von Schlettau.

*

Im *Schwarzen Schimmel,* dem vornehmsten Lokal des Gil Diamant, das bei den Zelten lag, sollte die Hochzeit gefeiert werden. Alles war aufs Beste vorbereitet. Vier Köche, unzähliges Küchenpersonal, mehr als zwanzig Ober und die Musikkapelle, die dort jeden Abend zum Tanz aufspielte und zur Hochzeit musizieren sollte, warteten auf das Brautpaar, das nun unter den Baldachin, die Chupe, treten wollte, um dort im Beisein von Zeugen, des Rabbiners und vieler jüdischer Berliner den Ehevertrag zu unterschreiben.

Auch Rike war gekommen, sie trug das gute schwarze Kleid, das sie einmal von einer großherzigen Herrschaft geschenkt bekommen hatte, in deren Diensten sie in jungen Jahren stand. Nun war es an vielen Stellen verschlissen, aber Rike verstand gut, mit der Nadel umzugehen, und so sah man die geflickten Risse und Löcher nicht. Rechts und links von ihr gingen Fritz und Simon. Sie trugen den Kopf erhoben, denn sie waren stolz, zu den Gästen dieser Hochzeit zu gehören. Rosa Wandeltal hatte Rike eingeladen und darauf bestanden, dass die beiden Burschen mit dabei waren.

Unterdessen saßen Polizeipräsident von Schlettau und Kriminalrat Bösler wieder mit den beiden Posners zusammen. Die Antwort von der Braunschweiger Geheimkammer war eingetroffen. Es wurde bestätigt, dass die Herren Kommerzienräte Chaim und Josef Posner im Auftrage des Landesherren unterwegs seien und alles, was sie an Geschäften anbahnen würden, im Sinne von Herzog Carl sei.

»Seht Ihr, Herr Polizeipräsident, die Posners sind anständige Jidden! Auch wenn ihre Geschäfte nicht immer koscher sind, so handeln sie doch in vielen Fällen im Auftrag anderer, meist hoch gestellter Persönlichkeiten!«

Herr von Schlettau hatte von allerhöchster Stelle den Befehl erhalten, alles zu tun, um die dreiste Diebesbande, die in Berlin ihr Unwesen trieb, unschädlich zu machen. Wenn er sein Amt nicht verlieren wollte, musste er baldmöglichst einen Erfolg vorweisen. Deshalb zwang er sich nun, ein freundliches Gesicht aufzusetzen.

»Wir haben für Euch, meine Herren, zwei schöne Zimmer im Hotel *König von Spanien* angemietet, die durch die Kasse unserer Behörde bezahlt werden. Dazu kommen Essen und Trinken sowie eine Prämie von hundert

Louisdor, wenn es Euch gelingt, die Bande zu finden, die mit ihren frechen Einbrüchen ganz Berlin unsicher macht. Seine Majestät will endlich Erfolge sehen!«

Nun übernahm Kriminalrat Bösler das Wort: »Und weil wir vermuten, dass die Einbrecherbande dem Kreis der zugewanderten Juden zuzuordnen ist, möchten wir, dass Ihr nun auch für unser Preußen als Spitzel arbeitet und uns die Bande ausliefert. Alles, was gegen Euch vorliegt, seien es bewiesene Taten oder solche, die Euch nur angelastet werden, sind aus den Berliner Polizeiberichten gestrichen. Die Akten wurden inzwischen vernichtet!«

Die Brüder Posner verständigten sich durch einen kurzen Blick. Chaim, der älteste der Brüder, nahm das Wort: »Wir sind bereit, für die Berliner Polizei tätig zu werden und seiner Majestät Friedrich Wilhelm eine seiner vielen Sorgen abzunehmen. Wir sind zuversichtlich, Ihr hoch geehrten Herren, Euch die Namen der Täter bald nennen zu können!«

Herr Kriminalrat Bösler nickte zufrieden. »Wir wissen, dass am morgigen Tag eine große jüdische Hochzeit stattfindet. Daran werden nicht nur viele ehrliche Familien Eures Glaubens teilnehmen, sondern auch eine Menge Ganoven und vielleicht sogar unsere gesuchten Einbrecher. Wir wünschen, dass Ihr bei dieser Hochzeit zugegen seid!«

»Gut, soll sein«, erwiderte Josef, aber Chaim fiel ihm ins Wort: »Geht nicht, Bruder! Wir haben keine Garderobe dabei, die für eine solche Feier nötig ist.«

Herr von Schlettau winkte ab. »Abendgarderobe wurde nach Euren Maßen geschneidert und befindet sich im Hotel!«

Herr Bösler reichte den Posners zwei auf Bütten gedruckte Einladungen. »Die werdet Ihr brauchen.«

Noch während Josef die Karten einsteckte, sagte er: »Ihr könnt Euch auf uns verlassen, verehrte Herren!«

*

Im *Schwarzen Schimmel*, dem Tanzlokal von Gil Diamant, spielte die in bunte Phantasieuniformen gekleidete Kapelle gerade eine bekannte Polka: »... wir woll'n nach Pankow gehn, da is't wunderschön...«, als die Brüder Posner den riesigen, ganz in vornehmem Weiß gehaltenen Festsaal betraten.

Schon tanzten die ersten Gäste ausgelassen im Polkaschritt. Die Posners staunten. »Der Bräutigam scheint mir der Melech* von Berlin zu sein«, meinte Chaim. »Es wird schwer werden, hier die Ganowim aufzuspüren.«

»Warten wir es ab«, war die kurze Antwort des Bruders, »bisher haben wir immer alles ausbaldowert!«

Auch Fritz und Simon waren schon unter den Gästen. Sie hatten sich rechts und links bei Rike eingehakt und hielten Ausschau nach einem freien Tisch. Fritz war von der Pracht des Festsaales so überrascht, dass er kaum einen Ton herausbekam, als er mitsingen wollte. »Komm, Karlineken, komm, Karlineken, komm«, wollte er singen, aber es kam bloß ein Krächzen heraus, das nur sehr entfernt an Gesang denken ließ.

Genau in diesem Moment trafen sich Simon Treidels Blicke mit denen des »Schwarzen Moische«.

Hab ich dich endlich gefunden! Nun sieh dich vor, noch einmal entwischst du mir nicht, schienen diese Blicke zu sagen und Simon lief ein Schauer über den Rücken, als er sich ausmalte, welche Strafen Moses Loew für ihn bereithielt.

Simon wechselte an Fritzens Seite. Der wunderte sich, dass der Freund den Arm der Mutter verlassen hatte, und fragte leise: »Ist was, Simon?«

»Das will ich meinen. Der ›Schwarze Moische‹ ist im Saal. Er hat mich schon erblickt, und wenn du den Hass in seinen Augen gesehen hättest, wäre dir genauso elend wie mir jetzt. Er wird mich einfangen und in die Diebesschule zurückbringen, koste es, was es wolle. Er hat sich vor den Schülern seiner Schule blamiert und er wird nicht eher ruhen, als bis er mich wieder in seiner Schule hat und vor den anderen Schülern piesacken kann. Ich bitte dich daher sehr, Fritz, lasse mich nicht aus den Augen. Wenn er merkt, dass du auf mich aufpasst, wird er sich vielleicht zurückhalten, wenigstens bis nach der Festlichkeit!«

»Wat is denn mit dir jeschehen, Simon? So ängstlich habe ick dir ja noch nie jesehen. Ick achte schon auf dir, Freund. Bleib in unserer Nähe, dann wird dir nichts passieren!«

Fritz führte die Mutter und Simon zu einem Tisch.

»Nun bestellt, wat euch in den Kopf kommt. Du hast ja jesagt, Mutter, det heute allet nischt kostet, und das muss man wahrnehmen! Ick werd mir mal umschauen, det is allet so neu und schön hier wie im Paradies.«

»Dann geh zur Mitte des Saales. Dort steht die Chupe, der Baldachin, unter dem die Hochzeit sein wird. Und wenn du irgendwas nicht verstehst, merke es dir und frage mich hinterher.«

»So wird's jemacht, Simon«, erwiderte Fritz und schob sich durch den Saal, in den von Minute zu Minute immer neue Gäste kamen und nach Plätzen suchten. Andere tanzten schon in Vorfreude auf die Hochzeit und waren ausgelassen wie Kinder.

*

Chaim Posner stieß in dem Gedränge am Eingang des Festsaals gegen einen hageren Mann, ja, er rempelte ihn beinahe um. »Vergebt mir«, bat Chaim und wollte schon weiter, als sein Bruder ihn zurückhielt.

»Sieh doch nur genauer hin! Kennst du ihn nicht, den mageren Jidden, es ist einer aus dem Schtetl!«

Chaim Posner musterte den anderen sehr genau, dann flog ein Lächeln des Erkennens über sein Gesicht und er schrie so laut, dass er den Stimmenlärm der vielen Gäste übertönte: »Der Aaron ist es, der Seidenfad, der fahrende Händler, der jede Woche nach Bitsche kam, um seine Ware zu verkaufen!«

Es dauerte eine Weile, bis auch Seidenfad sich erinnerte. »Die Brüder Posner! Gott der Gerechte, welch ein Zufall, euch hier zu treffen. Der Josef und der Chaim ... ist es denn die Möglichkeit? Wie geht es euch? Gut, wie man sieht, feinster englischer Stoff, seidene Hemden und Glacéhandschuhe ... guter jiddischer Gott, warum kannst du mich nicht auch so verwöhnen!«

»Was macht dein Pferdele? Mager wie ein Ziegenbock ist es und einen Namen hat es, der zu ihm passt ... Wie war er noch?«, fragte Josef.

Chaim half dem Bruder: »Goliath hat der Seidenfad das Pferdele genannt, ist es nicht so, Aaron?«

»So war es! Goliath hab ich ihn genannt, aber nun ist er nicht mehr. Er ist umgefallen. Ohne einen Laut streckte er sich und sah mich an, als würde er sich entschuldigen wollen ... Ja, nun hat er dem Abdecker Arbeit verschafft ...«

Josef Posner nahm Seidenfad in den Arm. »Gräm dich nicht, Aaron, es war ja nur ein Tier.«

»Das sagst du so mit leichter Zunge! Nur ein Tier, ja das war der Goliath ... aber kein Mensch, auch nicht der beste im Land, war so treu und willig wie mein Pferdele!«

»Nun komm, wir wollen uns einen Tisch suchen, an

dem noch Platz ist. Lass uns heute zusammenbleiben, viel zu berichten werden wir haben, denn lange ist's her, dass wir uns zum letzten Mal sahen.«

Mit festen Schritten, den mageren Händler in die Mitte nehmend, marschierten die Brüder zielstrebig auf einen Tisch zu, an dem noch einige Plätze frei waren, und setzten sich.

Weder Rike noch Simon fragten sie um Erlaubnis. Sie schienen die andern am Tisch überhaupt nicht zu bemerken, sondern horchten Seidenfad über alles aus, was mit dem Schtetl zusammenhing.

*

Endlich kam die große Stunde heran.

Die Musiker spielten eine getragene Melodie, die wohl jeder im Saal kannte. »Ein Glaubensband uns fest vereint…«, sangen alle und manch einer wischte sich heimlich eine Träne aus den Augenwinkeln.

Dann kam der Bräutigam, schwergewichtig, mit rotem Gesicht und leicht schwitzend die Treppe hinab und bei ihm waren die Zeugen der Hochzeit sowie seine Freunde.

Auch Rabbi Feinstein betrat jetzt den Saal. Mit ihm kamen die Repräsentanten des Bethauses.

Schon stand Gil Diamant unter der Chupe. Er wartete auf seine Rosa. Bald wurde er nervös und der Schweiß lief in winzigen Bächen über sein Gesicht. Wo bleibt denn bloß die Rosa?, dachte er und ähnlich ging es wohl auch dem Rabbi.

Die Gäste wurden unruhig. Ein Raunen ging um und man hörte böse Worte: »Eine Schickse musste er zum Weib nehmen. Haben wir nicht genügend schöne jiddische Frauen in Berlin, noch dazu solche mit viel Kessef!«

Dann aber erschien die Braut in der Tür. Gekleidet

war sie in Seide und Tüll. Ein dichter Schleier verwehrte den Gästen den Blick auf ihr Gesicht. Sechs Brautjungfern gingen an ihrer Seite, darauf bedacht, dass Rosa unbehelligt den Hochzeitsbaldachin erreichte.

Alles Weitere vollzog sich sehr schnell. Der Rabbi las den Ehevertrag vor, Gil Diamant billigte ihn und unterzeichnete, dann sprach Rabbi Feinstein die Formeln vor, die bei jeder Hochzeit gesprochen werden, und Gil sprach sie ihm nach: »... und so nehme ich dich, Rosa, nach den Geboten von Moses und Israel als mein Weib ...« Die folgenden Worte gingen im Raunen der vielen Stimmen unter.

Gil steckte der Braut den Ehering an den Finger und der beste Freund des Bräutigams legte ein Glas auf den Boden, das er mit einem Tuch bedeckte. Rabbi Feinstein gab Gil einen Wink. Der machte einen Schritt nach vorne und zertrat das Glas, das unter seinem harten Tritt splitterte.

»Masl-tow*! Masl-tow!«, riefen nun alle Gäste, und als Gil den Schleier vom Gesicht seiner Rosa entfernte und sie ausdauernd küsste, da wollte der Beifall kein Ende nehmen.

»Hast mich lange warten lassen. Was war denn los, Rosa?«, flüsterte Gil ihr ins Ohr.

Rosa senkte den Blick und flüsterte zurück: »Ich konnte nich von de Toilette kommen, Gil. Meine Därme spielten verrückt. Aba nun is allet wieder in Butter!«

»Ja, nun ist alles gut«, sagte Gil liebevoll und küsste Rosa auf beide Wangen.

Rabbi Feinstein betete nun, wie stets nach Gottesdiensten und Feiern, das Gebet für das Vaterland: »Lasse Gnade walten über unser preußisches Vaterland, halte fern von seinen Fluren die Geißel der Krankheit, die Schärfe des Schwertes und die Not des Hungers.

Lasse seine Kinder in friedlicher Eintracht leben und erhalte uns unseren König Friedrich Wilhelm IV. Amen!«

»Amen«, kam die Bekräftigung von den Gästen, die Kapelle spielte einen Marsch und jeder im Saal erhob sich zur Ehrung des Königs.

*

Es war schon weit nach Mitternacht, als der gemütliche Teil der Hochzeit seinem Höhepunkt zustrebte. Kaum ein Tanz wurde ausgelassen und nicht nur die Herren griffen immer wieder nach Sekt oder Wodka, Wein oder Likör, auch die Frauen tranken nicht wenig.

Rike hielt sich zurück. Sie wusste durch ihren verstorbenen Mann, was Alkohol anrichten kann. Auch Simon trank nur mäßig. Er hielt seine Augen offen, denn aus Angst vor dem »Schwarzen Moische« wollte er wachsam bleiben.

»Na, wie findest du das alles, Fritze? Hast du etwas von der jüdischen Religion mitbekommen?«

»Nee, sollte ick? Schön war's und feierlich, und als der Rabbi dann plötzlich für König und Vaterland betete, da sind mir doch fast die Tränen jeloofen!«

»Was ist denn daran so seltsam? Die Juden leben hier, viele sind schon hier geboren und fühlen sich als Bürger dieses Landes. Und so wie die Christen in ihren Kirchen für den König beten, so ist es auch für die Juden nichts Ungewöhnliches. Es gehört zu jeder Sabbatfeier.«

Aaron Seidenfad mischte sich ein und wandte sich an Fritz: »Wie ich höre, bist du kein Jid! Drum sage ich dir, dass die Jidden in England für die Königin, in Amerika für den Präsidenten beten. Die Jidden sind sehr loyale Bürger!«

»Sie kennen sich wohl gut aus, Herr«, antwortete Fritz.

»Man ist als fahrender Händler eben viel herumgekommen und hat einiges gesehen und gehört, weil man Augen und Ohren nicht verschließt…« Simon hatte Aaron Seidenfad schon die ganze Zeit eindringlich betrachtet. Plötzlich, von einem Moment zum andern, wusste er, wer Fritzens Gespächspartner war.

»Ihr seid Aaron Seidenfad, wie konnte ich das vergessen? Meinem Tate habt Ihr das Leder verkauft, das er für seine Arbeit brauchte!«

Aaron, der nicht mehr ganz nüchtern war, schlug so heftig auf den Tisch, dass zwei Gläser umfielen und ausliefen. »Und du, so scheint mir, bist der Shimon Treidel aus Bitsche, das kleine, blasse Jingele!«

»Stimmt.«

»Gott sei gelobt«, sagte Aaron nach einem frommen Augenaufschlag. »Der Bitscher Rebe hat mich beauftragt, dich in dieser Riesenstadt zu finden und einen Brief zu übergeben, einen Brief, der von deiner Verwandtschaft in Amerika geschrieben wurde. A Wunder ist es, a rechtes Wunder, dass wir uns hier treffen!«

»Und wo ist der Brief, Aaron?«

»Werd ich so leichtsinnig sein und ihn mitnehmen auf eine Hochzeit? Ich könnte ihn verlieren, er könnte mir gestohlen werden! Nein, er liegt gut verwahrt in meinem Stübchen, das ich von der Rebezn Feinstein gemietet habe!«

Fritz Puvogel hatte mitgehört und staunte. »Det is wirklich een doller Zufall, det ihr euch hier treffen musstet! Berlin is eben doch een jrosset Dorf!«

»Wir kommen auch aus Bitsche«, meldete sich nun Chaim Posner zu Wort. »Wir sind die Posner-Brüder… Josef und Chaim! Vielleicht erinnerst du dich an uns, Shimon?«

»Wie wird er denn, Chaim! Sieh dir den Bocher an,

wie jung er ist, und denke nach, wie lange es her ist, dass wir von Bitsche fortgezogen sind! Er war ja noch ein Kind, als wir unser Bündel nahmen!«

Simon schaute die Posner-Brüder genau an. Er konnte sich nicht an die Gesichter erinnern.

»Nein«, sagte er, »ich habe keine Erinnerung an Euch, beim besten Willen nicht.«

Aaron Seidenfad schüttelte immer noch den Kopf über den grandiosen Zufall. »Ich habe überall in Berlin nach dir gefragt, aber niemand konnte mir sagen, wo du lebst!«

»Vielleicht wollte man auch nicht. Viele haben ein schlechtes Gewissen, weil sie mit drinstecken in dem Handel mit den Waisen ...«

Seidenfad wurde neugierig. Auch die Posners sperrten die Ohren auf. »Was sagst du da von einem Handel? Mit Waisen? Wer macht solch böse Geschäfte?«

Unwillig fuhr es Simon heraus: »Wer? Wer? Wie soll ich wissen, wer von den Berliner Juden in diesem Handel seine Finger hat? Ich kenne nur einen, und den kenne ich sehr genau. Er ist auch auf dieser Feier, als Herr unter Herren, und doch ist er nichts anderes als ein mieser Menschenhändler, der Moische Loew! Schaut nur dorthin. Gleich drei Tische weiter sitzt er mit seinen Spießgesellen. Geschlagen hat er uns wie Hunde, wenn wir den Klingelmann nicht bestehlen konnten! Alle Kinder aus seiner Diebesschule sind vor ihm gekrochen. Aber ich bin ihm davon, mitten in der Nacht, untergetaucht im großen Berlin!«

Die drei Bitscher blickten zu jenem Tisch hinüber, an dem Loew saß. Seidenfad überlegte nur kurz, dann sagte er: »Ich kenne ihn. Er hat ein hartes Herz, böse und kalt dazu!«

»Da redet Ihr recht, Aaron. Nicht nur, dass er die Diebesschule hat und harmlose Kinder zu Dieben erzieht, er hat seine schmutzigen Hände auch in vielen anderen bösen Geschäften. Glaubt es, Aaron, oder auch nicht, der Lasar Fuchs und ich, wir sind einmal in der Nacht durch das Haus geschlichen, wollten uns irgendwas zu essen suchen, denn es gab nur schmale Kost. Da haben wir den ›Schwarzen Moische‹ mit einem Kumpanen zurückkommen sehen. Vier Männer hatten schwer zu schleppen an einer großen Truhe. Fast hätten sie es nicht geschafft, sie in das Versteck des Moische Loew zu tragen.«

Mit einem Mal waren die Posners wieder hellwach und nüchtern. Chaim war der Erste, der mit seinem Stuhl näher rückte. »Und du glaubst, die Männer hatten einen Einbruch begangen?«

»Ich glaube es nicht nur, ich weiß es! Lasar und ich, wir haben an einem Ofenrohr gelauscht und etwas von dem verstanden, was Loew und seine Freunde besprachen. Es war die Rede von einem Bruch und großem Rewech, der dabei abfiele!«

Nun rückte auch Josef näher. »Kennst du die Namen derer, die mit dem Moische Loew waren? Denk nach, Shimon, es kann von großer Wichtigkeit sein!«

Simon überlegte. Immer wieder schüttelte er ärgerlich den Kopf, dann aber hellte sich sein Gesicht auf: »Der Levi Blumenthal war dabei und der alte Horowitz ... und auch der Herschel Sachse.«

»Gut so, Shimon! Du sagtest auch, dass da ein Versteck im Hause ist. Weißt du, wo genau?«

»Es ist sehr gut verborgen. Ein kleiner Raum muss es sein, hinter der guten Stube des Loew. Nur, wie man hineinkommt, habe ich nie klären können. Eine Tür jedenfalls gibt es nicht. Und nun sitzt der Ganew hier wie auf dem Sprung und möchte wer weiß was geben, wenn er mich in seine Finger bekäme! Seht nur, wie seine Augen wütend herüberstarren!«

»Mach dir nur keene Sorjen, Simon. Wir sind ja bei dir und achten uff dich. Niemand wird dir was Böses anhaben können«, beruhigte Fritz den Freund.

Da legte auch Seidenfad seine Hand auf Simons Arm. »Fürchte dich nicht, hier hat er keine Gewalt über dich. Und er wird sich hüten, dir etwas anzutun, denn er weiß genau in seinem Herzen, dass du uns über seine Verbrechen berichtet hast.«

»Das sagt Ihr so dahin, aber Ihr kennt den Loew und seine Helfershelfer nicht. Ich traue ihnen alles zu.«

Mit einem Mal hatten die Brüder Posner es sehr eilig, das Fest zu verlassen. Sie sprachen von wichtigen Geschäften und waren, leicht schwankend vom Wodka, nach einem kurzen »Schalom« auf und davon.

*

Kaum mehr als eine Stunde mochte vergangen sein, der Invalide mit den Holzbeinen hatte sein Lied zum Besten gegeben und stelzte nun durch den Saal, jedem den Hut für ein Almosen hinhaltend, da entstand am Eingang zum Saal ein Tumult. Sieben Herren in schwarzen Mänteln und mit Zylinder schoben die livrierten Diener grob zur Seite und stürmten mit gezogenen Pistolen in den Saal. Ihnen voran, in Begleitung von Chaim Posner, kam mit schnellen Schritten Polizeirat Bösler zu jenem Tisch, an dem Loew, Herschel Sachse und einige andere Männer saßen. Der Wodka hatte schon seine Wirkung getan und die Ganoven stierten mit glasigen Augen auf die Männer der Geheimpolizei, die nun vor ihrem Tisch standen und mit den Pistolen herumfuchtelten.

»Im Namen des Königs, Ihr seid verhaftet, Moses Loew, und mit Euch alle, die hier am Tisch sitzen!« Polizeirat

Bösler sah Chaim Posner an. Der nickte unauffällig. Bösler befahl seinen Männern: »Legt die Herren in Ketten und dann rasch hinaus mit ihnen in die Grüne Minna, damit wir die Hochzeit hier nicht länger stören!«

Die Zivilgendarmen grinsten und taten, was ihnen befohlen war. Ringsum standen gaffend und mehr oder weniger schwankend die meisten der Hochzeitsgäste.

»Vorwärts marsch! Die Gefangenen in die Mitte! Bei Fluchtversuch wird sofort geschossen!« Eilig verließen die Polizisten den Saal.

Kaum waren sie fort, erhob sich ein derart lautes Stimmengewirr, dass das Kristallgehänge der Deckenleuchter klirrte.

Fritz Puvogel stand auf, winkte Simon zu, es ihm gleichzutun, und sagte zu Rike: »Jetzt lasst uns jehn, wer weiß, ob sich die Verbrecher nicht wieder loslüjen!«

Die Mutter stimmte ängstlich zu: »Ja, lasst uns aufbrechen. Das war ja ein Tumult bei dem Räuberfang, wie man es sonst nur in der Zeitung liest!«

Als die drei sich dem Ausgang näherten, kamen sie an der Tanzfläche vorüber, wo Rosa und Gil sich selbstvergessen im Takt der Musik drehten. Rike winkte den Tänzern zu, doch die sahen und hörten nichts, sie waren sich selbst genug. Geb's Gott, dass sie glücklich werden, dachte Frau Puvogel, und dann standen die drei auch schon in der nasskalten Januarnacht, froren und beeilten sich, in ihre Wohnung zu kommen.

Zehntes Kapitel

Schon in den frühen Morgenstunden des nächsten Tages ließ sich Polizeipräsident von Schlettau von seinem Diener die Paradeuniform ausbürsten und die hohen Stiefel so blitzblank putzen, dass er sich in ihnen spiegeln konnte.

Gegen zehn Uhr fand er sich im Vorzimmer des Audienzkabinetts ein und wartete darauf, zu Seiner Majestät vorgelassen zu werden.

Fürst Lichnowsky, der Vertraute des Königs, eilte schnellen Schrittes an dem wachhabenden Offizier vorbei, der in Habachtstellung vor dem Kabinett des Königs stand. Als er den Herrn von Schlettau bemerkte, der auf den Ruf seines Königs wartete, ging er lächelnd auf ihn zu und reichte ihm die Hand: »Herzlichen Glückwunsch, lieber Schlettau, Ihr Erfolg hat sich bereits bis ins Schloss herumgesprochen. Gratulation, mein Lieber, Gratulation. Majestät wird nicht mehr lange auf sich warten lassen. Er ist sehr interessiert und möchte alles ganz genau über die Bande wissen. Juden sollen es sein, habe ich gehört. Ist dem so?«

Der Präsident blickte dem grauhaarigen Fürsten in die Augen, er sah, dass sie hart und mitleidlos waren. »Ja, Fürst, Sie haben offenbar gute Zuträger im Polizeipräsidium. Die Mitglieder der Einbrecherbande sind allesamt Juden und stammen aus den preußischen Gebieten Polens.«

Fürst Lichnowsky nickte nachdenklich: »Majestät wird das nicht gerne hören, denn die Juden sind für ihn, der so gläubig am Evangelium hängt, Gottes auserwähltes Volk.«

»Was wollen wir tun? Sollen wir sie taufen? Ich kann aus den Juden keine Christen machen! Majestät muss sich damit abfinden, dass es unter dem auserwählten Volk auch schwarze Schafe gibt.«

»Gut, gut! Nun gedulden Sie sich noch ein wenig, Schlettau, bald wird Majestät Sie anhören.«

Mit diesen Worten verschwand Lichnowsky durch eine kaum sichtbare Tapetentür, die ins königliche Kabinett führte.

Drinnen saß Friedrich Wilhelm hinter seinem Schreibtisch, den die englische Verwandschaft, wie alles Mobiliar des Arbeitskabinetts, ihm zum Geschenk gemacht hatte. Seine rote Glatze, die von einem Kranz krauser, blonder Haare begrenzt wurde, glänzte und es zeigten sich kleine Schweißtropfen auf ihr, die ununterbrochen in den hohen Uniformkragen rannen.

Der König erhob sich, trat an das Fenster und winkte den Fürsten zu sich. »Sehen Sie, Lichnowsky, da stehen die Revoluzzer schon wieder. Sie wollen meinen Kopf! Was soll ich tun, Fürst?«

»Aber Majestät, warum diese unbegründete Sorge? Es sind doch nur einige Leute des Vierten Standes, die dort stehen und gaffen! Was macht es schon, wenn die Hunde den Mond anbellen?«

»Nein, nein! Seht nur, wie drohend sie ihre Fäuste recken. Das gilt mir, ihrem König und Herrn!« Die Augen Friedrich Wilhelms waren blutunterlaufen. Mit beiden Händen hielt er sich den schmerzenden Kopf. »Niemals sind das meine lieben Berliner dort unten. Pollacken und Franzmänner, ausländische Provokateure sind es, die dort rebellieren!«

Fürst Lichnowsky erwiderte beruhigend: »Mit Verlaub, Majestät, ich konnte nur Berliner erblicken. Aber habt keine Sorge, die Leute brauchen in dieser Zeit der

Not ein Ventil, doch sie wollen weder das Leben noch den Thron des Königs. Nun kommt, Majestät, setzt Euch, denn ich habe eine erfreuliche Nachricht für Euch.«

Der König klatschte in die Hände wie ein kleines Kind. Er ließ sich zum Schreibtisch führen, setzte sich und fragte: »Wirklich, Lichnowsky, eine gute Nachricht?«

»Ja, Majestät. Im Vorzimmer wartet Präsident von Schlettau. Er bringt die gute Nachricht und kann es kaum mehr erwarten, sie Majestät vorzutragen.«

»Nun, dann herein mit dem Schlettau. Lassen wir ihn nicht länger warten!« Kaum hatte der Fürst das Arbeitszimmer verlassen, stützte der König erneut den Kopf in beide Hände und stöhnte laut vor Schmerzen.

Ein Lakai öffnete die riesige Flügeltür, die Vorzimmer und Arbeitszimmer des Königs trennte. Fürst Lichnowsky trat als Erster ein und meldete: »Zur Audienz hat sich eingefunden der Polizeipräsident von Berlin, Baron Adalbert von Schlettau!«

Der König sah kurz auf, aber schon diese ruckartige Bewegung bereitete ihm Qualen. So schaute er schnell wieder vor sich und blätterte in den Akten, um seine Schmerzen zu überspielen. »Ihr habt mir eine gute Nachricht zu überbringen? Heraus damit!«

»Wir haben zwei Spitzel eingesetzt, die ansonsten für den Herzog von Braunschweig tätig sind und sich zur Zeit in Berlin aufhalten, und weil die Herren unliebsam auffielen, mussten wir sie eine kurze Zeit in Haft nehmen. Als wir sie ansprachen, ob sie für uns die Verbrecherbande ausfindig machen könnten, die seit einiger Zeit in der Residenz ihr Unwesen treibt, da sagten die Herren Chaim und Josef Posner zu!«

Friedrich Wilhelm sprang auf, so schnell, wie man es

dem fülligen Herrn kaum zugetraut hätte. »Und diese Posners haben Erfolg gehabt?«, fragte der König, indem er sein schmerzverzerrtes Gesicht abwandte.

»Majestät haben wie stets Recht«, kam Fürst Lichnowsky der Antwort des Polizeipräsidenten zuvor.

»Lassen Schlettau berichten!« Da war sie wieder, die Marotte des Königs, Befehle nur in zwei, drei Wörtern zu formulieren.

Herr von Schlettau verneigte sich höfisch galant vor seinem Herrscher: »Sehr wohl, Majestät. Die Spitzel entdeckten einige Mitglieder der Bande auf einer großen Hochzeitsfeier, bei der ein Besitzer mehrerer Lokale und Destillen sich vermählte. Die Brüder Posner kamen noch spät in der Nacht ins Präsidium, fanden meinen Stellvertreter, Kriminalrat Bösler noch über den Akten und berichteten ihm, was sie ausgespäht hatten. Rat Bösler war sofort auf den Beinen, er alarmierte die Gendarmen, und auch eine Gruppe Grenadiere aus der nahe gelegenen Kaserne wurde ihm auf seine Bitte hin unterstellt. So zogen die Gendarmen und Grenadiere nun zunächst zur Unterkunft des Anführers, einem Mann namens Moses Loew, der in seinen Kreisen auch der ›Schwarze Moische‹ genannt wird. Sie befindet sich in einem polizeibekannten Hinterhaus in der Großen Hamburger Straße.

Kriminalrat Bösler fand in der Wohnung die Ehefrau des Loew, die gerade dabei war, zu Bett zu gehen. An Ort und Stelle vernahm er die Frau und zögerte nicht, ihr Schläge anzubieten. Da gab die Frau auf. Sie gestand, ihr Ehemann sei Anführer einer Bande von neun Männern, die für die Einbrüche der letzten zwei Jahre verantwortlich seien. Sie gab auch gleich die Namen seiner Mittäter an. Es sind da zu nennen: Levi Loewenthal, Efraim Horowitz, Herschel Sachse, Isidor Gottschlich, Samuel …«

»Genug, genug«, unterbrach der König die Aufzählung. »Alles Juden?«

»Ja, Majestät.« Bedauernd zog Fürst Lichnowsky die Schultern hoch.

Friedrich Wilhelm hielt sich wieder den schmerzenden Kopf. »Das auserwählte Volk...«, stöhnte er. Dann befahl er kurz und knapp: »Bösler scheint ein guter Mann. Vorsehen für nächste Adelsverleihung!«

»Jawohl, Majestät, ist schon notiert.« Mit diesen Worten schrieb der Fürst etwas in seine Agenda und Herrn von Schlettau gab er einen Wink, der bedeutete, dass die Audienz beendet sei.

Rückwärts gehend, zogen sich die beiden Herren zurück.

»Schlettau! Zuhören! Sobald Neuigkeit, sofort Rapport!«

»Zu Befehl, Majestät, sofort Meldung, wenn Neues im Fall Loew und Komplizen!«

Der König sah, wie der Lakai hinter den beiden Herren die Tür schloss. Friedrich Wilhelm war, wie so oft in seinem Leben, mit sich und seinen Schmerzen allein. Er drückte seine Stirn gegen die kühlenden Fensterscheiben, stöhnte und sagte dann: »Das war ein Verbrechen gegen Gott den Herrn. Sie sollen die schwerste Strafe bekommen, die das Gesetz zulässt!«

*

Zur selben Zeit, da der König an der Fensterscheibe seinen kranken Kopf kühlte, suchten in Moses Loews Haus Gendarmen und Geheimpolizisten nach dem Versteck, das es hier geben sollte.

In den Mansardenstuben stießen die Staatsdiener auf die Kinder und Jugendlichen aus Loews Diebesschule. Man befragte die Kinder, die zunächst stumm blieben und von nichts etwas wissen wollten. Als sie aber hörten, der »Schwarze Moische« sei hinter Gittern und werde so schnell nicht wieder freikommen, da packten sie aus. Sie holten den Klingelmann aus seinem »Grab« unter den Dielen heraus und führten den staunenden Gendarmen ihre Kunstfertigkeit vor. Anschließend brachte eine Grüne Minna die Kinder zum Jüdischen Waisenhaus, das erst vor kurzer Zeit eröffnet worden war.

Vom Dach bis zum Keller durchwühlten die Gendarmen jeden Winkel, rissen die Dielen heraus, rückten die Schränke ab und warfen ihren Inhalt in die Mitte der Zimmer. Sie klopften jeden Zentimeter der Wände ab und fanden schließlich in Loews Salon in der Nähe des offenen Kamins einige Stellen, die hohl klangen.

Kriminalrat Bösler befahl, mit Hämmern und Hacken vorzugehen und die Wand einzureißen. Das dauerte seine Zeit und währenddessen setzte sich Bösler auf den Sessel, der hinter dem Schreibtisch stand. Dieser war schon von seinen Untergebenen gründlich durchsucht worden, ohne dass man etwas gefunden hätte, das mit den Einbrüchen zu tun hatte.

Spielerisch glitten die Hände des Herrn Kriminalrats über die künstlerischen Schnitzereien, die den Aufbau mit den vielen kleinen Fächern schmückten. Plötzlich sprang ein Geheimfach auf, so plötzlich, dass Bösler einen Moment lang erschrak. Dann schaute er sich das Fach näher an. Er fand ein Notizbuch, zog es heraus und blätterte darin.

»Man soll es nicht glauben«, staunte Bösler, »der Jud hat so genau Buch geführt, als wäre er der Chef einer großen Firma! Selbst die Verstecke, an denen die Beute aus den Brüchen lagert, sind hier genauestens aufgelistet.« Er trat an das winzige Fenster, um besser lesen zu können, warf dabei aber einen Blumentopf um, in dem ein mickriges Gewächs vor sich hinkümmerte. Der Topf fiel zu Boden und zerschlug. Zwischen den Tonscherben lagen dreißig oder mehr Goldstücke verschiedenster Prägungen und Werte. »Sieh an, sieh an ...«, sagte Bösler. Er rief nach einem der Kommissare, wies auf die Scherben am Boden und befahl: »Alles genau absuchen und aufheben, und wenn die Goldfüchse gezählt sind, Meldung bei mir!«

»Jawohl, Herr Kriminalrat«, erwiderte der Untergebene und lag schon auf den Knien, um die Blumenerde nach Münzen zu durchsuchen.

»Wenn Ihr damit fertig seid, Kommissar Liebner, untersucht auch die anderen Töpfe im Haus. Vom Keller bis hinauf unters Dach. Und keinen Topf auslassen. Bestimmt werden auch noch in anderen Töpfen Münzen zu finden sein! Und passt auf Eure Leute auf! Gold verführt auch den treuesten Menschen ...«

Kriminalrat Bösler hatte richtig vermutet: In zwölf Töpfen, darunter auch ein riesiges Gefäß, in dem eine Fächerpalme grünte, fand man gemünztes Gold aus vieler Herren Länder.

Die Gendarmen füllten das Geld in kleine Säcke und brachten sie ins Präsidium. Dort machten sie sich ans Zählen.

Zunächst zählten zwei Polizisten, danach noch einmal zwei andere, ein fünfter Mann kontrollierte die vier. Insgesamt kam man auf vierhundertsechsundneunzig Goldmünzen verschiedenster Werte.

Als Kommissar Liebner Bericht erstattete, staunte Kriminalrat Bösler nicht schlecht. Er ging zum Fenster, entfernte ein trockenes Blatt von der Blume, die er täglich pflegte, und brummte: »Was mag da erst in den anderen Behältern sein, die der Loew überall in der Mulackei verborgen hat? Ich will mich beeilen. Der Präsident wird das Ergebnis der Durchsuchung kaum erwarten können!«

*

Einen Tag nach der Verhaftung des »Schwarzen Moische« und seiner Spießgesellen machten sich Fritz und Simon am Abend auf den Weg ins *Café Stehely*.

»Ganz gleich, ob die Mutter nun schimpft oder nich, ick will wissen, wie es weiterjeht! Seit meinen Tagen im Jefängnis fühle ich mich so sehr mit den Freisinnigen verbunden, als würde ich sie und ihre Ziele schon lange Zeit kennen. Du kommst doch wohl mit, Simon!«

»Selbstverständlich! Besonders jetzt, wo ich keine Angst mehr haben muss, dass mich der ›Schwarze Moische‹ findet und zurückschleppt in die Knechtschaft! Ich fühle mich zum ersten Mal so recht von Herzen frei und möchte es in alle Welt hinausschreien!«

»Dann komm, lass uns jehen, damit wir noch einen Platz finden. Du weißt doch, wie voll das Café immer ist.«

»Nur nichts übereilen, Freund! Deine Mutter sollte wissen, wo wir sind. Ich will nicht, dass die arme Frau sich noch mehr Sorgen machen muss, als sie ohnehin schon hat.« Simon ging zum Küchenschrank und suchte nach einem Stück Papier und einem Bleistift. Als er kein Schreibpapier fand, riss er einen Fetzen vom Packpapier ab, mit dem die Schubladen ausgelegt waren. »Schreib du, Fritz, schließlich ist sie ja deine Mutter …«

»Ach komm, Simon«, wehrte der Freund ab. »Du weißt doch, was ich für eine Krähenkralle habe. Meine Schrift kann selbst Mutter kaum entziffern. Du dagegen hast eine so feine Schrift, wie gedruckt. Komm, schreib du, bitte!«

Simon lächelte in sich hinein. Je länger wir uns kennen, umso mehr bemüht sich Fritz, nicht zu berlinern, dachte er. Dann griff er zum Stift und schrieb: »Liebe Mutter Rike, seitdem wir keine Angst mehr haben müssen, dass der Moses Loew mich greift und verschleppt, fühlen wir uns frei und gehen heute wieder einmal zu den Freisinnigen. Sorgen Sie sich nicht um uns. Von Herzen Fritz und Simon.«

Fritz Puvogel hatte mit großen Augen zugesehen. Sie waren schon auf der Treppe im Stiegenhaus, da konnte er die Frage, die ihn bedrängte, nicht länger zurückhalten. »Sag doch mal, Simon, wie kommt es, dass ihr Juden euch immer bemüht, besser als die anderen um euch herum zu sein? Mir fällt das immer wieder auf.«

Simon zog die Schultern hoch. »Was soll ich dir darauf antworten, Fritz? Vielleicht mit einer Geschichte, die mir mein Vater einmal erzählte, als ich noch sehr jung war. Ich lag damals krank im Bett. Ein paar Jungen aus dem katholischen Viertel hatten mich in den Dorfteich geworfen, als ich vom Religionsunterricht zurückkam, und weil es an jenem Tag sehr kalt war, bekam ich eine schwere Erkältung. Der Vater saß neben mir und kühlte mir die Stirn. Damals fragte ich ihn: ›Vater wie kommt es, dass die Gojim uns so sehr verachten?‹

Der Vater überlegte eine Weile, dann gab er mir folgende Antwort: ›Viele der Gojim denken, die Juden seien schuld am Tode des Jeschua ben Josef, den sie ihren Messias nennen. Und weil sie ihn lieben, nehmen sie an uns Rache. Sie schlagen uns nieder, berauben uns, brennen unsere Katen ab und alles im Namen des Jeschua, der für sie ihr Heiland ist. Und darum will jeder jiddische Vater und jede jiddische Mutter, dass ihre Kinder fleißig lernen, um eine Stufe höher zu steigen, als sie selber gekommen sind. Sie sparen jeden Groschen, um ihre Kinder auf gute Schulen zu schicken, denn sie sagen sich: ›Nur wenn unsere Kinder klüger sind als die Gojim, wenn sie mehr lernen und mehr können als diese, dann kommen sie aus dem Elend heraus und stehen eines Tages über ihnen, so hoch, dass die Gojim sich nicht mehr wagen, sie zu hetzen, zu schlagen und zu brennen ...‹«

»Ich verstehe«, antwortete Fritz und blieb schweigsam, bis sie im *Café Stehely* angekommen waren. Erst in der Enge des verräucherten Lokals, wo man das Gesicht des Tischnachbarn kaum erkennen konnte, fand Fritz aus seinem Schweigen heraus. »Heute bezahle ich das Weißbier, Simon. Gestern gab es für meine Arbeit das erste Geld. Zwei Taler haben sie mir ausgezahlt. Wenig genug für die Schinderei! Der gefrorene Boden, den wir für die Gräber aufhacken müssen, ist nämlich so hart wie Stein.«

»Ich nehme dankend an«, erwiderte Simon und drückte dem Freund die Hand.

»Ich schäme mich für die Christen, die euch so übel mitspielen ... Sag mal, wollen wir Blutsbrüderschaft schließen?«

»Herzensbrüderschaft gerne und für alle Zeit, Blutsbrüderschaft nicht, denn die Tora* verbietet uns alles, was irgendwie mit Blut zu tun hat.«

»Auch gut, Simon! Hauptsache ist: Jeder kann sich auf den anderen verlassen.«

»So soll es sein, Fritze.«

»Hand drauf, Herzensbruder!«

Die Bedienung brachte das Weißbier. Fritz zahlte sofort, wie es im Café üblich war. Aufmerksam hörten die beiden Jungen zu, als einer der Freisinnigen das Wort nahm und aus einer Zeitung vorzulesen begann.

»Hört, was die *Vossische Zeitung* schreibt: ›Paris im Februar 1848. Nachdem in Wien, wo nach dem Tode von

Kaiser Franz vor einigen Jahren sein Sohn Ferdinand unter Metternichs Leitung nach alter Weise weiterregierte, der Aufruhr der arbeitenden Klasse zuerst aufloderte und weit über Wien hinaus die Freiheitssehnsucht in den Ländern Italien, Ungarn, Böhmen und Polen entzündete, erschüttert nun in Paris die Idee der Selbstständigkeit der Nationen die Masse des französichen Volkes. Hier, in der Hauptstadt der Franzosen, wird jeden Tag mit dem Ausbruch einer Revolution gerechnet. Sollte es in Paris zu Barrikadenkämpfen kommen, so ist damit zu rechnen, dass auch in Berlin und anderen deutschen Städten die hungernden Massen zu den Waffen greifen.‹«

Unruhe kam auf.

»Wie konnte dieser Bericht der Zensur entgehen? Weitaus weniger brisante Themen fallen dem Rotstift zum Opfer!«

»Der Zensor wird geschlafen haben!«

»Vielleicht sitzt dort jemand, der mit uns sympathisiert, und er wollte, dass wir einmal schwarz auf weiß lesen können, was sich in Europa tut ...«

»Jedenfalls ist dieser Bericht ein Sieg der freiheitlichen Demokratie!«

Irgendwer im Saal stimmte lauthals die Marseillaise an, das Kampflied der französischen Revolution: »Vorwärts, Kinder des Vaterlands ...«

Fritz stieß Simon mit dem Ellbogen in die Seite: »Los, Bruder, austrinken. Es ist wohl besser, wir verschwinden hier. Die locken die Polizei ja geradezu herbei. Ich habe keine Lust, wieder Prügel einzustecken und im Gefängnis zu landen.«

Simon trank aus, erhob sich und dann verließen die zwei eilig das Café.

»Ich wäre gern noch geblieben, aber ich glaube, du

hattest Recht«, sagte Simon, als sie weit genug entfernt waren und eine Razzia nicht mehr fürchten mussten. »Dass du im Gefängnis landest, können wir deiner Mutter nicht noch einmal antun! Komm, wir rennen eine Strecke, dann sind wir den Bieratem los und deine Mutter muss sich nicht über uns ärgern!«

»Also, dann mal los. Wir rennen, bis einer von uns nicht mehr kann…«

*

Rike saß in ihrer Küche neben dem Herd, in dem nur ein schwaches Feuer glühte, denn das Feuerholz war wieder einmal im Preis gestiegen, wie so vieles andere, was die Menschen brauchten, um zu leben.

Mit schnellen Fingern strickte sie an einem Schal, den sie für Oskar mitnehmen wollte, wenn wieder einmal Besuchstag im Arbeitshaus war. »Oder aber ich nehme ihn schon mit, wenn ich zum Gericht muss wegen der Einwilligung zur Adoption«, sagte sie leise vor sich hin. Wieder einmal, wie so oft in den vergangenen Wochen, überlegte sie, ob es wirklich richtig war, den Sohn freizugeben, damit er in einer anderen Familie ein besseres Leben führen konnte, ein Leben, das zu bieten sie niemals in der Lage sein würde.

Gerade schlug die Uhr vom Turm der neuen Christuskirche die neunte Abendstunde. Petroleum sparen, fuhr es ihr durch den Kopf, aber dann strickte sie doch weiter, denn sie hatte beschlossen, den Schal schon aufs Gericht mitzunehmen.

Beim neunten Glockenschlag war sie innerlich ganz ruhig geworden und sie spürte die Gewissheit, dass es Oskar nirgendwo besser gehen würde als unter der Obhut von Herrn und Frau Pastor Brosam.

Als sie Schritte im Stiegenhaus hörte, legte sie das

Strickzeug aus den Händen. Sie wusste sofort, dass es ihre Jungen waren, die heimkamen, Fritz und Simon …

Seltsam, dachte Rike, dass mir der fremde Mensch so sehr ans Herz gewachsen ist … und noch dazu mit seiner anderen Religion mit all ihren Geboten und Verboten. Aber vielleicht liegt es daran, dass er ein frommer Junge ist, der meinen Fritz auf den rechten Weg führen wird. Und Gott ist Gott, ganz gleich, wie man ihn anbetet, wir haben alle nur einen Vater!

Als die Freunde in die Küche kamen, brachten sie nasskalte Märzluft mit. Simon trat sofort an den Herd. Er wollte sich wärmen, merkte dann aber gleich, dass die Glut kurz vor dem Erlöschen war. »Kalt habt Ihr es hier, Mutter Rike!«

Rike Puvogel legte das Strickzeug auf den Tisch. »Ich wollte schon ins Bett kriechen, aber dann habe ich mir überlegt, dass ich den Schal für Oskar fertig gestrickt haben will, wenn ich wegen der Adoption zum Gericht muss. Ich überlege immer noch hin und her, ob es auch richtig ist, wenn ich zustimme, aber jetzt glaube ich, dass ich mich richtig entschlossen habe: Oskar soll es einmal besser gehen! Und bei den Pastors wird es ihm an nichts fehlen.«

Fritz stimmte der Mutter zu. »Dann kann sich wenigstens einer von den Puvogels satt essen und trägt Kleidung, durch die der Wind sich nicht bis auf die Knochen durchbeißen kann. Du machst es schon richtig, Mutter.«

Er stocherte mit dem Feuereisen im Herd herum. »Warum lässt du das Feuer so runterbrennen?« Er schaute in der Holzkiste nach. »Nichts mehr oben? Soll ich schnell in den Keller springen und neues Holz heraufholen?«

»Spar dir den Weg. Auch im Keller liegt kein Scheit Holz mehr. Und kaufen wollte ich nichts, das ist so teuer geworden, dass man es kaum mehr bezahlen kann.«

Fritz legte den Taler, der von seinem Lohn noch in der Hosentasche war, auf den Tisch, schob ihn der Mutter zu und sagte: »Viel ist es nicht, was bei der Totengräberei herauskommt, aber wenig ist besser als gar nichts. Und morgen, wenn ich von der Arbeit komme, bringe ich einen Sack Holz mit.«

Simon war in Gedanken immer noch im *Café Stehely*. »Es wird auch in Berlin bald Unruhen geben, gegen welche die Hungerkrawalle gar nichts waren. Wie in Paris werden die Bürger auf die Barrikaden gehen und für ein besseres Leben kämpfen ...«

»Was redest du da, Simon?« Rike war entsetzt.

»In Paris kämpfen sie bereits auf den Straßen, Mutter Rike, und ich sehe sie auch in Berlin schon aufstehen und gegen den Hunger, gegen die Obdachlosigkeit und für Arbeit kämpfen. Es werden die Männer des Vierten Standes dabei sein, aber auch Herren vom Adel, und einer wird für den anderen stehen!«

»Du machst mir Angst, Simon. Woher willst du das wissen? Hast du das zweite Gesicht?«

Simon lachte. »Nein, Mutter Rike, aber wenn man genau nachdenkt, gibt es keinen anderen Weg. Nur die Revolution kann uns die Freiheit bringen. Und ein Ende des Elends.«

Mutter Rike fror plötzlich. »Ich leg mich nieder. Bleibt auch ihr nicht mehr so lange auf, die Nacht ist bald herum!« Rike nahm ihr Strickzeug und wollte die Küche verlassen, als ihr noch etwas einfiel: »Ach, Simon, fast hätte ich vergessen, dir etwas auszurichten. Ein Konstabler vom Polizeipräsidium war hier. Kriminalrat Bösler möchte dich morgen früh als Zeuge in der Sache Moses Loew vernehmen. Um neun Uhr sollst du bei ihm sein.«

»Danke, Mutter Rike. Ich werde pünktlich sein.«

Die Jungen waren nun allein. Simon wusch sich Hände und Gesicht, und als er sich abtrocknete, kam ihm ein Gedanke: »Ich hatte dir doch von den Gedichten des Heinrich Heine erzählt …«

»Ja, ich erinnere mich.«

»Das Büchlein muss noch in der Kammer beim ›Schwarzen Moische‹ liegen. Ich werde vorbeigehen und seine Frau Riwka nach den Gedichten fragen. Wenn das Buch noch da ist, bringe ich es dir mit …«

*

In *Diamants Etablissement* war wieder einmal lebhaftes Treiben, doch Gil schien nicht recht zufrieden zu sein mit seinen Einnahmen. Die Gäste kamen zwar wie bisher, doch sie tranken weitaus weniger und saßen so lange vor ihrem Bierkrug, bis das Bier schal wurde. Sie debattierten über den König und seine Politik wie nie zuvor und Friedrich Wilhelm IV. kam nicht gut dabei weg.

»Was brauchen wir Fürsten und Könige? Sie fassen uns nur in die ohnehin schon leeren Taschen und berauben uns auch noch des Letzten, was wir besitzen!«

»Ja«, fiel ein anderer ein, »die Reichen werden immer reicher und die Armen immer ärmer. So geht es nicht weiter!«

»So wird es auch nicht weitergehen, Freunde. Schon sammeln sich die Mutigen auf Straßen und Plätzen, schon holen sie Musketen und Pistolen aus den Verstecken, reinigen und ölen sie, damit sie schussbereit sind, wenn es losgeht und die Arbeitsleute zusammen mit den studierten Herren gemeinsam gegen des Königs Garde kämpfen!«

Einer der Gäste begann nach der Melodie eines

Chorals zu singen: »Herren zum Tor hinaus, wir bauen ein neues Haus für den Arbeitsmann ...« Andere Gäste stimmten in den Gesang mit ein.

Gil Diamant eilte zu jenem Tisch, an dem die Gäste so lautstark politisierten: »Psst, seid leiser, liebe Leut, oder wollt ihr mir die Gendarmen auf den Hals schicken? Die warten doch nur darauf, dass die Menschen vor Wut und Hunger unvorsichtig werden. Mir würden sie das Lokal zusperren ... und wo, so frage ich euch, wollt ihr dann euer Weißbier trinken?«

Sofort schwiegen die Sänger und schauten den dicken Wirt schuldbewusst an. Gerade in diesem Moment kam Aaron Seidenfad die Treppe zum Lokal hinab.

»Bis auf die Gasse hab ich euch singen gehört. Das klang wie Aufruhr. Seid froh, dass kein Geheimpolizist in der Nähe war!«

Gil Diamant atmete auf. »Baruch haschem*«, flüsterte er, so leise, dass kein anderer sein Stoßgebet hörte. Dann rief er: »Was willst du trinken, Aaron? Ein Weißbier, ein dunkles Märzenbräu oder was sonst? Heut bist du mein Gast, weil du mir die Angst genommen hast!«

»Wenn du mir schon was Gutes tun willst, dann bring mir ein Wasserglas voll Wodka, bei diesem unangenehmen Wetter braucht man innerliche Wärme.«

»Kommt gleich, Aaron! Übrigens: Die Rike ist in der Küche. Vielleicht willst du ihr einen guten Abend wünschen?«

Seidenfads Gesicht färbte sich urplötzlich puterrot. »So«, stotterte er, »sie ist ... sie ist also da?«

»Ja, sie ist da ...«, antwortete Gil Diamant.

Aaron hatte sich wieder gefangen. »Bring mir doch erst mal den Seelenwärmer, Gil!«

Kaum stand der Wodka auf dem Tisch, trank Seidenfad ihn mit wenigen Schlucken aus, dann stand er auf und ging zur Küchentür. Tief atmete er ein und betrat Rikes Reich.

»Guten Abend, Frau Puvogel«, stammelte der sonst so wortgewandte Händler, »ich dachte … ich wollte … mal wieder nach Ihnen sehen …«

Nun war die Reihe an Rike zu erröten. »Schön, dass Sie vorbeikommen, Herr Seidenfad. Haben Sie sich inzwischen in Berlin ein wenig eingelebt?«

»Eingelebt … nun ja … teuer ist es hier, so teuer, dass ich bald wieder meinem Handel nachgehen muss, sonst sind meine Taschen schnell leer.«

»Ja«, seufzte Rike Puvogel, »es ist eine schwere Zeit, in der wir leben müssen.«

»Sie wird bald besser werden, wenn die Herren da oben von den richtigen Männern abgelöst werden …«

»Psst, Herr Seidenfad, es könnte uns jemand belauschen und dann wären wir schnell in Kost und Logis bei Vater Philipp …«

»Vater Philipp? Ist das …«

»Ja, so sagt man hier zum Gefängnis.«

»Eine schöne Umschreibung!«, sagte Aaron und lachte laut. »Wissen Sie, Frau Rike, ich habe Deutsch schon als Kind gelernt, die Sprache aber im Lauf der Jahre wieder vergessen. Jetzt habe ich mich jedoch schnell wieder an sie erinnert. Das liegt bestimmt an Ihnen, Frau Rike …«

»An mir«, staunte Rike, »wieso dies?«

»Weil ich mich freue, wenn ich mich mit Ihnen unterhalten kann, denn …« Er stotterte wieder. »Ich mag Sie gut leiden. Jeder Tag, den ich Sie nicht sehe, ist für mich ein verlorener Tag!«

Rike Puvogel errötete wieder bis in die Haarspitzen. »Danke, Aaron … mir geht es wie Ihnen. Auch ich mag Sie sehr!«

Am frühen Abend des 20. Februar kam Oskar in Begleitung von Pastor Brosam zu Besuch in die elterliche Wohnung. Als Simon Treidel öffnete, waren beide, der Pastor wie auch Oskar, enttäuscht und überrascht zugleich.

Pastor Brosam fragte freundlich, wie es seine Art war: »Ist die Witwe Puvogel nicht daheim?«

»Nein, noch nicht. Sie arbeitet in der Küche von *Diamants Etablissement.* Sie kommt immer erst gegen neun Uhr zurück.«

Pastor Brosam nickte nachdenklich. »Du bist der Judenjunge, der Freund vom Fritz, der hier in Logis ist?«

»Und Sie, Herr, sind der Pastor der evangelischen Gemeinde. Ich hörte Sie bei der Beisetzung sprechen.« Mit einer Handbewegung forderte Simon die beiden auf, in die Küche zu kommen.

Pastor Brosam trat als Erster ein. Nur zögernd und misstrauisch kam Oskar ihm nach. Zu wenige Stunden lagen zwischen der Entlassung aus dem Arbeitshaus und dem Besuch in Mutters Küche.

Simon lud den Pastor ein, sich zu setzen. Und weil es die Art der Pfarrer ist, sich in jeder Wohnung ihrer Gemeindekinder heimisch zu fühlen, setzte er sich und zog auch Oskar neben sich.

»Was liest du da?«, fragte Pastor Brosam neugierig und wies auf das Buch, das Simon nach dem Eintreten der Besucher aus der Hand gelegt hatte.

»Gedichte von Heinrich Heine.«

Unwillig schüttelte der alte Pastor den Kopf. »Das ist keine gute Lektüre. Der Heine ist ein Mann, der geistigen Aufruhr bringt. Er und seinesgleichen sind die Urheber der Revolutionen, die überall in unseren Nachbarländern aufflammen und vielleicht auch bald unser geliebtes Preußen erfasst. Ich sehe im Geiste schon die Flammenzeichen lodern!«

»Ich verstehe diesen Dichter anders, Herr Pastor! Er ist ein Feuergeist, aber er will das Beste für die Menschen. Jeder sollte seine Schriften lesen und erkennen, dass die Welt geändert werden muss, wenn sie die Schöpfung des Ewigen bleiben soll. Die Menschen sind dabei, seine Schöpfung zu zerstören!«

Pastor Brosam erhob sich. »Komm, Oskar, lass uns gehen. Und du, junger Mann, richte Grüße aus an Oskars Mutter. Sage ihr, der Oskar wurde mir heute von Gerichts wegen als Adoptivsohn übergeben. Die Urkunden wurden unterschrieben. Und vergiss auch nicht, ihr meine Einladung ins Pfarrhaus auszurichten. Auch Oskars Bruder soll mitkommen. Wir wollen die Adoption christlich feiern.«

»Ich werde alles wortgetreu ausrichten, Herr.«

Pastor Brosam schob Oskar ins Stiegenhaus. Der ging nur widerwillig mit, weil er aber wusste, dass er sich dem Pfarrer fügen musste, wenn sein Leben anders, besser und reicher verlaufen sollte, so half er dem alten Herrn die Treppen hinab.

Brosam war über die Hilfe des Jungen erfreut. Die Worte Simon Treidels aber gingen ihm nicht aus dem Sinn. »Ach was«, brummte er ärgerlich vor sich hin, »ein Jude hält zum anderen. Das hat schon der Doktor Martinus Luther geschrieben und so ist es bis auf den heutigen Tag!«

*

Seit Beginn des Monats März versammelten sich die Berliner jeden Abend in Massen im Tiergarten, in den Zelten und sogar Unter den Linden. Sie lauschten begeistert den Aufrufen der Studenten, Professoren und anderer Bürger, die der Revolution ihre Stimme liehen.

Die Unzufriedenen verfassten Bittschreiben an den

König. Noch waren sie demütig und königstreu. Das sollte sich aber bald ändern.

Militär wurde in die Stadt und die Vororte beordert. Wohin die Bürger schauten, überall sahen sie die blauen Uniformen. Der Anblick des Militärs verschärfte die Anspannung in der Bevölkerung noch mehr. Die Allgegenwart der Soldaten und Polizisten, besonders die Schnüffelei der Geheimpolizei, wurde vom Volk als Tyrannei empfunden. Und den stets in Bereitschaft liegenden Soldaten wurde eingetrichtert, im Volk den Feind zu sehen! Immer öfter kam es zu kleineren Konflikten zwischen Truppe und Zivilisten.

An einem jener Vorfrühlingsabende stand der König wie so oft in den letzten Wochen am Fenster seines Arbeitskabinetts, schaute auf den Schlossplatz und erregte sich von Minute zu Minute mehr über die unter seinem Fenster versammelten und mit Fäusten drohenden Menschen. In seinem von heftigen Schmerzen verwirrten Kopf erschienen dem König die wenigen Personen wie eine riesige Menge, die ihm die Macht nehmen wollte.

Und so befahl er schließlich General Möllendorff zu sich und trug ihm auf: »Tätig werden, Möllendorff! Schlosswache einsetzen. Bande vertreiben!« Er wies auf das kleine Häuflein hungernder Berliner vor seinem Fenster.

General Möllendorff schlug die Stiefel zusammen, wie es das Reglement vorschrieb, und verließ das Kabinett. Im Vorzimmer traf er auf Fürst Lichnowsky. »Ich bin ratlos, Fürst! Es wird immer schlimmer mit Seiner Majestät. Nun sieht er schon Gefahren, wo keine sind, und Revoluzzer dort, wo hungernde Menschen ihre Hände erheben und um Brot betteln. Die Schlosswache soll ich auf die Armen hetzen! Sagt mir, Fürst, was soll ich tun?«

»Befehl ist Befehl und erst recht, wenn er von Seiner

Königlichen Majestät kommt. Uns allen bleibt nichts anderes, als den Befehl auszuführen.«

Ein Trupp von zehn Soldaten der Schlosswache vertrieb die Protestierenden durch Schüsse. Sie trafen niemanden. Der General hatte den Soldaten befohlen, in die Luft zu schießen.

Fürst Lichnowsky stand unterdessen bewegungslos vor der Tür zum Kabinett des Königs. Wieder einmal hatte dieser nach seinen Pulvern gegen die heftigen Kopfschmerzen verlangt. Der Kammerdiener brachte sie auf einem silbernen Tablett, zusammen mit einer Karaffe und einem Glas Wasser. Als der Diener die Tür öffnete, ließ der Fürst ihm den Vortritt. Dann betrat auch er das Arbeitskabinett, blieb aber abwartend an der Tür stehen.

Der Kammerdiener löste seinem Herrn zwei Schmerzpulver auf und reichte das Glas dem König. Der trank es aus und stützte den Kopf wieder in die Hände. So wartete er auf Besserung. Als nach einer kurzen Weile noch keine Wirkung eingetreten war, schrie er den Diener an: »Mehr davon! Keine Besserung!«

»Majestät«, wagte der Kammerdiener zu widersprechen, »das Mittel ist sehr stark, es wird Euch mehr schaden als nutzen!«

Rot vor Zorn schrie Friedrich Wilhelm: »Maul halten! Mehr Pulver. Mehr Pulver!«

Mit zitternden Händen füllte der Lakai frisches Wasser ins Glas und rührte neues Pulver ein. Mit einer hastigen Bewegung entriss der König ihm das Glas und schluckte die Medizin gierig hinunter. Augenblicke später scheuchte er mit müder Handbewegung den Diener aus dem Raum.

Nun erst schien das Mittel zu wirken und Lichnowsky wagte es, sich dem König zu nähern.

»Der Polizeipräsident bittet um Order, die in Haft sitzenden jüdischen Banditen in die Spandauer Festung verbringen zu dürfen. Bei den zu befürchtenden Unruhen in Berlin sei die Stadtvogtei nicht sicher genug. Zu leicht könnten die Verbrecher von Helfershelfern befreit werden.«

Als sei er in seinen Gedanken sehr weit weg, stand der König auf, trat an das Fenster, schaute auf den Platz und fragte halblaut: »Wann, glaubt Ihr, kommt es zu Unruhen in der Residenz?«

Fürst Lichnowsky trat an des Königs Seite. »Wer kann das wissen, Majestät? Vielleicht schon heute, vielleicht gar nicht. Alles liegt in Gottes Hand!«

Da drückte Friedrich Wilhelm die Hand des Ministers. »Ja, Ihr sagt es, Lichnowsky. Alles in Gottes Hand!« Und nach einer Pause, in der bedrückendes Schweigen herrschte, forderte der König: »Her mit Papier. Gebe Order! Verbrecher ab nach Spandau!«

*

Zur selben Stunde waren Fritz und Simon unterwegs in den Straßen der Stadt. Überall, wo sie vorüberkamen, standen die Menschen in Gruppen debattierend zusammen. Die beiden Jungen spürten sehr deutlich, dass der brodelnde Kessel des Volkszornes kurz vor dem Überkochen war.

Sie sahen, dass Unter den Linden an einem Baum eine Zeitung angeschlagen war, die sich *Der Freimütige* nannte. Sie versuchten sich durch die Ansammlung von Neugierigen zu drängeln, die lasen, was dort gedruckt war. Die anderen aber standen fest wie eine Mauer und ließen niemand durch.

Verstimmt gingen die Jungen weiter. Von Leuten, die ihnen entgegenkamen, hörten sie, dass es vor dem

Schloss zu Volksaufläufen gekommen sei. Die beiden sahen sich an und wussten sofort, dass sie denselben Gedanken hegten: Sie wollten so schnell wie möglich zum Schloss, um zu sehen, was Wahrheit und was Legende war.

Am Buchladen Unter den Linden verhielt Simon kurz den Schritt, schaute in die Auslage und winkte Fritz zurück. »Sieh nur, dort liegt das Buch vom Heine im Fenster. Der Buchhändler traut sich schon einiges!«

»Ja, man merkt eben doch, dass vieles nicht mehr so ist wie noch vor einigen Wochen. Die Menschen zeigen Mut, wo sie früher noch ängstlich den Mund gehalten hätten. Übrigens: Ich habe das Buch schon fast gelesen! Der Heine ist ein ganz scharfer Hund! Er und die anderen Dichter und Denker haben die Menschen erst wachgerüttelt. Eine neue Zeit bricht an, Simon!«

»Meinst du wirklich, Fritz? Wenn du dich da nur nicht irrst. Die Reichen sind immer noch die Mächtigen und sie werden alles dransetzen, dass sie die Macht in ihren Händen behalten!«

»Komm, wir wollen uns beeilen, dass wir zum Schloss kommen. Wenn mich nicht alles täuscht, höre ich von dort Schüsse!« Fritz zog seinen Freund am Ärmel mit sich und zwang ihn zu schnellerem Gang.

Auf dem Platz vor dem Schloss schien alles ruhig zu sein. Nur am Rande des Platzes, dort, wo keine Laternen mehr standen und die Dunkelheit alles schluckte, hielten sich noch einige Demonstranten auf und schimpften laut gegen König und Staat. Von ihnen erfuhren Fritz und Simon, dass die Soldaten der Schlossgarde die Protestierer mit einigen Salven auseinander getrieben hatten.

»Hier ist nichts mehr los, Simon. Komm, lass uns gehen, ich muss morgen wieder früh aus den Federn!«

Die Freunde beeilten sich. Bald schon hatten sie den Alexanderplatz erreicht. Dort trafen sie auf einige betrunkene Studenten, die mit blutdurchtränkten Kopfverbänden vom Paukboden* kamen und lauthals grölten.

Simon schüttelte den Kopf. »Solange die meisten Studenten nichts anderes im Sinn haben als Bier und Schnaps und ihre Mensurblessuren, steht es noch arg schlecht um die Freiheit!«

»Wenn ich die so sehe, glaube ich fast, dass du Recht hast, Simon.«

»Ganz bestimmt! Und nun rasch, Fritz, bevor die zukünftigen Herrn Doktoren uns bemerkt haben und mich jagen wollen!«

»Warum sollten sie?«

»Warum? Weil es für sie ein Spaß ist, einen Juden zu jagen, um sich an seiner Angst zu weiden.«

»Aber doch nicht bei uns in Berlin!«

»Das weiß ich leider besser, Fritz. Komm, lass uns hier verschwinden.«

Die Studenten waren zum Glück so betrunken, dass sie Simon und Fritz nicht einmal bemerkten. Unbehelligt kamen die Freunde in der Puvogelschen Wohnung an. Mutter Rike war von ihrer Arbeit noch nicht zurück.

*

Rosa Diamant, geborene Wandeltal, saß bei Rike in der Küche und half ihr bei den Vorbereitungen für den kommenden Tag.

Rosa schien noch fülliger geworden zu sein. Rike erkannte an ihren Augen, dass Rosa guter Hoffnung war. Sie freute sich für ihren Patron und besonders für die gutmütige Rosa.

»Wieso sehen Sie mir so fragend an, Rike, is wat mit mir?«

Rike Puvogel lächelte. »Was soll denn sein? Sie wissen wohl besser als jeder andere, Frau Rosa, was mit Ihnen ist.«

Rosa senkte verlegen den Blick und stach den Kartoffeln noch hastiger als zuvor die Augen aus. »Sie haben, so scheint's mir, eenen sechsten Sinn!«

»Den bekommt man mit den Jahren. Jedenfalls für so was.«

»Sie haben richtig jekiekt, Rike. Der Diamant ist schon närrisch vor Freude. Natierlich will er unbedingt een Sohn haben!«

»Na, hoffentlich geht sein Wunsch in Erfüllung, aber man muss nehmen, was kommt, zurückgeben kann man es nicht.«

»Mir is det ooch piepejal, ob Junge oder Meechen. Hauptsache is, et is jesund und munter!«

»Da haben Sie Recht, Frau Diamant. Und dafür will ich gerne beten.«

»Scheen von Ihnen! Aber jetzt fällt mir ein, warum ich zu Ihnen in de Küche jekommen bin. Mir hat der Seidenfad jeschickt. Der Mann is zu feije, Ihnen zu fragen, ob Sie seine Frau werden wollen!«

Rike war so verblüfft, dass sie nicht recht wusste, was sie antworten sollte. Sie mochte den schmalen Mann mit den sanften Augen. »Warum kommt er nicht selber? Ich beiße doch nicht.«

»Er sagt, er hat Angst, Sie würden ihm eenen Korb jeben, und det würde ihn sehr beschämen.«

»Quatsch! Sagen Sie ihm, Madame, dass er mich in meiner Wohnung besuchen soll. Dort kann er mich persönlich fragen. Und sagen Sie ihm auch, dass seine Chancen nicht schlecht stehen. Nur eines soll er nicht von mir verlangen: dass ich meine Religion wechsele. Das kann und will ich nicht. Ich verlange auch von ihm nicht, dass er Christ wird. Jeder soll seinen Glauben behalten, ohne dem anderen dreinzureden.«

»Also hat der Seidenfad wirklich eene Chance bei Ihnen, Rike?«

»Ja, die hat er. Denn schon in der Heiligen Schrift steht geschrieben: ›Es ist nicht gut, dass der Mensch allein sei!‹ Gleich auf den ersten Seiten der jüdischen Bibel steht es. Auch der Seidenfad wird den Spruch kennen.«

»Bestimmt, Rike!«

»Dann soll er kommen und mir einen Antrag machen, wie der Brauch es will.«

»Ick werd's ihm sagen und er wird bestimmt nich lange uff sich warten lassen. Und nun hole ick zwee Jläser Kribbelwasser. Darauf müssen wir anstoßen!«

»Ich habe doch noch zu arbeiten, Frau Rosa.«

»Wat nich fertig is, lassen wir liejen. Det is doch een janz besonderer Abend!« Röschen Diamant erhob sich und eilte in den Gastraum. Sie konnte es nicht erwarten, Aaron Seidenfad Bericht zu erstatten.

*

Aaron Seidenfad kam noch am selben Abend, an dem Rosa Diamant für ihn die Heiratsvermittlerin gespielt hatte, zu Rike in die Wohnung.

Zaghaft klopfte er an. Rike erhob sich, ging zur Tür und schloss auf. Nervös, blass und mit klopfendem Herzen stand Seidenfad draußen.

Als Rike in seine gutmütigen Augen schaute und sah, wie der Mann am ganzen Leibe zitterte, da lächelte sie und streckte ihm die Hände entgegen. Und als Seidenfad ihre Hände nahm, zog sie ihn in die Küche.

»Ist es wahr … Sie wollen mich heiraten, mich, den Juden?«

»Ja«, erwiderte Rike resolut, »genauso gerne, wie du mich zur Frau nehmen willst, denn es ist nicht schön, ganz allein zu sein.«

Da wurde Aaron Seidenfad munter und er bewies, dass noch genügend Kraft in ihm war. Er nahm Rike in die Arme, hob sie hoch und drehte sich mit ihr im Kreise, dabei immer wieder laut sein »Baruch haschem« rufend.

Das hörte auch Simon, der im Nebenzimmer lag und kurz vor dem Einschlafen war. Schnell war er aus dem Bett, er weckte Fritz und beide rannten, nur mit ihren Hemden bekleidet, in die Küche. Erstaunt sahen die Freunde, wie Seidenfad Rike herumwirbelte. Immer wieder rief er, freudetrunken: »Baruch! Baruch!«

Fritz sah Simon fragend an.

»Er freut sich und ruft ›Baruch haschem‹, das heißt: ›Gelobt sei der Name!‹ Er meint damit den Namen des Ewigen, den er als gläubiger Jude nicht aussprechen darf, weil er zu heilig ist.«

»Also kein Grund zur Sorge?«

Simon lachte herzlich. »Kein Grund, Fritz. Ich glaube, du wirst gleich eine Neuigkeit erfahren, mit der du nie gerechnet hättest.«

Endlich, als Seidenfad die Luft ausging, ließ er die Witwe Puvogel frei. Sie setzte sich neben Aaron und der nahm behutsam ihre Hände und küsste sie.

»Siehste, Fritz, ich habe Recht. Der Aaron wird dein neuer Vater!«

»Ja, ist denn das möglich? Dann muss Mutter doch jüdisch werden?«

»Nein, muss sie nicht. Wenn die beiden sich erst mal richtig kennen, werden sie sich entscheiden, ob Mutter Rike jüdisch oder Aaron evangelisch wird. Sie werden sich schon einig werden. Wie sie sich auch entscheiden,

Mutter Rike bleibt, wie sie ist, und auch Aaron wird sich nicht ändern, wenn er eine neue Religion annimmt. Hauptsache ist doch, dass sie sich lieben.«

»Du hast Recht, Simon, jüdisch oder nicht... das ist doch gleichgültig. Mensch muss man sein, von Herzen gut und treu dem Nächsten!« Fritz Puvogel traten die Tränen in die Augen. Er nahm den Freund in die Arme und sagte: »Das habe ich schön gesagt, was? Der Spruch könnte auch in der Bibel stehen.«

Fritz ließ Simon erst los, als Rike auf sie zukam. »Ihr habt ja wohl verstanden, dass ihr Zeuge einer Verlobung wurdet. Und nun marsch ins Bett, bevor ihr euch noch eine Erkältung holt, mit den kurzen Hemden!«

Schon in der Tür, drehte sich Simon noch einmal um und wünschte: »Masl und Broche dem Brautpaar!«

Auch Fritz kam noch einmal zurück und schloss sich Simons Wünschen an: »Glück und Segen für euch beide!«

*

Am 15. März kam es zum bisher größten Massenprotest. Vor dem Schloss strömten immer mehr unzufriedene Berliner zusammen. Mit Knüppeln, Schirmen und Stöcken drohten sie wütend zu dem erleuchteten Zimmer im Schloss hinauf, in dem sie den König vermuteten. Auch Simon und Fritz waren unter den Demonstranten.

Simon hatte von dem Aufmarsch der Bürger erfahren, als er von Kriminalrat Bösler in dessen Arbeitszimmer zum wer weiß wie vielten Mal über die Machenschaften des »Schwarzen Moische« befragt wurde. Simon war wie stets bei den Vernehmungen ängstlich gewesen, er fürchtete die Rache des Moses Loew und erklärte dies auch unumwunden dem Kriminalrat.

Der winkte ab: »Bis der wieder in Freiheit ist, bist du längst in Sicherheit, vielleicht in einer anderen Stadt…«

»Ich habe nicht die Absicht, Berlin zu verlassen, Herr Kriminalrat. Es ist eine Stadt, die man lieben muss, auch wenn gerade jetzt alles zu zerbrechen scheint.«

»Es will dich niemand aus der Stadt vertreiben, Simon Treidel. Nur habe ich Informationen, dass dich Verwandte nach Amerika holen wollen. Aber sei es, wie es sei: Wir benötigen deine Aussage. Den anderen, die als Kinder hierher verschleppt wurden, verschließt die Angst den Mund. Wenn nun auch du nicht auszusagen wagst, dann kann der Loew nur wegen der Anführerschaft bei den siebenunddreißig Einbrüchen angeklagt werden. Sagst du aber aus, so werden wir dir, wenn du willst, einen anderen Namen verschaffen. Und wenn der Loew nach Jahren freikommt, wirst du älter sein, anders aussehen und der Loew kann suchen, wo er will, er wird dich nicht finden.«

»Sie geben mir Ihr Wort darauf, Herr Kriminalrat?«

»Mein Wort darauf, junger Mann, und nun stelle ich meine Fragen und du antwortest!«

Schon nach einer halben Stunde brach Bösler die Vernehmung ab. Wie in einem aufgestörten Bienenhaus summte es im Präsidium. Türen klappten, Schritte hasteten über die Flure, dann marschierten Männer in genagelten Stiefeln durch das große Haus. Ein Untergebener des Kriminalrats riss die Tür zu seinem Büro auf und schrie nervös: »Der Aufstand bricht los! Die Massen sammeln sich vor dem Schloss!« Bösler sprang auf, griff in die Lade des Schreibtisches, zog eine Waffe heraus und verbarg sie an seinem Körper. »Schluss für heute, Simon Treidel. Jetzt gibt es Wichtigeres zu tun. Wenn der Aufstand niedergeschlagen ist, lasse ich dich wieder herbestellen.«

Simon riss Augen und Ohren auf. Jetzt war er im Zentrum der Macht Zeuge der beginnenden Revolution geworden.

»Kann ich dann jetzt gehen?«, fragte er.

»Ja, fort mit dir!«, antwortete Kriminalrat Bösler. »Und bring dich schnell in Sicherheit, denn auf den Straßen wird bald scharf geschossen!«

Elftes Kapitel

Seine Majestät, Prinz Wilhelm sowie die Vertrauten des Königs, Ministerpräsident Camphausen, Fürst Lichnowsky und General Möllendorff, waren im Arbeitszimmer Friedrich Wilhelms versammelt. Von hier aus hatte man, wenn es darauf ankam, einen guten Überblick über den Schlossplatz.

Ununterbrochen starrte der König auf den weiten Platz und bot seinen Herren den Rücken zur Ansicht. Keinen Blick ließ er von den in blaues Tuch gekleideten Infanteristen, die nach den scharfen Kommandos der Unteroffiziere exerzierten.

»Schauen Sie nur, Camphausen, ich bin der Herr der Straße. Nicht einer der Anführer ist zu sehen. Nur das Preußischblau meiner Truppe!«

»Das, Majestät, kann sich schnell ändern. Ich darf an Wien erinnern, an Paris ...«, ermahnte ihn Prinz Wilhelm.

»Ach, papperlapapp! Wir leben in Preußen, in Berlin! Hier kann sich so etwas nicht ereignen!«

»Lieber Herr Bruder«, entgegnete der Prinz, »vergessen wir nicht, was sich gestern rund um das Schloss abspielte ...«

Ministerpräsident Camphausen stimmte den Worten des Prinzen zu: »Majestät wissen, dass ich Euer loyaler Diener bin. Gestattet mir daher einige offene Worte ...«

»Reden Sie, Camphausen«, forderte der König, trat vom Fenster zurück und setzte sich an den Schreibtisch. Gedankenverloren blätterte er in den dort liegenden Akten.

»Verhindert weiteres Blutvergießen, Königliche Hoheit, und ruft die Truppen zurück!«

Der hagere General Möllendorff streckte sich zur vollen Größe. Fragend sah er seinen König an, sagte aber kein Wort.

»Auch ich, verehrter Camphausen, will nicht das Blut meiner Untertanen fließen sehen. Ich möchte ihr Glück und ihre Zufriedenheit.« Eine böse Falte grub sich in die Stirn des Königs. »Und darum will ich ihnen alles verzeihen, wenn sie die Barrikaden abreißen und nach Hause gehen!«

»Majestät, die Berliner bauten die Barrikaden gegen die Angriffe der Soldaten. Wie ihr wisst, gab es schon erste Tote!«, sagte Fürst Lichnowsky leise, aber so bestimmt, dass der König und seine Herren aufmerkten.

General Möllendorff meldete sich nun zu Wort. »Ach was! Das Volk muss wissen, wo seine Grenzen sind. Immer druff und dran, muss unsere Devise sein, dann werden sich die Revoluzzer bald verziehen, wie dunkle Wolken nach dem Gewitter!«

Der König schien ratlos. Lange schwieg er, dann fragte er mit unsicherer Stimme: »Was soll ich tun, Fürst?«

»Stellt Euch an die vorderste Front, an die Spitze der Nation, Majestät!«

»Ich bin nicht gegen den Nationalgedanken, aber ich erkenne nicht, was dieser Aufstand damit zu tun haben soll.«

»Gesteht ein, Majestät, dass Eure Politik nicht immer die richtige für das Volk war«, beschwor Fürst Lichnowsky den König.

Friedrich Wilhelm schüttelte den Kopf: »Wie können Sie so reden, Lichnowsky? Sie, ein Mann aus bestem Geschlecht ...«

»Wir müssen genau bedenken, was auf uns zukommt, Majestät«, erwiderte der Fürst. »Das hungernde Volk fragt nicht danach, ob es im Recht ist oder nicht. Denkt nur an das Schicksal des Königs von Frankreich!«

Friedrich Wilhelm wehrte ab. »Nicht zu vergleichen. Die Preußen lieben ihr Königshaus!«

Eine Gesprächspause trat ein. Herr von Camphausen nutzte sie. »Ein väterliches Wort, Majestät, würde die Rebellen vielleicht wieder zur Ordnung rufen ...«

Friedrich Wilhelm blickte von einem der Herren zum anderen. Nur Fürst Lichnowsky senkte seinen Blick nicht vor dem des Königs. Er sagte eindringlich: »Befehlt den Rückzug der Truppen, Königliche Hoheit! Reicht dem Volk die Hand zur Versöhnung!«

Es war, als habe der König Lichnowkys Worte nicht gehört. Fahrig knöpfte er seinen Uniformrock auf und zu. Endlich befahl er: »Dinieren Sie mit mir, Fürst!«

*

Ununterbrochen klebten Soldaten Aufrufe des Königs an die Hausmauern. Darin machte er weitgehende Zugeständnisse an die liberale und nationale Bewegung. Er versprach eine Verfassung für Preußen, die Einsetzung eines Preußischen Parlaments und die Einrichtung eines Bundesstaates. Außerdem hob der König, jedenfalls teilweise, die Pressezensur auf.

In allen Kneipen und Cafés wurde dies dankbar begrüßt. Sofort machte man von der Pressefreiheit Gebrauch und bald klebten in der ganzen Stadt kühne Plakate an den Wänden, zum Beispiel dieses:

1. Die rote Farbe ist
für immer abgeschafft und
darf nie wieder
hervorgebracht werden.

2. Der Regenbogen enthält
fortan nur fünf Farben.

3. Alle Vögel haben bei
sofortiger Einsperrung ihre
roten Federn abzulegen
und statt deren andere
zu tragen.

4. Das Blut, das gefährlichste
Sinnbild der roten Republik,
wird allen Demokraten abgezapft.

5. Alle Rotköpfe und Rotbärte
sind einzufangen und abzuschneiden.

6. Auch den Damen sind rote Kleider,
Schleifen und Busentücher verboten,
ebenso auch die Schamröte.

7. Die Abend- und Morgenröte
sind abgeschafft.

Nun strömten die Massen wieder auf den Schlossplatz. Jubelnd huldigten sie dem König. Dieser stand breitbeinig auf dem Balkon des Schlosses, er winkte seinen Untertanen zu, die ausgelassen ihre Hüte schwenkten und sie unter Hurra-Rufen in die Luft warfen.

Alles sah nach einer großen Versöhnung aus – doch es sollte anders kommen. Die Forderung der Aufständischen, das Militär zurückzuziehen, wollte der Monarch nicht erfüllen. Wie ein Lauffeuer machte die Nachricht auf dem Schlossplatz die Runde, dass der König die waffenstarrenden Soldaten nicht zurückrufen werde. Schon mischten sich unter die Huldigungsrufe erste Pfiffe und Missfallensschreie.

Als der König, eben noch jubelnd begrüßt, die Beschimpfungen hörte und die drohend gereckten Fäuste und schwarz-rot-goldenen Fahnen sah, gab er den Befehl, den Schlossplatz mit Gewalt zu räumen.

Wenige Minuten später trabten des Königs Dragoner mit blank gezogenen Säbeln auf die Menschen zu. Panik entstand unter den Demonstranten. Immer mehr von ihnen stürzten und kamen unter die Hufe der Pferde. Heiser vor Wut und Verzweiflung gellten die Schreie der Verwundeten.

Der König und seine Minister zogen sich hastig in das Arbeitszimmer zurück. Ein Lakai schloss behende die Balkontür, denn schon flogen Steine, von denen einige die Fensterscheiben im Schloss durchschlugen.

Mit den Dragonern griffen auch die Infanteristen an. In Schützenketten rückten sie gegen die Bürger vor. Plötzlich peitschten zwei Schüsse. Sie sollten der Revolution eine arge Wendung geben. Niemand auf dem riesigen Schlossplatz wusste, wer die Schüsse abgefeuert hatte. Sie verletzten niemand, führten aber, wie zuvor in Paris und Wien, zur kriegerischen Explosion.

Schreiend, weinend und unter großen Schmerzen wankten diejenigen davon, die von den Säbeln der Dragoner getroffen und unter die Hufe ihrer Pferde geraten waren. Die anderen aber blieben auf dem Schlossplatz, zorniger als je. Von Minute zu Minute wuchs die Spannung. Es schien, als würde die Menge nun den Kampf wollen, als wollte sie sich nicht mehr besänftigen lassen.

Das Wort von Verrat und Mord machte in der ganzen Stadt die Runde. Als Prinz Wilhelm vom Balkon des Schlosses herab erklärte, dass es sich bei den Schüssen um ein Missverständnis gehandelt habe, erntete er nur höhnisches Gelächter der Revolutionäre. Aus allen Schichten der Bevölkerung traten nun die Kampfwilligen an. Der Hass der Bürger richtete sich weniger gegen König und Monarchie, sondern vor allem gegen die Willkür des Militärs. Entschlossene Sozialisten und Republikaner, die den Sturz der Monarchie forderten, waren in der Minderheit.

Innerhalb weniger Stunden entstanden Hunderte von Barrikaden im Zentrum Berlins.

*

Gemeinsam mit vielen hassglühenden Studenten waren auch Fritz und Simon unterwegs ins Zentrum. Auf dem Schlossplatz hatte der flache Hieb eines Dragonersäbels Fritz am Kopf verletzt. Ein Medizinstudent verband ihm die Wunde, Simon fasste ihn unter und so konnte er Schritt mit den anderen halten.

Sie kamen an der Christuskirche vorbei. Aus den winzigen Glockenfenstern im Turm hingen die schwarz-rot-goldenen Fahnen der Revolution. Auf der Kirchentreppe stand Pastor Brosam in vollem Ornat. Er winkte die Studenten heran: »Ihr zieht in einen Bürgerkrieg, Männer! Und ihr solltet darauf vorbereitet sein, dass dieser Kampf viele von euch das Leben kosten kann. So habe ich mich entschlossen, allen, die es wünschen, den Segen und das Heilige Abendmahl auszuteilen!«

Die Anführer besprachen sich. Nach einer Weile schienen sie sich einig zu sein. »Silentium, Kommilitonen«, rief einer der Studenten, der durch seinen brandroten Bart besonders hervorstach. »Wer das Abendmahl einnehmen will, soll gehen. Wir anderen warten auf euch, bis ihr zurück seid!«

Ein großer Teil der Gruppe löste sich und ging bedächtigen Schrittes die Kirchentreppe hinauf.

Fritz grübelte. Immer wieder hatte er betont, dass er nicht an Gott glaube, weil er nur an einen gerechten Gott glauben könne, aber es gab keine Gerechtigkeit in der Welt. Jetzt, nach dem Hieb des Dragoners, der ihm für kurze Zeit die Besinnung geraubt hatte, war er nachdenklicher geworden. Und wenn es nun doch einen Gott gibt? Wenn es mich erwischt beim Straßenkampf? Wenn die Mutter mit ihrem festen Glauben doch Recht gehabt hat? Dann bin ich für alle Ewigkeit verloren. Aber verloren sein wollte er nicht. Also zog er Simon zum Portal.

Simon jedoch wehrte sich. »Das geht nicht, Freund! Wie kannst du von mir erwarten, dass ich in ein fremdes Gotteshaus gehe?«

»Lass mich nicht allein, Simon. Sieh doch nur, wie schlapp ich bin. Du musst mich stützen ...«

»Aber ich kann nicht mit in die Kirche kommen, Fritz! Verlange nicht zu viel von unserer Freundschaft!«

Ein Student neben ihnen hatte mitgehört und mischte sich nun ein: »Du willst nicht mit deinem Freund in die Kirche gehen, weil du eine andere Religion hast, oder irre ich mich da?«

Simon Treidel nickte. »Stimmt, Kamerad!«

»Aber dein Blut willst du opfern für die Freiheit?«

»Ja! Weil Freiheit das Höchste im Leben ist. Frei von der Knechtschaft, von der Sklaverei zu sein ist mehr wert als das Leben!«

»Gut gesprochen, Kamerad«, sagten einige Umstehende und klatschten begeistert Beifall.

Ein anderer rief: »Warum sträubst du dich denn? Haben wir nicht alle einen Vater?«

Simon besann sich. Dann sagte er: »Ihr habt Recht. In der Thora steht geschrieben: ›Du sollst nicht nur deinen Feind lieben, sondern auch seinen Esel!‹ Und gilt das nicht auch für Freundesliebe?« Er wandte sich an Fritz: »Ich lasse dich nicht allein, Freund. Du hast mich an dein Herz genommen, als ich in der Gosse lag, als Fremder in dieser Stadt. Nun führe ich dich in das Haus deines Gottes und der Ewige möge mir verzeihen, wenn ich Unrecht begehe!«

Inzwischen begann der Küster die Glocken zu läuten. Pastor Brosam hatte befohlen, alle Glocken zum Klingen zu bringen, damit jeder wisse, dass sich Wichtiges in der Stadt tat.

Langsam, Schritt für Schritt, mit gefalteten Händen, zogen die Studenten in die blau schimmernde Kirche. Laut dröhnte die Orgel von der Empore herab bis in den entferntesten Winkel des hohen Raumes.

Simon schauderte es, als er das riesige Kruzifix am Altar entdeckte. Erschrocken senkte er die Augen, ließ den Freund aber nicht einen Moment los.

Endlich standen sie vor Pastor Brosam, der gemeinsam mit einem jungen Amtsbruder Brot und Wein austeilte. Als der Pastor den blutgetränkten Kopfverband bemerkte, schaute er genauer hin und erkannte Fritz Puvogel. Er glaubte seinen Augen nicht zu trauen, als er an dessen Seite Simon erblickte. Brosam schien nicht zu wissen, wie er sich verhalten sollte.

»Der Herr segne und behüte dich, er lasse sein Angesicht leuchten über dir und sei dir gnädig«, betete er für Fritz, nachdem er ihm die Hostie auf die Zunge gelegt hatte.

Aber nun musste sich der Pastor entscheiden.

Die Freunde standen vor ihm, hielten sich bei den Händen und es schien, als würden sie sich nie wieder loslassen wollen.

Und plötzlich, wie aus heiterem Himmel, wusste der Pastor, was zu tun war. Er legte beide Hände auf Simons dunkle Locken, räusperte sich und sprach laut, so laut, dass es durch das Kirchenschiff hallte und jeder es hören musste: »Dich aber, du Sohn des Alten Bundes, segne der Ewige, der Gott deiner Väter Abraham, Isaak und Jakob!«

Der Organist musste den Segen gehört und verstanden haben. Er zog alle Register und ließ die Orgel so brausend jubilieren, dass das »Amen« des Pastors im Rausch der Töne unterging.

Fritz und Simon machten den nachfolgenden Studenten Platz und gingen zum Ausgang. Draußen standen lauschend die Kameraden, die das Abendmahl schon erhalten hatten. Sie lauschten in den dunkler werdenden Abend. Von überall her klangen die Glocken der Kirchen. Immer wieder peitschten Schüsse durch die Dämmerung und erinnerten daran, dass der Kampf Bruder gegen Bruder schon begonnen hatte.

*

Als Rike am Nachmittag des 18. März in ihre Wohnung kam, war Aaron Seidenfad an ihrer Seite. Die zwei waren sich einig geworden, denn Aaron hatte Rike zugesichert, er werde aus Liebe zu ihr die Taufe begehren und sich christlich trauen lassen. Damit gab es für Rike keinen Grund mehr, die Werbung des Händlers abzulehnen.

In der Küche fand Seidenfad die Nachricht der Freunde. Hastig las er sie und rief Rike vom Herd fort, wo sie gerade das Kaffeemehl in die Kanne gab, um es mit siedendem Wasser aufzugießen.

»Eine Nachricht von Fritz und Simon«, sagte Aaron und reichte Rike den Zettel. »Aber du darfst dich nicht aufregen, meine Liebe.«

»Liebe Mutter!

Simon und ich haben uns entschlossen, zusammen mit den Freisinnigen gegen die Ungerechtigkeit zu demonstrieren und, wenn es sein muss, auch auf den Barrikaden zu kämpfen. Vergib uns, wenn wir ohne Abschied davongezogen sind, aber es drängte uns sehr. Bald sehen wir uns wieder. Bete für uns. Simon grüßt dich und Seidenfad sehr und ich schließe mich diesen Grüßen an.

Dein Fritz.«

Rike wurde blass. In Gedanken sah sie Fritz schon tot auf der Straße liegen. Erst als Aaron sie in die Arme nahm und drückte, kam sie wieder in die Gegenwart zurück.

»Lass uns zu Rosa Diamant laufen, Seidenfad, die weiß immer, was zu tun ist. Mir ist so schlecht im Magen, dass ich was unternehmen muss. Wenn ich hier herumsitze und warte, werde ich nur ganz krank vor Sorge.«

»Gut, Rike, gehen wir«, erwiderte Aaron und half Rike in den Mantel.

*

Die Gruppe der Studenten, bei der sich auch die Freunde befanden und zu der immer mehr Arbeiter und Handwerker stießen, marschierten nun mit schnellen Schritten auf den Alexanderplatz zu. Dort, so hatten die Anführer gerufen, seien Barrikaden errichtet worden, die geeignet seien, des Königs Truppen aufzuhalten.

Auch in der Landsberger Straße, die auf den Alexanderplatz führte, errichteten Berliner aus allen Kreisen mit Karren, Brettern und Möbeln eine Barrikade. Ohne Unterbrechung schleppten sie neues Sperrmaterial heran, wuchteten es hoch, verkeilten es, banden es fest.

Immer höher türmte sich die Barrikade, so hoch und breit, dass sie auch die Neue Königsstraße versperrte.

Fritz und Simon konnten sich nicht lange umschauen. Die Neuankömmlinge erhielten Kokarden* in den Farben Schwarz-Rot-Gold und wurden in Zehnergruppen eingeteilt. Schon klangen die ersten Befehle, die ihnen auftrugen, alles herbeizuschaffen, was geeignet war, die Barrikade gegen die bevorstehenden Angriffe der Truppen zu sichern. Wie alle anderen schleppten auch Fritz und Simon herbei, was sie fanden, und reichten es den Kameraden zu, die über ihnen auf der Barrikade standen.

Einer der Studenten bot Simon ein Flasche Danziger Goldwasser an. »Hier, Kamerad, trink. Das ist was ganz Feines. Es wird dir gut bekommen und dir Mut machen!«

»Nein, danke. Ich brauche keinen Schnaps, um Mut zu bekommen.«

»Sie werden bald hier sein und uns alle das Fürchten lehren«, sagte der Student.

Simon aber schüttelte den Kopf. »Mein Freund und ich wissen, warum wir hier stehen und kämpfen wollen. Wenn du Schnaps haben musst, um dir Mut anzutrinken, dann nur zu! Am Ende liegst du in einer Ecke und hast die Revolution verschlafen!«

»Simon, hierher«, rief Fritz dem Freund zu, »hier werden Musketen und Säbel ausgeteilt. Jeder Freiwillige bekommt eine Waffe!«

Kaum hatte Simon einen schweren Kavalleriesäbel in seinen Händen, da knallten auch schon die ersten Schüsse.

Ein Rotbärtiger schrie heiser: »Sie schießen auf uns. Wir müssen uns wehren, sonst ist alles verloren!«

Ein anderer rief: »Geht in Deckung, Freunde, sonst werden sie uns niederkartätschen!«

Schon zielten des Königs Kanoniere mitten in die Barrikade hinein. Sie trafen gut. Hoch durch die Luft flogen die aufgestapelten Leitern, Bretter, Fässer, Karren und Möbel. Fensterscheiben in den umliegenden Häusern splitterten. Ununterbrochen schrien die Getroffenen.

Neben Simon sank der rotbärtige Kamerad lautlos zusammen. Ein Kartätschensplitter hatte seine Brust durchbohrt.

Fassungslos stand Simon neben dem Verwundeten. Immer noch hielt er in einer Hand den Säbel, in der anderen die schwarz-rot-goldene Fahne. Er kniete neben dem Kameraden nieder, ließ den Säbel fallen, sah den Rotbärtigen immer schwacher atmen und schrie dann so wild, so angsterfüllt, dass selbst die Soldaten auf der anderen Seite für kurze Augenblicke das Feuer einstellten: »Hilfe! Arzt hierher!«

*

Gegen Mitternacht karrten Rosa Diamant, Rike Puvogel und Aaron Seidenfad einen Flachkarren, beladen mit Bierfässern, Würsten, Brot, Schinken und Kuchen, zur Barrikade in der Großen Hamburger Straße.

»Diamant«, hatte Rosa zu ihrem Mann gesagt und ihn in die Küche gezogen, »du weest, det ick aus janz poplije Vahältnisse komme. Ick kann einfach nich nur zusehen und nischt tun, wo de Leute sich jetzt for ihre Freiheit de Köppe einschlagen lassen. Erlaub mir, det ick de jroße Karre belade, vielleicht ooch zwee Fässerkens Bier dazu, und denn will ick de Karre raus zu eena Barrikade ziehen. Nun sag schon ja, Bärchen!«

Gil Diamant überlegte kurz, dann winkte er seine Frau und Rike zur Speisekammer. »Packt auf, was die Revoluzzer jetzt nötig brauchen. Speck und Wurst, Schinken und all das trejfene* Zeug, das die Christen mit Vorliebe essen. Und auch zwei Fass Bier werde ich euch auf den Karren heben. Meinst du denn, Röseken, dass du die Karre überhaupt ziehen kannst? Es ist zwar nicht sehr weit bis zur nächsten Barrikade, aber die Last wird nicht leicht sein. Soviel ich weiss, ist die nächste Sperre in der Großen Hamburger.«

Da mischte sich Rike ein. »Wenn Sie Ihrer Madame erlauben, in das Scharmützel zu gehen, dann bin ich natürlich auch dabei. Ich habe Ihnen doch schon erzählt, dass mein Ältester, der Fritz, und sein Freund Simon auch auf einer Barrikade stehen. O Gott, ich darf gar nicht daran denken, vielleicht ist einer von ihnen getroffen worden!«

Rosa nahm Rike teilnehmend in die Arme. »Die meisten von de Kugeln jehn daneben. Nur jede zehnte trifft, det habe ich persönlich von een Revoluzzer jehört.«

In diesem Moment betrat Aaron Seidenfad die Küche. »Schalom alejchem und a gute Woch«, grüsste er und reichte allen die Hand.

»Alejchem schalom«, erwiderten Rosa und Gil. Auch Rike quetschte etwas heraus, das ähnlich klang. Sofort ärgerte sie sich und nahm sich vor, die fremde Sprache zu lernen. Was die Madame kann, das lerne ich auch, und wenn ich ihn liebe, dann muss ich ihn auch verstehen, dachte sie und machte sich mit Eifer daran, die Speisekammer auszuräumen.

»Kommst du auch mit, Aaron?«, wollte Rike wissen.

Seidenfad schaute sie nur verwundert an. »Was gibt es da zu fragen? Ich lasse euch doch nicht allein in das Durcheinander ziehen!«

Wenig später machten sich die drei auf den Weg zur Barrikade in der Großen Hamburger Straße. Es war der Abend des 18. März 1848, ein Samstag, und die Glocken aller Kirchen im Zentrum Berlins läuteten Sturm.

Friedrich Wilhelm schrie zum wiederholten Mal nach seinem Leibarzt.

Als der Adjutant des Königs, Leutnant von Hohenlohe, in das Zimmer des Leibarztes trat, sprang dieser mit einem Satz aus dem Bett und wischte sich den Schlaf aus den Augen. Er wartete nicht erst auf die Order des Leutnants, sondern sagte kurz: »Schon gut, ich komme!«

Unterwegs erklärte ihm der Leutnant: »Dem König geht es schlecht. Er muss schreckliche Schmerzen haben, will Watte für die Ohren, weil das Schießen nicht mehr zu ertragen ist. Er glaubt sogar den Pulverdampf zu riechen!«

Kaum hatte der Leibarzt das Kabinett betreten, verlangte Friedrich Wilhelm: »Und jetzt raus! Nur der Doktor soll bleiben! Ich will von niemandem gestört werden!«

Als König und Arzt allein im Zimmer waren, schlug sich Friedrich Wilhelm mit den Fäusten gegen die Stirn. »Nicht mehr auszuhalten. Schmerzen wie toll. Hilfe, um Christ Willen, Hilfe!«

»Ich werde Euch eine starke Dosis geben, Majestät.«

Der Doktor träufelte dreißig Tropfen in ein Wasserglas, goss etwas Wasser dazu und reichte das Glas dem Monarchen. Der trank es wie ein Verdurstender.

»Majestät dürfen sich nicht so sehr echauffieren, müssen Ruhe behalten, sonst könnte Arges mit Euch geschehen.«

»Unmöglich, Ruhe zu bewahren! Alles in Aufruhr!« Friedrich Wilhelm nahm endlich die Hände von den Schläfen, es schien ihm besser zu gehen. Mit leiser Stimme begann er eine Stelle aus der Bibel zu zitieren: »Ein Volk wird sich gegen das andere erheben ...« Seine Worte verloren sich in unverständlichem Flüstern. Dann wandte er sich wieder an den Arzt: »Hohenlohe soll mich zu Bett bringen. Prinz Wilhelm mein Stellvertreter. Und Sie bleiben in der Nähe, Medicus. Nicht mit dem Medikament sparen. Nicht warten, bis die Schmerzen mich umbringen!«

»Ich werde den Herrn Leutnant rufen, er wird Majestät zu Bett bringen.« Der Arzt verließ das Arbeitskabinett, winkte den Leutnant heran und gab den Befehl des Königs weiter.

Friedrich Wilhelm saß am Schreibtisch, hielt den Kopf gesenkt und schien schon zu schlafen, als der Adjutant das Kabinett betrat. Von Hohenlohe wollte ihm auf die Beine helfen, aber plötzlich stand der König ohne Hilfe auf, schaute sich verstört um und schien einen Moment lang nicht zu wissen, wo er war. Dann aber erkannte er den Adjutanten und fragte: »Riechen Sie es auch?«

Leutnant von Hohenlohe blickte seinen König verwirrt an. »Ich weiß nicht ...«

Friedrich Wilhelm ließ ihn nicht ausreden. »Sie müssen es doch riechen, Hohenlohe. Es riecht nach Tod. Überall Verwesung ... nichts als Verwesung ...«

*

Eine Stunde vor Mitternacht war es, als Leutnant von Hohenlohe seinen König zu Bett brachte. Zur selben Zeit gellten in der ganzen Stadt Stimmen durch die Nacht. Sie übertönten die Schüsse der Musketen und Kartätschen: »General Wrangel marschiert mit seiner Armee auf Berlin!«

Rike, Rosa und Aaron trafen gerade an der Barrikade in der Großen Hamburger ein und verteilten eiligst Lebensmittel und Bier an die meist jugendlichen Kämpfer. Es war eine helle Nacht, dazu brannten an allen Ecken lodernde Feuer, die dazu dienen sollten, die Freiheitskämpfer zu wärmen. Herzlich bedankten sie sich für Schinken und Würste, aber auch das Bier gegen den Durst war ihnen sehr willkommen.

Nachdem sie sich gestärkt hatten, wagte eine Gruppe von Studenten einen Angriff auf die Füsiliere, die hinter einem Berg von Sätteln, welche sie aus einer nahe gelegenen Sattlerei herbeigeschafft hatten, verschanzt lagen. Mit gezielten Schüssen wehrten die Füsiliere den Angriff der Revolutionäre ab. Das laute »Hurra!« der Studenten wurde immer leiser und endete schließlich in Schmerzgeschrei.

Die Freisinnigen zogen sich in den Schutz der Barrikade zurück. Wie auf ein geheimes Kommando kamen aus den Hauseingängen Schwestern und Sanitäter der umliegenden Krankenhäuser gelaufen, um die Verwundeten zu verbinden. Aber sosehr sie sich auch bemühten, es waren zu wenige Hilfswillige, und so hörte man ununterbrochen die Hilferufe der Verwundeten.

Rike und Rosa sahen sich an und beide spürten, dass sie derselbe Gedanke bewegte. Sie wussten, sie würden hier bei der Barrikade bleiben und den Verwundeten helfen, so gut sie es verstanden.

Aaron Seidenfad wollte die beiden nicht allein lassen. Er stellte sich an Rikes Seite und erklärte: »Wenn ihr zwei helfen wollt, nehmt mich dazu, dann sind wir schon drei!«

Nach dem fehlgeschlagenen Angriff auf die Füsiliere zählte der Anführer seine Männer. Nur einer fehlte. Der Anführer befahl: »Wachsam sein, Männer. Und nur gezielt schießen. Wir haben kaum noch Munition und müssen sparsam damit umgehen, denn niemand weiß, wie lange wir uns hier noch verteidigen müssen.«

General Wrangel ließ mit seinen Truppen auf sich warten. Das gab den Freiheitskämpfern neuen Mut.

Alle hofften, man würde den König zum Nachgeben zwingen können.

Gegen zwei Uhr nachts befahl General Prittwitz, der nun vom Prinzen Wilhelm den Oberbefehl erhalten hatte, Straßen und Plätze mit brutaler Gewalt zu räumen. Dem Prinzen versprach er, seine Truppen würden das aufständische Berlin durch Einschließung und Bombardierung vollkommen unterwerfen.

Bis in die frühen Morgenstunden des Sonntags zogen sich die Kämpfe in den Straßen der Stadt hin. Als dann eine blasse Vorfrühlingssonne über den Dächern von Berlin hing, klangen wieder von allen Kirchen die Glocken. Diesmal aber riefen sie nicht zum Kampf, sondern zum Gottesdienst. Beide Seiten hatten sich geeinigt, die Kirchgangszeiten zu respektieren.

»Kommst du mit zum Gottesdienst?«, wurde Fritz von einem der Studenten gefragt.

»Nein, Kamerad! Ich kann nach dem Blutvergießen jetzt nicht so tun, als sei nichts geschehen, und fromm die Hände falten. Und außerdem muss ich bei meinem Freund bleiben. Ihn hat eine Kugel erwischt und ihm die linke Wade durchgeschlagen!«

»Gut, Kamerad, dann erhole dich und sorge für deinen Freund. Ich werde für euch zwei beten.«

Mit einem Mal war es friedlich geworden. Keine Schüsse, kein Kampfgeschrei. Nur das Läuten der Glocken. Fritz erhob sich aus der Mulde, wo er auf einer Matratze gelegen hatte. Er wollte nach Simon schauen, den barmherzige Helfer in den Keller des nächsten Hauses geschafft hatten.

Fritz sah, wie der Kamerad, der ihn zum Kirchgang aufgefordert hatte, gebückt und jede Deckung ausnützend davonschlich, und sagte leise: »Ja, bete nur für uns. Schaden kann es nicht.«

Zwölftes Kapitel

Die Kirchen beider Konfessionen waren an diesem 19. März überfüllt. Die Menschen flehten Gott an, endlich dem Bruderstreit ein Ende zu bereiten.

Währenddessen kamen immer neue Delegationen von Bürgern zum Schloss, um dem König ihre Forderungen vorzutragen. Auf allen Gängen in den Höfen standen Soldaten und zeigten drohend ihre Waffen.

Friedrich Wilhelm IV. saß breitbeinig und leicht schwitzend in dem bequemen Sessel hinter seinem Schreibtisch. Neben ihm standen seine Generäle Möllendorff und Prittwitz sowie Ministerpräsident Camphausen und Fürst Lichnowsky.

Bevor die Audienz begann, reichte der Adjutant dem König zum wiederholten Male das Schweißtuch. Friedrich Wilhelm trocknete sich den rot glänzenden Schädel.

Prinz Wilhelm betrat das Arbeitszimmer. Sein Gesicht war noch vom Pulverschmauch der vergangenen Kampfnacht geschwärzt, denn es hatte ihm an Zeit gefehlt, sich zu säubern.

»Die zugelassenen Delegationen warten im Vorzimmer. Wollen wir sie vorlassen?«, fragte der Prinz.

Friedrich Wilhelm winkte zum Zeichen seiner Zustimmung mit dem Schweißtuch.

Die Lakaien öffneten die Flügeltür weit und die erste Bürgerdelegation betrat den Raum. Auch vor dem König und seinen Vertrauten legten die Bürger ihre schwarzrot-goldenen Kokarden nicht ab, sie deuteten stolz eine knappe Huldigung an, doch die war ganz und gar nicht devot.

Die Parteien verhandelten hart. Der Sprecher der Delegation verlangte unnachgiebig, die Soldaten aus dem Zentrum zurückzuziehen. Der König aber weigerte sich.

Die Sprecher der Delegationen besprachen sich im Vorzimmer. Sie waren sich einig und blieben dabei: Abzug der Truppen, dann erst kann weiterverhandelt werden!

Eine Delegation nach der anderen betrat nun das Arbeitszimmer und jeder der Sprecher forderte beharrlich den Abzug des Militärs. Schließlich schickte Camphausen alle Delegierten hinaus und forderte sie auf, im Vorzimmer zu warten.

Es gab eine lange Debatte, doch dann setzte sich der König durch. Er hatte beschlossen, auf die Forderungen der Aufständischen einzugehen.

Prinz Wilhelm verlor fast seine Beherrschung. »Ihr seid nicht Landjunker in einem pommerschen Nest, hoch verehrter Herr Bruder! Ihr seid König der Preußen und als solcher habt Ihr Eure Neigung zur Milde zurückzustellen!«

»Der Herrgott will keinen Bruderkrieg«, entgegnete Friedrich Wilhelm.

Noch immer wollte sich der Prinz nicht unterordnen. »Gott regiert im Himmel, Ihr aber in Preußen und da kann man nicht nur gütig sein, da heißt es, Härte zu zeigen, wenn es nötig wird!«

Der König stützte den schmerzenden Kopf in beide Hände. Mit großer Mühe zwang er sich zu einer Antwort: »Schon lehnen viele in der Truppe es ab, auf Bürger zu schießen. Es ist sogar bereits zu Verbrüderungen auf den Barrikaden gekommen. Und vergiss nicht, Wilhelm: Volkes Wille, Gottes Wille!«

Die Herren um den König schwiegen. Prinz Wilhelm drehte ihnen allen den Rücken zu und richtete seinen Blick aus dem Fenster.

Noch am selben Tag begann General Prittwitz in ganz Berlin seine Truppen zurückzuziehen. Nur zwei Kompanien blieben zum Schutz des Schlosses und des Königs zurück.

*

Die Männer auf den Barrikaden sahen die Truppen abrücken. Viele Soldaten trugen an ihren Musketen die schwarz-rot-goldenen Bänder der Revolution.

Überwältigend war der Jubel, der nun überall auf den Straßen der Hauptstadt ausbrach. Die Freiheitskämpfer warfen ihre Hüte und Kappen hoch in die Luft, schrien ihr »Hurra«, bis sie heiser waren, und wussten sich vor Begeisterung kaum zu fassen. Für sie stand fest: Die Revolution war gewonnen!

Drehorgelspieler zogen mit ihren Instrumenten zu den Barrikaden, spielten auf, und die Revolutionäre tanzten ausgelassen miteinander oder mit den Frauen und Mädchen aus den umliegenden Häusern.

Um die Mittagszeit klangen die Kirchenglocken wieder über die Stadt hinweg, diesmal schien ein Jubelton mitzuschwingen.

»Der Bruderkampf ist aus!«, dieser triumphale Ruf schallte von Straße zu Straße, von Barrikade zu Barrikade. Schon wurden die ersten illegalen Zeitungen kostenlos verteilt. Ein Zetteljunge mit einem dicken Stapel unter dem Arm kletterte auf die Barrikade in der Landsberger Straße, auf der Fritz auf Wache stand. Auch hier hatte sich das hoffnungsfrohe Siegesgefühl eingestellt. Lässig saßen die Männer auf lädierten Stühlen, auf Sofas, deren Polsterung von Schüssen zerfleddert war, und streckten die Beine von sich.

Einer von ihnen begann auf der Laute zu spielen. Zuerst zupfte er ganz zaghaft die Saiten, dann spielte er selbstbewusster und lauter und bald sangen alle Kämpfer mit. Schließlich wurde auch bei der Barrikade an der Landsberger Straße ausgelassen getanzt.

In die fröhliche Stimmung hinein klang der Ruf des Zetteljungen. Er schrie so laut es ihm möglich war. Seine Stimme ging unter im frohen Treiben. Endlich verstanden die Freisinnigen, was er rief: »Proklamation des Königs! An meine lieben Berliner!«

Ein Setzer aus einer Druckerei in der Nachbarschaft, der seine Zeitungen verteilt hatte und nun mit den Kämpfern fröhlich feierte, sprang in das sperrige Bollwerk und nahm dem Jungen einen der Handzettel ab, dann rief er seinen Kameraden zu: »Hört nur, Leute, was Majestät für einen Unsinn zusammenschreibt: ›Auf den Barrikaden steht eine Rotte von Bösewichtern, die meist aus fremden Ländern kommen. Sie wollten den Kampf und daher mussten die Gewehre sprechen.‹«

Da johlten die Aufständischen vor Vergnügen und drehten sich noch schneller zum Lautenklang.

Auch Mutter Rike in der Großen Hamburger Straße hörte den sieghaften Klang der Glocken.

»Frau Rosa, ich glaube, wir müssen zurück. Ich muss daheim sein, wenn die Jungens kommen, und auch Sie sollten bei Ihrem Mann sein. Er macht sich bestimmt schon Sorgen.«

»Jut, Rike! Jehen wir nach Hause. Ich denke ooch, det wa jenuch for de Freiheit jetan haben.«

Rike rief Aaron herbei. »Pack den Krempel zusammen, Seidenfad. Wir wollen zurück. Ich will daheim sein, wenn die Jungen kommen!« Und besorgt fügte sie hinzu: »Sie werden doch wohl kommen?«

»Aber sicher kommen sie. Mit ihnen ist das Glück!«

»Und Gott!«, sagte Rike mit fester Stimme, als könnte sie so ihre Sorge vertreiben.

Im engen Kreis um den König wurde nun immer offener davon gesprochen, wie wichtig es sei, den Scharfmachern am Hof nicht länger das Ohr zu leihen.

Erregt stand Fürst Lichnowsky vor Friedrich Wilhelm und sprach beschwörend auf ihn ein: »Sehr herzlich bitte ich, Majestät, auch den weiteren Forderungen der Aufständischen nachzugeben. Ansonsten sehe ich den preußischen Thron wanken!«

Der König erschrak. Mit einem Mal spürte er wieder die entsetzlichen Kopfschmerzen. Sie waren so heftig, dass er das Gespräch mit Lichnowsky abbrechen musste.

Auch am nächsten Tag rang er sich noch zu keinem Entschluss durch, jedoch entschied er sich, Berlin vorläufig zu verlassen und mit dem Rest der Truppen nach Potsdam zu gehen. Bald schon formierten sich die Männer der Schlossgarde auf dem Schlossplatz. Die Reisewagen fuhren vor und die Kutscher warteten auf die Majestäten und ihr Gefolge.

Genau zu dieser Stunde zog unter dumpf dröhnenden Trommelwirbeln der Leichenzug mit den 230 Gefallenen Unter den Linden entlang. Eine riesige Menschenmenge folgte dem Zug. Viele der Trauernden schämten sich ihrer Tränen nicht. Andere wieder drohten mit den Fäusten zum Schloss hinüber.

Der langsam herankommende Trauerzug versperrte dem König und seinem Geleit die Ausfahrt nach Potsdam. Schon brachten die Soldaten ihre Gewehre in Anschlag, doch es erfolgte kein Schussbefehl.

Nach und nach erreichte der schier endlose Trauerzug den Schlossplatz. Totenbahre wurde neben Totenbahre gestellt und über jeden Gefallenen das schwarz-rot-goldene Fahnentuch gebreitet. Blumen und Tannengrün schmückten die Bahren. Stumm standen die Trauernden und man spürte aus ihrem Schweigen Hass und Verachtung aufsteigen gegen die, die den Befehl zum Bruderkampf gegeben hatten.

Die Männer der Schlossgarde sahen entsetzt, was die Kugeln angerichtet hatten. Einer der Gardisten nahm den Helm ab, um die Toten zu ehren, dann folgte ein zweiter, und endlich standen alle Gardisten barhäuptig vor den Totenbahren. Die Offiziere zogen die Säbel und salutierten. Kein Wort war zu hören. Nur das dumpfe Dröhnen der Trommeln hallte über den Platz.

In einem der Reisewagen saßen der König und seine Gemahlin versteckt hinter zugezogenen Vorhängen. Nach einiger Zeit hielt Friedrich Wilhelm das Warten in der kalten Enge seines Reisewagens nicht länger aus. Er stieg aus und mit ihm die Königin. Zaudernd stand er da. Wieder einmal wusste er nicht, wie er sich im Angesicht der vielen Toten verhalten sollte. Er schaute zu den Reisewagen hinüber, sah, wie die Rösser ungeduldig schnaubten, und musste erkennen, dass es unmöglich war, die Reise nach Potsdam anzutreten.

So verrann die Zeit. Der König und die Königin standen wie in Stein gemeißelt. Sie ließen keinen Blick von den Gefallenen. Friedrich Wilhelm rührte sich nicht, seinen Kopf hielt er gesenkt.

Erst als die Rufe aus der Menge lauter wurden, schien es, als würde der König aus einem bösen Traum erwachen.

»Hut ab, Hut ab«, skandierte die Menge im Takt. Nun erst entblößte der König den Kopf.

Die Königin schien die Situation richtig zu erfassen, sie senkte das Haupt und flüsterte dem König hinter vorgehaltenem Spitzentuch zu: »Bloß die Guillotine fehlt noch!«

Als dann Prinz Wilhelm an die Seite von König und

Königin trat, murrten die Berliner unwillig. Drohend reckten sie die Fäuste gegen den Prinzen. Für die Trauernden war er der wahrhaft Schuldige an der blutigen Niederschlagung des Aufstandes. Schon nannte man ihn »Kartätschenprinz«.

In der Menge stand auch Fritz Puvogel. Immer noch trug er die Jacke, die er auch auf der Barrikade getragen hatte. Ein wenig Blut aus der Wunde des Freundes war noch am Ärmel zu sehen.

Simon hatte mitkommen wollen, um die Toten zu ehren. Seine Schmerzen im Bein hielten ihn dann aber davon ab und Mutter Rike schaffte ihn zurück ins Bett. Rike musste nicht zur Arbeit, denn Gil Diamant ließ an diesem Tag seine Kneipen geschlossen.

Wie alle anderen schrie Fritz dem König das fordernde »Hut ab!« entgegen. Zitternd vor innerer Erregung wurde er dann Zeuge, wie der König von Preußen vor den Toten die Uniformmütze zog und Haltung annahm.

Später, als er traurig und begeistert zugleich nach Hause kam, berichtete Fritz seinem Freund sofort, was er auf dem Schlossplatz erlebt hatte.

Simon lauschte und konnte nicht glauben, was er hörte. »Und das ist wirklich wahr? Der König hat vor den Gefallenen die Mütze abgenommen und sie geehrt?«

»Ja, Simon, und minutenlang standen König und Königin wie erstarrt!«

»Er ist ja auch nicht der Schlechteste unter den Königen, nur weiß er nie, wie er sich entscheiden soll. Als frommer Herrscher sollte er zu Gott beten und ihn um mehr Mut für richtige Entscheidungen bitten!«

*

Drei Tage später ließ der König sein Pferd satteln. Seine Berater hatten ihm empfohlen, wieder einmal auszureiten, wie es vor dem Aufruhr üblich gewesen war. Und weil der König tief in seinem Herzen immer noch glaubte, dass seine Berliner nichts mit den Kämpfen zu tun hatten, war er auch überzeugt, dass sie sich freuen würden, ihn wieder hoch zu Ross durch die Straßen des Schlossviertels reiten zu sehen.

Neben Friedrich Wilhelm schwangen sich Prinzen, Minister und Generäle in die Sättel und alle trugen, wie zum Hohn, die schwarz-rot-goldene Kokarde der Revolution. Während des Königs Begleiter stolz im Sattel saßen, hockte er selbst auf seinem Pferd, als sei ihm das Rückgrat gebrochen.

Die Berliner am Straßenrand glaubten ihren Augen nicht zu trauen, als sie sahen, dass nun Schwarz-Rot-Gold die Farben der Herrschenden waren. Sie lästerten offen und laut darüber, ohne auf den König Rücksicht zu nehmen und obwohl sie wussten, dass mehr als ein halbes Tausend »Geheimer« unter ihnen waren, die über alles Bericht erstatteten, was sie sahen oder hörten. Auch der König und seine Begleiter hörten das lautstarke Lästern der Berliner, sie benahmen sich aber so, als sei alles wie in den besten friedlichen Zeiten.

Am Abend dieses Tages wurde eine Proklamation veröffentlicht unter dem Titel: *An mein Volk und die deutsche Nation!* Sie gipfelte in dem Satz: »Preußen geht fortan in Deutschland auf.« Alle Forderungen der Märzkämpfer sollten erfüllt werden. So hieß es.

*

Eine Woche nach seiner Verwundung wurde Simon wieder einmal auf das Polizeipräsidium befohlen. Die Schusswunde an der Wade war schon gut abgeheilt, doch die Muskeln schmerzten noch so sehr, dass er nur schwer auftreten konnte. So nahm sich Aaron seiner an, stützte den Jungen auf dem Weg ins Präsidium und blieb auf der Bank im Korridor sitzen, während Simon in das Dienstzimmer von Kriminalrat Bösler hinkte.

Bösler saß hinter seinem Schreibtisch und breitete die Arme aus, als wolle er Simon als verlorenen Sohn an sein Herz drücken.

»Du hinkst, Simon Treidel? Hat dich vielleicht eine Kugel getroffen, als du auf der Barrikade deinen Säbel geschwungen hast?«

Simon wurde verlegen. Er stotterte ein wenig herum, dann sagte er: »Sie irren sich, Herr Kriminalrat. Ich habe einen Unfall gehabt, daher schmerzt mich mein Bein.«

Bösler winkte ab. »Ich will ja gar nicht wissen, woher deine Blessur stammt. Aber ich kann dir versichern, dass die preußische Polizei nicht blind ist. Die ›Geheimen‹ von der Politischen Abteilung haben ihre Nasen überall und schnüffeln besser als der beste Hund. Aber keine Sorge, ich will nur endlich die Vernehmung zum Abschluss bringen, die ich unterbrechen musste, als die Revoluzzer auf die Barrikaden gingen.«

»Es geht also um die Sache Moses Loew, Herr Kriminalrat?«

»Ja, Simon Treidel, um denselben. Und ich hoffe, du wirst den Mut haben, ehrlich gegen ihn auszusagen.«

»Ich hatte Zeit genug, darüber nachzudenken. Ich will aussagen. Ein Mann wie Loew hat keine Gnade verdient, ihm kann es nicht schaden, ein paar Jahre in aller Ruhe zu überlegen, was er getan hat!«

»Gut, Simon Treidel, dann berichte nur frei drauflos. Wenn ich Fragen habe, werde ich dich unterbrechen.«

Simon saß nun schon die zweite Stunde vor Kriminalrat Bösler. Der hatte inzwischen alles erfahren, was er wissen wollte, und er kam langsam zum Ende: »Die preußische Polizei hat dir einiges zu danken, Simon.

Nun endlich werden wir der Bande Herr werden und hoffentlich ist ihre Verurteilung für alle anderen im Lande eine Warnung. Ich habe dir schon einmal versprochen, dir zu helfen, wenn du Hilfe brauchst, und ich will dieses Versprechen heute bekräftigen: Wenn du irgendeine Hilfe brauchst, komm zu mir. Ich werde alles tun, was in meinen Kräften steht.«

»Danke, Herr Kriminalrat. Vielleicht werde ich mich an Sie wenden, wenn ich mich entschlossen habe, nach Amerika zu fahren. Vielleicht fehlen mir dann amtliche Papiere oder so etwas.«

»Was immer es ist, komm zu mir. Versprochen ist versprochen. Dann wirst du merken, dass auch in einem preußischen Polizeipräsidium Menschen sitzen. Bis dahin aber sieh zu, dass du schnell wieder ganz gesund wirst… nach deinem Unfall!«

»Ich werde mir Mühe geben, Herr Kriminalrat. Bis zum nächsten Mal: Auf Wiedersehen.«

Bösler stand auf, ging um den Schreibtisch herum und begleitete den Jungen zur Tür, er reichte ihm die Hand und sagte: »Schalom, Simon!«

Am Abend erzählte Simon Fritz von der Vernehmung im Präsidium. Die beiden Jungen lagen schon im Bett, aber Simon konnte kein Ende finden und hatte immer mehr Neuigkeiten zu berichten.

Endlich sagte Fritz: »Für heute lass es mal gut sein. Ich bin hundemüde von der Graberei. Man bekommt zwar Muskeln von der Arbeit, aber man ist abends wie tot.«

Simon hatte noch etwas auf dem Herzen. »Du, Fritz«, sagte er, »was hältst du eigentlich vom Auswandern? Ich möchte, dass du mitkommst, wenn ich in die Neue Welt reise!«

Fritz wehrte ab. »Aber ich kann doch die Mutter nicht allein lassen, Simon.«

»Das würdest du ja auch gar nicht. Sie hat doch Aaron und ich glaube, sie liebt Seidenfad genauso sehr wie er Mutter Rike!«

Fritz war schon halb im Schlaf, er brummte nur noch vor sich hin: »Ich muss mir das alles erst mal genau überlegen ...«

*

Dann kam der Tag, an dem Fritz seine Arbeit verlor. Das Massensterben hatte nachgelassen und so brauchte man weniger Männer, um die Gräber auszuheben.

Verärgert und maulfaul saß Fritz am Küchentisch. Simon kam mit Aaron die Treppe herauf. Beide trugen schwer an zwei Koffern, mit denen die beiden von Tür zu Tür zogen, um Seidenfads Waren zu verkaufen.

Als die zwei die Küche betraten, ließen sie sich müde auf die altersschwachen Stühle sinken. »Puhh«, stöhnte Simon und rieb sich die schmerzende Wade, »war das wieder mal ein schwerer Tag!«

»Aber er hat uns was eingebracht«, erwiderte Seidenfad. Dann wandte er sich an Fritz: »Was ist denn mit dir, Freund? Du machst ein Gesicht wie sieben Tage Regenwetter!«

»Sie haben mich auf die Straße gesetzt. Brauchen nicht mehr so viele Totengräber. Gleich fünf auf einmal haben sie nach Hause geschickt.«

»Ärgere dich nicht, Fritz! Sieh her«, Aaron zog eine Hand voll Silbergeld aus der Tasche, »die Geschäfte laufen nicht schlecht. Und solange es uns gut geht, wird es deiner Mutter und dir an nichts fehlen, nicht wahr, Simon?«

»Ich kann und will euch aber nicht auf der Tasche liegen, so gut ihr es auch mit mir meint! Ich bin jung und kräftig und kann arbeiten. Doch man lässt mich nicht.

Endlich glaubst du, ein wenig Sicherheit zu haben, und schon stehst du wieder auf der Straße und musst bei den Herren um Dienst betteln! Du stehst vor ihnen, offenbarst ihnen deine ganze Not. Sie aber sagen: ›Nein, klopfe bei einer anderen Firma an‹, und dort beginnt alles wieder von vorn.« Fritz sprang auf. Erregt schrie er: »Ich will nicht mehr! Verstehst du mich, Simon? Ich will nicht mehr! Du hast mich einmal gefragt, ob ich mit dir nach Amerika kommen würde. Jetzt frage ich dich: Nimmst Du mich mit, wenn du auf die große Reise gehst? Ich komme mit dir, ganz gleich, wohin der Weg auch führt.«

Da nahm Simon den Freund in die Arme. »Was fragst du, Fritz? Komm mit und wir werden unsere Namen in ganz Amerika bekannt machen!«

Aaron Seidenfad lachte. »So leicht wird es auch dort drüben nicht werden, aber ich habe noch von keinem gehört, der es nicht geschafft hat, wenn man für zwei arbeitet!«

»Hauptsache, man gibt uns Arbeit«, erwiderte Fritz.

»Darum musst du dich nicht sorgen. Meine Verwandtschaft schrieb mir, dass Arbeit zur Genüge vorhanden ist, für jeden, der arbeiten will!«

Nachdenklich wiegte Aaron den Kopf. »Wenn ich es mir so recht überlege und hin und her denke, dann möchte ich wohl auch gerne unter denen sein, die einen Neuanfang in der Neuen Welt wagen. Wenn Rike mit uns kommt, dann könnt ihr mit mir rechnen. Und wo drei arbeiten, dort kommt auch dreifaches Geld in die Kasse. Also, wie ist es, wollt ihr mir helfen, Rike zu überzeugen?«

Die Freunde waren begeistert. Fritz legte Simon den Arm um die Schultern und sie tuschelten miteinander. Plötzlich riss Fritz sich los und rannte die Treppe hinunter.

»Was tut er? Er wird doch nicht meschugge* geworden sein?«, sagte Aaron verwirrt.

Simon lachte laut und herzlich. »Nie und nimmer. Und gleich wirst du eine Überraschung erleben, Seidenfad!«

Heftig pustend, weil er sich so beeilt hatte und weil er eine schwere Last trug, kam Fritz zurück. Er warf den Sack mit der Aufschrift »Rattengift« auf den Tisch, der unter dem Gewicht knarrte und wackelte.

»Hier, Aaron, schauen Sie nach, was in dem Beutel ist!«

Aarons geschickte Finger entknoteten das Band. Er schüttelte den Inhalt auf den Tisch. Nach und nach kamen zusammen mit der Erde die Silbertaler ans Licht.

Aaron Seidenfad staunte. »Wie kommt ihr an den Reichtum, wollt ihr mir das berichten?«

Sofort schüttelten die Freunde die Köpfe. »Das geht nicht, Aaron«, wehrte Simon ab. »Wir beide können dir nur eines versichern: Unsere Hände sind sauber!«

»Fast sauber, jedenfalls. Wir haben für einen anderen das Geld gewechselt und versteckt«, sagte Fritz.

»Wollt ihr mir nicht verraten ...«, begann Seidenfad.

»Nein, wollen wir nicht, denn dieser andere hat seine Schuld schon gesühnt!«, unterbrach ihn Simon.

Fritz machte sich daran, die Taler aus der Erde zu wühlen. »Das Geld könnten wir mit nach Amerika nehmen. Es würde uns allen den neuen Anfang erleichtern. Nur eines musst du uns versprechen, auf Ehre und bei allem, was euch Juden heilig ist: Niemals darf Mutter davon erfahren! Sie würde sofort ahnen, woher die Taler stammen, und es würde ihr das Herz schwer machen und sie würde sie nicht annehmen.«

»Ich glaube, ich weiß, von wem ihr die Silbertaler habt. Und das Versprechen, um das du mich angehst, will ich dir geben: Bei meiner Ehre und der Heiligkeit der Thora schwöre ich euch, Rike kein Wort über die Herkunft dieses Geldes zu verraten!«

Fritz schnaufte tief: »Jetzt ist mir leichter ums Herz. Und nun lass uns das Geld zusammensuchen und fortschaffen. Wenn Mutter kommt und sieht die Erde auf dem Tisch, fragt sie so lange, bis wir ihr die Wahrheit sagen. Ich kenne sie besser als ihr beide.«

Später, als es dunkel war in der Puvogelschen Wohnung und nur der Mond ein wenig Licht durch die Fenster ließ, begann Aaron Seidenfad mit Rike Puvogel ein langes Gespräch. Es dauerte bis in den frühen Morgen. Dann endlich war Rike bereit, mit auf die große Fahrt über das Meer zu gehen, nach Amerika, wo das Geld auf der Straße lag.

*

Am nächsten Morgen stand es für alle fest: So schnell wie möglich wollten sie mit den Vorbereitungen für die Auswanderung beginnen. Länger als sonst saßen sie am Tisch und besprachen sich.

»Ich habe in der Mulackei einen Laden gesehen, der für Auswanderer alles besorgt, was notwendig ist: Papiere, Schiffskarten und alles andere«, sagte Seidenfad. »Soll ich einmal dorthin gehen und mir raten lassen?«

Alle stimmten zu und Simon sagte: »Sobald ich kann, suche ich den Kriminalrat auf, der so freundlich zu mir war. Ich werde ihn fragen, ob er mir behilflich ist.«

»Ja, geh nur«, sagte Seidenfad, »wenn man jemanden kennt, der Einfluss hat, soll man ihn fragen, ob er helfen will und kann!«

»Dann gehe ich gleich morgen zu ihm, denn heute wollten wir beide doch mit der Pferdebahn nach Schöneberg, dorthin, wo die neureichen Bauern wohnen. Man soll da gute Geschäfte machen können.«

»Ich fahre allein nach Schöneberg. Sprich du mit dem Rat, das ist wichtiger für uns alle und wir sollten es nicht auf die lange Bank schieben!«

»Gut, dann gehe ich schon heute zu Herrn Bösler!«

»Für mich wird es jetzt allmählich Zeit«, sagte Rike. »Ich mache mich auf den Weg zu Diamants. Die gute Rosa wird weinen, wenn sie hört, dass wir fortgehen wollen.«

Fritz schlug mit der Faust auf den Tisch, dass die Blechtassen schepperten: »Und ick sitze wieder rum und habe nischt zu tun! Wat is det bloß for eene varückte Welt?«

*

Simon hatte ein langes Gespräch mit dem Kriminalrat. Nachdem er Bösler alles berichtet hatte, fragte er ihn, ob er ihm dabei behilflich sein könne, Preußen recht bald zu verlassen.

Der Kriminalrat nickte und sagte: »Versprochen habe ich dir, dass ich dir helfen werde, wenn Not am Mann ist. Nun ist es zwar keine Not, aber doch eine Situation, in der du ohne Unterstützung nicht weit kommst. Ich werde für dich ein Schreiben aufsetzen lassen, in welchem ich alle deutschen Stellen ersuche, dir und deinen Freunden behilflich zu sein und euch keine unnötigen Schwierigkeiten zu machen.«

»Ich danke Ihnen sehr, Herr Kriminalrat. Gott wird es Ihnen danken!«

»Nicht der Rede wert, Simon Treidel. Du hast mit deiner Aussage dem preußischen Staat geholfen, übler Verbrecher habhaft zu werden. Das ist umso verdienstvoller, als es dir nicht leicht gefallen sein wird, gegen deine Glaubensbrüder auszusagen. Du musst dich nicht bedanken. Für mich sind es nur einige Federstriche, die euch vielleicht helfen.«

»Verbrecher sind Verbrecher, ganz gleich, welche Religion sie haben. Ich tat nur meine Pflicht.«

»Mach dich nicht kleiner, als du bist. Nicht jeder hat den Mut auszusagen, das haben wir bei vielen deiner Freunde gesehen, die mit dir in der Diebesschule unterrichtet wurden. Einige sind vor Angst auf und davon und niemand weiß, wohin sie gezogen sind. – So, und nun genug für heute. Komm in der nächsten Woche wieder und bringe mir Namen und Geburtsdaten derer, für die meine Empfehlung gelten soll, dann kannst du sie gleich mitnehmen!«

Simon erhob sich, reichte Bösler die Hand und verbeugte sich dankbar. Dann schloss sich die Tür hinter ihm. Bevor Bösler sich wieder an seine Arbeit machte, murmelte er noch: »Schade, dass es nicht mehr von deiner Art gibt, dann sähe es heller in der Welt aus!«

Er meinte wohl Simon, vielleicht aber auch sich selbst.

*

Schon am Abend saßen die vier wieder gemeinsam um den Küchentisch. Es gab Eintopf und noch beim Essen erzählte man sich, was der Tag an Neuigkeiten gebracht hatte.

Rike gestand: »Ich hatte nicht den Mut, den Diamants von unserem Entschluss zu erzählen. Mir tat richtig das Herz weh, wenn ich daran dachte, wie traurig die Frau Rosa sein würde.«

»Schieb es nicht vor dir her, Rike«, sagte Aaron. »Wenn man sich für etwas entschieden hat, muss man auch den Mut haben, es auszusprechen.«

»Morgen werde ich es ihr sagen.«

Simon ergriff nun das Wort. »Weil Aaron heute in Schöneberg war, bin ich an seiner Stelle zu dem Laden, der sich der Auswanderer annimmt, er liegt in der

Linienstraße, mitten in der Mulackei. Ich habe mit dem Inhaber des Geschäftes gesprochen und dabei vieles erfahren, was für uns wichtig sein könnte.«

»Los, Simon erzähl schon«, verlangte Fritz und auch die anderen warteten ungeduldig.

»Also, dann hört zu! Die Bahnfahrt von Berlin nach Bergedorf bei Hamburg kostet vier Taler und fünf Silbergroschen für jeden. Der Zug fährt um halb acht am Morgen ab und kommt in Bergedorf abends um halb neun an. Vom Hamburger Hafen aus gehen die Schiffe in See, die Auswanderer für die Neue Welt an Bord nehmen. Meist sind es holländische Segler, aber auch englische Reeder haben entdeckt, dass mit diesen Transporten viel Geld zu verdienen ist. Die Kosten sind von Schiff zu Schiff unterschiedlich. Der Mindestpreis liegt bei einhundert Talern, andere Reeder nehmen weit mehr.«

»Viel Geld kostet das alles«, meinte Rike, als sie das Geschirr abräumte.

»Was nichts kostet, ist auch nichts, Mutter. Und schließlich ist es nicht nur ein Ausflug zum Müggelsee!«

»Du hast wohl Recht, Fritz«, antwortete Rike, »ich nehme mir übermorgen einen freien Tag, dann gehen Aaron und ich zum Auswanderungsbüro.«

Alle redeten nun durcheinander. Als es ruhiger wurde, sagte Rike: »Lasst uns schlafen gehen. Morgen ist auch noch ein Tag.«

Simon und Fritz lagen noch lange wach und bauten Luftschlösser. Kurz bevor ihn der Schlaf überkam, sagte Simon: »Übrigens, im Mai fährt ein Schiff mit dem Namen *Friederike*…«

»Ein toller Zufall, das Schiff nehmen wir«, antwortete Fritz und war auch schon eingeschlafen.

*

Aaron und Rike gingen zu dem Auswanderungsbüro in der Linienstraße. Lange standen sie vor dem Fenster, das über und über mit Prospekten beklebt war, und studierten die Schiffe, ihre Routen und Preise, um dann doch wieder heimzugehen, ohne den Schritt in den Laden gewagt zu haben. Rike hatte im letzten Moment den Mut verloren.

Aaron war nicht gerade erfreut über das Zaudern seiner zukünftigen Frau und das sagte er ihr auch sehr deutlich.

Rike schüttelte den Kopf. »Ich verstehe mich selbst nicht mehr, Aaron, aber ich konnte einfach nicht die Treppe hinaufgehen. Es war, als hielten mich unsichtbare Kräfte zurück. Wenn das bloß kein böses Vorzeichen ist!«

Seidenfad tat, was er konnte, um ihr Mut zuzusprechen, und nach einer Weile versprach Rike: »Gehen wir morgen noch einmal hin. Ich versichere dir, diesmal hält mich nichts zurück!«

Und so war es dann auch. Rike ging am Arm von Seidenfad in das Büro, sprach mit dem kleinen Mann, der die Auswanderer betreute, und sagte schließlich: »Wenn wir schon fahren, dann möchte ich auf dem Schiff segeln, das den Namen *Friederike* trägt, denn so bin ich auch getauft worden!«

»Ein gutes Omen, meine Dame«, schmeichelte der kleine Händler. »Die *Friederike* ist ein guter Viermaster! Der Eigner ist eine holländische Reederei, die schon seit langem die Route Hamburg – Amerika segelt und bisher noch kein Schiff verloren hat!«

Er wollte schon die Schiffskarten ausschreiben, als Rike ihn zurückhielt: »Ich muss es mir noch einmal überlegen ... es ist doch ein schöner Haufen Geld, den diese Reise kostet ...«

Und wieder gingen sie unverrichteter Dinge.

Seidenfad begann diesmal schon auf der Straße auf Rike einzureden. Der an sich so ruhige und bescheidene Mann wurde diesmal recht laut. »Also Rike, du musst dich entscheiden! Dieses ewige Hin und Her belastet uns alle. Wenn du nicht willst, dann vergessen wir Amerika und bleiben in Berlin … jedenfalls wir beide! Fritz und Simon fahren auch ohne uns!«

»Sei doch nicht so aufgeregt. Das muss alles ganz genau überlegt werden, schließlich ist es kein Ausflug in die Blumenfelder von Schöneberg, Aaron!«

»Dann überlege es dir! Aber in drei Tagen musst du dich entscheiden … und bedenke, dass der Ewige, gelobt sei sein Name, nur sechs Tage brauchte, um die Welt zu erschaffen!«

*

Während der nächsten Tage war Rike kaum ansprechbar. Sie lief mit gesenktem Kopf umher und war in Gedanken weit weg.

In der Frühe des dritten Tages war sie als Erste wach, tischte auf, was die Küche zu bieten hatte, und rief Aaron und die beiden Jungen zu Tisch.

Kaum saßen sie alle, da kam Rike auch schon zur Sache: »Also, meine Lieben … ich habe mir alles ganz genau durch den Kopf gehen lassen und bin zu einem Ergebnis gekommen. Seidenfad und ich gehen heute noch einmal zu Herrn Gutentag, dem Inhaber des Auswanderungsbüros. Und diesmal verlasse ich seinen Laden nicht, bevor wir den Vertrag unterschrieben und die Karten für die Schiffspassage in den Händen haben. Man muss im Leben etwas wagen, sonst bleibt man hinterm Ofen hocken … und das will ich nicht! Ein zweites Mal bekomme ich diese Gelegenheit nicht mehr, und darum will ich allen Mut zusammennehmen und die Reise wagen. So, das ist mein letztes Wort!«

»Amen«, sagte Seidenfad, drückte Rike fest an sich und die beiden Jungen sprangen wie wild herum.

Als Seidenfad und Rike wenige Stunden später das Büro von Herrn Gutentag verließen und Aaron die Schiffskarten in seinen Taschen gut verwahrte, atmete Rike erleichtert auf: »So! Gott sei Dank, der erste Schritt wäre getan!«

*

Von nun an schlich die Zeit nicht mehr dahin. Von Tag zu Tag, so schien es, verging sie schneller und so war der Mai rascher gekommen als je zuvor.

Rike hatte nach und nach den wenigen Hausrat für ein paar Silbergroschen verkauft und in den letzten drei Nächten vor der großen Reise schliefen alle am Boden. Nur die Kissen und Federbetten hatten sie behalten, um sie mit in das ferne Land zu nehmen.

Strahlend war die Sonne am dritten Mai aufgegangen und versprach einen schönen Tag. Rike packte alles, was noch nicht verstaut war, in zwei große Schließkörbe. Sie schob die Eisenstange durch die Ösen und verschloss die Körbe mit schweren Schlössern. Aufgeregt durchsuchte sie noch einmal ihre Wohnung, doch da war nichts mehr, was mitzunehmen sich lohnte.

Aaron drängte: »Es wird Zeit zu gehen. Die Eisenbahn fährt mit preußischer Pünktlichkeit los!«

Rike winkte ab: »Einen Moment müssen wir uns noch Zeit nehmen. Kommt, wir setzen uns auf die Körbe.«

Von keiner Seite kam Widerspruch.

Rike faltete die Hände, schwieg eine Weile, dann sprach sie ihr »Amen« und alle erhoben sich.

Ohne sich umzusehen, verließen sie die Wohnung,

polterten die Treppe hinab und machten sich auf den Weg zum Bahnhof.

Als sie dort ankamen, stand die Lokomotive schon unter Dampf und fauchte wie ein wildes Tier. Rike klammerte sich an Aaron, der aber lachte nur und beruhigte sie: »Das ist doch kein Ungeheuer, Rike, die gibt es nur im Märchen. Es ist bloß eine Maschine, die durch Dampf angetrieben wird!«

»Ich glaube dir ja, Aaron … aber ich habe trotzdem Angst.«

»Die vergeht, meine Liebe! Komm jetzt. Lass uns einsteigen, es bleiben uns nur noch wenige Minuten bis zur Abfahrt!«

*

Anfangs saß Rike wie erstarrt auf der Holzbank in ihrem Abteil. Sie hielt die Hände gefaltet und schaute so erschrocken dem schwarzen Rauch nach, der am Abteilfenster vorbeiflog, als würde jeden Augenblick der Böse persönlich vorbeischweben.

Erst nach einer guten Stunde löste sich die Angst, als Rike sah, dass nichts Schlimmes geschah und dass Fritz und Simon übermütig und reisefroh ihren Spaß hatten. Nun schaute sie auch etwas entspannter zum Fenster hinaus. Sie kamen durch Städte, deren Namen sie vorher noch nie gehört hatten, obwohl sie im Preußischen lagen.

Als sie am Abend in Bergedorf ankamen, waren sie enttäuscht über den ländlich idyllischen Vorort, hatten sie sich Hamburg doch als eine riesige Stadt vorgestellt. Die Jungen wuchteten die schweren Reisekörbe aus dem Abteil und dann standen die vier recht ratlos auf dem Bahnsteig.

»Der Herr Gutentag hat nicht gehalten, was er versprochen hat. Wo ist denn der Transportwagen, der unser Gepäck zu den Landebrücken am Hafen bringen soll? Nichts ist, wie es sein sollte, Seidenfad! Nun können wir die schweren Körbe eigenhändig dorthin schleppen. Ich sage ja: Man kann sich auf keinen verlassen ...«

»Nun warte doch erst mal ab, Rike! Wir sind kaum fünf Minuten hier. Der Wagen kommt bestimmt noch. Da stehen ja noch mehr Leute, die aussehen, als würden sie über den großen Teich reisen wollen.« Aaron nahm Rike in die Arme, drückte sie und schaffte es, dass sie ruhiger wurde.

Seidenfad hatte Recht gehabt. Es dauerte nicht lange, da näherte sich ein Flachwagen, der von zwei jungen Männern in blauen Kitteln und Schiffermützen gezogen wurde. Sie fuhren mit ihrem Wagen über die Gleise auf den Bahnsteig und der Ältere rief laut: »Wer mit der *Friederike* nach Amerika segeln will, der packe seine Bagage auf den Wagen hier. Wir haben noch eine knappe Stunde Wegs vor uns. Der Segler legt gegen halb elf ab. Die Herrschaften haben also noch Zeit genug, sich einzuschiffen und alle Formalitäten zu erledigen!«

»Herrschaften hat er uns genannt, Aaron«, sagte Rike ganz stolz. Aber Aaron brachte sie wieder auf den Boden zurück: »Sollen sie Bettelpack sagen? Dann bekommen sie nicht einen Kupferling mehr, als ihnen für ihre Fuhre zusteht. Sie nennen uns Herrschaften, weil sie sich ein gutes Trinkgeld ausrechnen.«

»Du musst es ja wissen, Aaron. Weit genug herumgekommen bist du ja.«

»Haben nun alle ihre Bagage aufgeladen, die mit der *Friederike* segeln wollen?«, fragte der Wortführer, und als kein Widerspruch kam, rief er: »Denn man los und ab geht de Fuhr!«

Von nun an ging alles ohne Schwierigkeiten.

Ein Hamburger Angestellter des Herrn Gutentag kontrollierte die Schiffskarten und neben ihm stand schweigend ein Hamburger Schutzmann. Er blickte gelangweilt und schien sagen zu wollen: »Nun geht man schnell an Bord, dass ich wieder meine Ruhe habe.«

Simon hielt das Schreiben, das er von Kriminalrat Bösler erhalten hatte, griffbereit in der Tasche. Als niemand Schwierigkeiten machte, sagte er leise: »Das Schreiben vom Kriminalrat will wohl niemand sehen ...«

»Sei doch froh, Simon«, antwortete Aaron, »dass alles so leicht geht. Und danke dem Ewigen dafür!«

Da steckte Simon das Schreiben zurück in den Brustbeutel. »Später, wenn wir erst mal in New York sind und eine Wohnung haben, werde ich einen Rahmen kaufen und das Schreiben über dem Kamin aufhängen. ›Zur ewigen Erinnerung‹...«

*

Erst in den frühen Morgenstunden, als eine blasse Sonne über dem wolkigen Horizont hing, lichtete der Segler den Anker. Kommandos klangen laut über das Deck und die Matrosen setzten ein Segel. Der leichte Wind blähte es und verschaffte dem Segler Fahrt.

»Das geht aber langsam«, maulte Fritz, dem es nicht schnell genug gehen konnte.

»Und so wird es auch noch eine ganze Weile bleiben«, erwiderte ein Matrose, der die Bemerkung gehört hatte. »Jetzt segeln wir erst mal die Elbe hinab, aber dann kommt das große Abenteuer auf See!«

Rike gähnte ungeniert und meinte: »Wie ist es, wollen wir nicht unter Deck gehen und etwas schlafen? Ich bin hundemüde. Wir haben ja schon lange nicht mehr richtig die Augen zugemacht.«

Die anderen stimmten ihr zu. Sie stiegen die enge Schiffstreppe hinab und gingen zu den Hängematten, die man ihnen zugewiesen hatte, als sie an Bord gekommen waren. Den Männern bereitete es keine Schwierigkeiten, in die schaukelnde Matte zu kommen, Rike aber musste sich helfen lassen.

Bald schliefen alle tief und fest.

Stunden mochten vergangen sein, als Fritz an Simons Hängematte trat und ihn weckte: »Los, raus aus der Matte, Simon! Komm mit an Deck!«

Sie stiegen die steile Treppe hinauf. Als Simon das Deck betrat, blendete ihn das helle Licht des Tages. Es war so grell, dass er die Augen schließen musste. Als er sie wieder öffnete, sah er die geblähten Segel, die vom Salz des Meeres gebleicht waren.

»Komm mit nach vorn, Simon! Du glaubst nicht, wie schön es ist, wenn die Wellen gegen den Schiffsrumpf schlagen und die Gischt bis an Deck spritzt.« Fritz zog Simon mit sich.

»Sind wir denn schon auf dem Meer? Ich konnte nicht schlafen und habe mich an Deck geschlichen, weil ich euch nicht aufwecken wollte.«

Simon richtete den Blick in die Ferne. Blau-grün, mit silbernen Punkten, glänzte das Meer und die Sonne schien heißer zu strahlen als je zuvor.

Da nahm Simon den Freund in die Arme, drückte ihn, dass Fritz beinahe die Luft ausging, und schrie mit der ganzen Kraft seiner Lungen in die Ferne: »Amerika, wir kommen!«

Historisches Nachwort

Die Gründe, die zur Märzrevolution von 1848 geführt haben, sind sehr vielschichtig und können weder in einem Roman noch in einem kurzen Nachwort umfassend dargestellt werden. Wer darüber hinaus Näheres wissen möchte, für den lohnt sich ein Blick in die Geschichtsbücher.

Grob lässt sich sagen, dass die Märzrevolution einerseits *politische* Ursachen hatte, andererseits aus *sozialen* Spannungen hervorging.

Seit der Französischen Revolution gab es in den deutschen Staaten zunehmend *liberale* und *nationale* Bestrebungen. Politische Parteien im heutigen Sinne existierten zwar noch nicht, aber das liberale Bürgertum fand sich in kleinen politischen Klubs und Vereinen zusammen. Diese forderten die Anerkennung der Menschenrechte und die Verwirklichung von politischer Gleichheit und Demokratie. Außerdem glaubten die Liberalen, Freiheit und Selbstbestimmung seien nur im Rahmen eines geeinten Deutschland, also eines Nationalstaates nach französischem Vorbild zu verwirklichen. Die absolutistischen Regierungen versuchten alle liberalen und nationalen Bestrebungen zu unterdrücken. Zensur, polizeiliche Bespitzelung und willkürliche Verhaftungen waren an der Tagesordnung.

Parallel zu dieser Entwicklung sammelte sich unter Bauern, Handwerkern und Arbeitern viel sozialer Sprengstoff an. Zwischen 1800 und 1850 nahm die Bevölkerung in den deutschen Staaten um 50 Prozent zu. Für all diese Menschen gab es nicht genügend Arbeit. Verarmte Bauern zogen in die Städte, wo sie sich Arbeit in den neu entstehenden Fabriken erhofften. Das Überangebot an Arbeitskraft führte zu einem Verfall der Löhne, zu Arbeitslosigkeit und Massenarmut. Viele Menschen litten an Hunger und den unerträglichen Wohnverhältnissen in finsteren Hinterhöfen und Kellerwohnungen. Hinzu kam die Anfälligkeit der Armen für Thyphus, Cholera und andere Krankheiten. All dies führte schon 1846/47 zu örtlichen Unruhen.

In Berlin, der größten deutschen Stadt, hatten die neuen Fabriken zwar etwa 40 000 Arbeitsplätze in der Industrie geschaffen, trotzdem gab es Zehntausende von arbeitslosen Menschen, die nicht wussten, woher sie die Groschen für die tägliche Nahrung nehmen sollten. Dies führte zu einem beträchtlichen Ansteigen der Kriminalität. Als dann in den ersten Märztagen des Jahres 1848 die Firma Borsig, die größte Maschinenfabrik Preußens, auf einmal 400 Arbeiter auf die Straße setzte, da war die Geduld der Arbeiterschaft zu Ende.

Auch in den Nachbarländern, in denen teilweise eine ähnliche Situation herrschte, eskalierte zur selben Zeit die Lage. In Paris war es im Februar zur Revolution gekommen. Prinz Louis Philippe musste abdanken und es wurde die Republik ausgerufen. In Wien kam es Mitte März zum Aufstand. Fürst Metternich floh vor dem Volkszorn nach England.

In Preußen regierte seit 1840 Friedrich Wilhelm IV. Jahrelang hatte er Bürgertum und Arbeiterschaft mit leeren Versprechungen und halbherzigen Reformschritten hingehalten. Als die Lage Anfang März brenzlig wurde, gab der König nach und machte dem Bürgertum politische Zugeständnisse, er verfügte die Aufhebung der Zensur und die Ausarbeitung einer Verfassung für Preußen.

Am 18. März wollte die Bevölkerung dem König mit

einer Massenversammlung vor dem Berliner Schloss für sein Nachgeben danken. Dabei lösten sich aus den Gewehren der Schlossgarde zwei Schüsse. Die Berliner glaubten, der König habe sie verraten, und es kam zu blutigen Barrikadenkämpfen mit vielen Toten. Zu erwähnen ist, dass unter den Revolutionären auch Juden waren, die für Freiheit und ein besseres Leben kämpften. In vielen jüdischen Bethäusern hingen noch jahrzehntelang Erinnerungstafeln, zum Gedenken jener, die auf den Barrikaden kämpften und dabei starben. In der Zeit des Nationalsozialismus wurden sie beseitigt.

Friedrich Wilhelm IV. war von dem Blutbad betroffen. Er versprach, die Truppen aus Berlin abzuziehen, und beteiligte sich an der Ehrung der so genannten Märzgefallenen. Die Revolution schien geglückt und in den fortschrittlichen Teilen der Bevölkerung verbreitete sich die Hoffnung, alles werde nun besser und gerechter werden.

Aber es kam anders. Zwar wurde eine preußische Nationalversammlung gewählt und am 22. Mai eröffnet, aber nach sich zuspitzenden Konflikten löste der König am 2. November die Nationalversammlung wieder auf. Die vorrevolutionären Verhältnisse wurden weitgehend wiederhergestellt.

C. R.

Worterklärungen

Amoreß: einer vom Land
Aschireß: Reichtum
Auszehrung: Schwindsucht, Lungentuberkulose
Balboß: Herrscher, Besitzer
Baruch haba: (hebr.) »Gesegnet sei der Ankommende!«
Baruch haschem: (hebr.) »Gelobt sei der Name!« (Ein gläubiger Jude darf den Namen Gottes nicht aussprechen.)
Bocher: Schüler; junger Mann
Chawer: Freund, Kamerad, Gefährte
Chochemer-bajes: Versammlungshaus
Chupe: Baldachin, unter dem nach jüdischem Ritual die Vermählung stattfindet
Ejzeß: Ratschläge
Ganew, pl. Ganowim: Dieb
Ganoven-Chawruße: Ganoven-Bruderschaft
Ganser: Polizisten
Ghetto: innerhalb der Stadt liegendes, jedoch abgesondertes jüdisches Wohnviertel
Goj, pl. Gojim: Nichtjude
Grüne Minna: Transportwagen der Polizei für Gefangene
Halway!: »Gebe es Gott!«
Jid, pl. Jidden: Jude; auch Mensch oder Mann
Jom-kiper: Versöhnungstag (jüdischer Feiertag)
Kadesch, pl. Kadejschim: Totengebet; auch die Person, die das Totengebet spricht
Kale: Braut
Kapzu, pl. Kapzonim: Habenichts
Käppl: Kopfbedeckung jüdischer Männer

kesse Jungens: Ganoven, Diebe
Kessef: Silber, Geld
Kille: Gemeinde
Kinim: Läuse
Klärchen: umgangssprachlich für Sonne
Kokarde: Abzeichen an Uniformen
Konterbande: Schmuggelware
koscher: rein; den jüdischen Speisegesetzen entsprechend
Lechaim: Trinkspruch »Zum Wohle!«
Lekach: Honigkuchen
Lorbass: (nordostdeutsch) Lümmel, Taugenichts
Mame-loschn: Muttersprache; die jiddische Sprache
Mame: Mutter
Masl und Broche: »Glück und Segen!«, Wunschformel bei Abschluss eines Geschäftes o. ä.
Masl-tow: Glückwunsch
Melech: König, Herrscher
meschugge: verrückt
Mezusa: Kapsel, in der sich auf Pergament geschriebene fromme Sprüche befinden
Mikwe: jüdisches Badehaus
Mischna: ältester, grundlegender Teil des Talmud (Sammlung der Gesetze und religiösen Überlieferungen des Judentums nach der babylonischen Gefangenschaft)
Mischpoke: Familie
Mizweß: Gebote
Motten in der Lunge: Tuberkulose
Muckefuck: Kaffeeersatz aus Getreide
Mulackei: Gebiet um die Mulackstraße im Berliner Scheunenviertel
Paukboden: Fechtraum einer Bruderschaft
Pejeß: Schläfenlocken

Piroggen: gefüllte Pasteten
Plinsen: (slaw.) Eier- oder Kartoffelspeise
Purim: jüdischer Feiertag
Rabbi: jüdischer Geistlicher
Reb: Herr (Titel, der vor dem Vornamen steht)
Rebe: Rabbiner, jüdischer Geistlicher
Rebezn: Frau des Rabbiners
reißmatisch: umgangssprachlich für rheumatisch
Rewech: Profit, Gewinn
Rummelsburg: Zuchthaus in Berlin
Sabbat: Samstag, der jüdische Ruhetag der Woche
Schabbes: Sabbat
Schalom alejchem, chawer: (hebr.) »Friede sei mit dir, Freund.« Die Umstellung, »Alejchem schalom«, bedeutet: »Auch mit dir sei Friede.«
Schem: Name
Schem schamajim: (hebr.) »Gott möge schützen!«
Schlemihl: Pechvogel
Schtetl: jüdische Siedlungen in Osteuropa
Stadtvogtei: Gefängnis
ßojcher: Kaufmann
ßotn: Satan
Tate: Vater
Tohuwabohu: Chaos, Durcheinander, Wirrwarr (nach hebr. tohu wa vohu: Wüste und Öde)
Thora: die fünf Bücher Moses (Grundlage für das ethische Verhalten der Juden)
trejfen: anrüchig, verwerflich
trejfe machen: ein unehrliches Geschäft machen
trockenwohnen: Arme Leute durften eine neue Wohnung so lange bewohnen, bis Mörtel und Putz getrocknet waren und die Wohnung an zahlende Mieter vermietet werden konnte.
in Verschiss sein: verrufen sein

Vossische Zeitung: Berliner Tageszeitung, die 1617 gegründet wurde; 1934 eingestellt.

Zelte: umgangssprachliche Bezeichnung für ein Vergnügungsviertel im Tiergarten

Der ergreifende Bericht des englischen Forschers Archibald Leopold Ruthmore über seine aufsehenerregende und verhängnisvolle Reise im Jahre 1850, bei der er im Innern Asiens die letzten Riesen dieser Welt entdeckte.

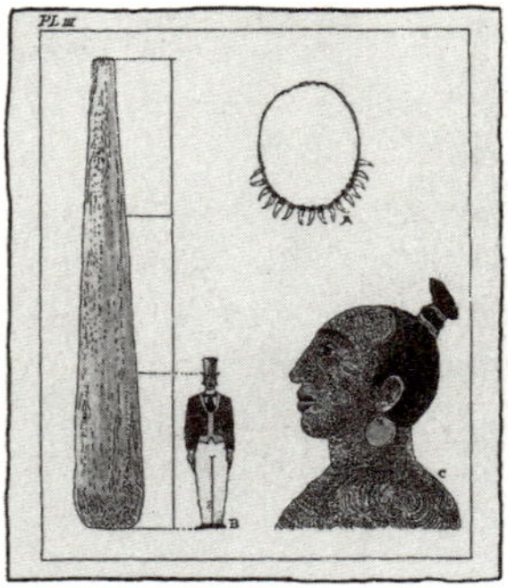

Ruthmore erwirbt im Hafen einen großen Zahn, der über und über mit fremdartigen Gravuren bedeckt ist. Nach einigen Studien entdeckt er darauf eine winzige Landkarte, die ihn auf die Spur der letzten Riesen führt. Er rüstet sich zu einer großen Expedition und gelangt unter unsäglichen Mühen und Abenteuern mit seiner Mannschaft schließlich in die entlegensten Bergregionen Asiens. Unterwegs verliert er alles und bleibt schließlich völlig erschöpft als einziger übrig. In diesem Zustand finden die Riesen den Forscher und pflegen ihn gesund. Die Riesen sind sehr liebenswerte Geschöpfe, und er kann ein Jahr lang an ihrem Leben teilhaben. Dann macht er sich auf zurück nach Hause, um der Welt von seiner Entdeckung zu berichten. Doch niemand glaubt ihm ...
Eine phantastische Erzählung mit realistischen Bildern.

François Place
DIE LETZTEN RIESEN
Aus dem Französischen von
Marie Luise Knott
ISBN 3-570-12105-4

cB
C. Bertelsmann